交互记忆系统对跨界创业团队创造力影响研究

Research on the Impact of Transactive Memory System on Creativity of Cross border Entrepreneurial Teams

生 帆 著

中国社会科学出版社

图书在版编目（CIP）数据

交互记忆系统对跨界创业团队创造力影响研究／生帆著 . —北京：中国社会科学出版社，2024.4
ISBN 978-7-5227-3365-4

Ⅰ.①交…　Ⅱ.①生…　Ⅲ.①创业—研究—中国　Ⅳ.①F249.214

中国国家版本馆 CIP 数据核字（2024）第 065555 号

出 版 人	赵剑英
责任编辑	黄　晗
责任校对	周　昊
责任印制	王　超

出　　版	中国社会科学出版社
社　　址	北京鼓楼西大街甲 158 号
邮　　编	100720
网　　址	http://www.csspw.cn
发 行 部	010-84083685
门 市 部	010-84029450
经　　销	新华书店及其他书店

印刷装订	北京君升印刷有限公司
版　　次	2024 年 4 月第 1 版
印　　次	2024 年 4 月第 1 次印刷

开　　本	710×1000　1/16
印　　张	20.5
字　　数	286 千字
定　　价	108.00 元

凡购买中国社会科学出版社图书，如有质量问题请与本社营销中心联系调换
电话：010-84083683
版权所有　侵权必究

出 版 说 明

为进一步加大对哲学社会科学领域青年人才扶持力度，促进优秀青年学者更快更好成长，国家社科基金2019年起设立博士论文出版项目，重点资助学术基础扎实、具有创新意识和发展潜力的青年学者。每年评选一次。2021年经组织申报、专家评审、社会公示，评选出第四批博士论文项目。按照"统一标识、统一封面、统一版式、统一标准"的总体要求，现予出版，以飨读者。

全国哲学社会科学工作办公室
2022年

摘　　要

在中国当前转型经济的情境下，创新创业正在助推中国的经济结构调整，成为促进中国经济发展的重要手段。为了促进国内要素流动并提升中国经济运行的效率，大力发展"双创"是当前中国的必然选择。基于全球创业观察（GEM）的年度报告，中国的创业活跃度稳步提升，是全球创业最活跃的国家之一。而与此同时，行业内部竞争、产能过剩、环保任务等方面压力的增强却为企业的成长和发展带来了挑战。而对于国家来说，大量企业能否维持生存和发展可能不仅仅与企业自身有关，更涉及社会、经济等多方面问题，如大量劳动者就业问题、行业能否健康发展，以及社会是否安定有序等。因此，创业研究有必要关注如何顺利化解这些方面压力所造成的问题。

在经济全球化逐步推进、信息技术和数字技术蓬勃发展的今天，不同行业之间原有的边界正在逐步模糊，这种情况下企业就得到了脱离原领域束缚寻求发展的新选择，即进行跨界创业，通过步入新的行业领域，来对不同领域的知识和资源进行利用，从而综合优势资源助力发展。可以看出，这种跨领域发展的方式能够帮助企业在一定程度上应对激烈的业内竞争压力，并使其有机会在利用跨行业知识资源的基础上获取独特优势，但跨界创业可能并不是百试百灵的，成功的跨界创业活动毕竟是少数。即跨界创业主体有可能在创业过程中成功并得到高成长和高收益，但同时它们也需要面临相应的高风险。在这种情况下，就需要在理论和实践层面对跨界创业主体及其创业活动进行科学引导，来降低其野蛮生长所造成的失序和低效。但与当前的蓬勃发展相比，跨界创业领域的理论研究发展却相对缓慢，这就需要进行更多有针对性的研究，通过理论发展指导和启发跨界创业主体，从而促进其跨界创业活动顺利进行。因此，本书在中国当前转型经济背景之下关注了跨界创业现象，从知识视角出发，对跨界创业团队的交互记忆系统在影响其团队创造力方面的作用机理进行探究。

根据中国跨界创业现实发展与对应的理论研究方面的不足和不平衡，本书从主题出发主要探讨下列问题：跨界创业团队的交互记忆系统对团队创造力的影响；跨界创业团队的交互记忆系统分别对其知识共享和知识整合的影响；跨界创业团队的知识共享和知识整合分别在交互记忆系统与团队创造力之间关系中所起到的作用；在转型经济背景下，中国创业环境的动态性分别对跨界创业团队的交互记忆系统与知识共享、交互记忆系统与知识整合之间关系的影响。

基于此，本书以公司创业理论、知识管理理论、社会认知理论等理论为根基，通过对交互记忆系统、知识共享、知识整合、团队创造力、环境动态性等主要相关变量的研究的梳理，并在对比分析来自北京、上海、珠海、长春的4个跨界创业团队的案例的基础上，对本书所关注的核心构念做出界定，从而通过理论分析和推导与案例研究的结合构建了研究模型，提出了对应的研究假设共计23条。在此基础之上，本书设计了实证分析所需的调查问卷并选取了北京、上海、珠海、长春和呼和浩特的跨界创业团队进行了调查，最终得到了156个团队的有效问卷。在实证分析过程中，本书借助SPSS 22.0和AMOS 21.0等软件，通过描述性统计分析、Pearson相关性分析、因子分析、回归分析、Bootstrap等方法分析所得数据。结果显示，23条假设中有21条假设得到支持，2条假设未能被支持，主要结论如下：第一，跨界创业团队交互记忆系统的专长度与团队创造力之间存在倒"U"形关系，而信任度和协调度对团队创造力起到促进作用；第二，交互记忆系统的专长度、信任度和协调度对知识共享起到促进作用，专长度与知识整合之间存在倒"U"形关系，而信任度和协调度对知识整合起到促进作用；第三，对于交互记忆系统的各维度与团队创造力之间的关系，知识共享和知识整合均能够起到中介作用；第四，对于交互记忆系统专长度与知识共享之间的关系以及专长度、信任度和协调度分别与知识整合之间的作用关系，环境动态性均能够起到增强作用。

本书的主要目的是在中国转型经济背景下，从知识视角来关注跨界创业团队的交互记忆系统对团队创造力影响的作用机理，主要的创新和理论贡献体现在以下方面。

首先，本书关注中国跨界创业现象，对此领域研究起到丰富和拓展作用。从目前看，全球的跨界创业现象屡见不鲜，但国内外学界的理论研究进展却相对缓慢，存在一定的发展空间。目前对跨界创业内涵和本质、跨界创业活动发展的内部机理，以及如何通过跨界创业的有序健康发展助力中国经济发展等方面的探究也有待深入。目前，跨界创业的内涵在相关研究中主要是对于相关现象的描述，常与其他概念混淆，尚未有高度统一的界定。为了对这一点做出贡献，本书在结合已有跨界创业相关研究以及现实特点的基础上进行了概念界定。并以对跨界创业内涵的明晰和界定为基础，从知识视角对主要关注的跨界创业团队这一主体进行研究，对其跨界创业活动中体现出的特点的源泉进行探索，这也能够在一定程度上解释企业为什么要进行跨界创业并发掘当前跨界创业的热潮涌现的根源，有利于对跨界创业现象形成更深入、更有效的理解。因此，本书对跨界创业现象的关注和探讨能够助力探索跨界创业的本质，有助于推进相关理论发展和获取实践启示，为未来研究夯实基础。

其次，本书从知识视角进行研究，在跨界创业情境下探究了团队层面不同领域知识的管理。对于跨界创业团队来说，能否将不同领域知识综合利用关乎其能否打破框架和路径束缚、产出有价值的成果。跨界创业涉及不同行业知识，其知识管理相对复杂，而这一过程中不同领域的知识在团队中是如何被传播和组合的，还有待进一步揭示。跨界创业的成果能够综合体现不同行业领域的特色和优势，本书将团队的知识管理过程中的知识整合和知识共享一起纳入研究框架，有利于充分揭示知识这一关键要素在团队中从零散、冲突的个体知识到协调、可用的团队专门知识的转化过程，并能够在此基础之上解释团队创造力的来源和提升路径，从而从新的视角形成对知识管理更深入的理解。从这一点出发，本书对跨界创业情境下创业团队个体间的共享和整合等过程进行了探讨，为跨领域的知识管理的研究做出贡献，也进一步强调了跨界创业的相关研究与创业实践中需要对知识管理加以重视。

再次，本书从知识视角着手，探究了跨界创业主体交互记忆系统的作用机理，并构建了对应的研究模型。虽然已有研究对交互记忆系统在处理不同领域知识方面有所探讨，但很少将其作为主要的关注点并纳入涉及多领域知识的跨界创业情境，而知识管理的过程少不了成员间的分工合作和沟通交流。考虑到团队是创业企业知识的重要载体，而交互记忆系统对于团队来说是协调成员分工、减少团队冲突并帮助团队管理知识的重要机制，因此本书结合公司创业、社会认知、知识管理等相关理论，从知识视角入手，针对交互记忆系统对跨界创业团队创造力的作用进行分析，并构建了相应的模型。对交互记忆系统在其中所起到作用进行分析，能够加深对跨界创业主体交互记忆系统发挥作用的方式和特点的了解，拓展对交互记忆系统相关理论的认知。因此，本书基于对交互记忆系统、知识管理等领域相关文献的梳理，探究交互记忆系统这一工具在跨界创业团队利用不同行业领域知识进行创造性活动的过程中的作用，有利于揭示交互记忆系统在跨界创业这一特殊情境中的独特作用机理，并探索团队创造力的来源与提升路径，从而对相关理论起到延伸和拓展的作用。

最后，将环境动态性这一要素纳入研究框架，找到了跨界创业在中国转型经济背景下发展的新规律。对于中国跨界创业主体，知识与其生存和发展息息相关。本书的研究是在中国转型经济背景下进行的,而关注此情境下的跨界创业研究,特别是团队层面的跨界创业研究较少。在中国经济转型时期,创业环境呈现出快速变化和不确定的态势,为了确保研究结论贴合实际并适用于中国企业现实情况,本书将创业环境层面的因素加入分析。对于中国跨界创业主体来说,环境动荡对其创业行为和过程有重要影响,且能否实现顺利的生存和发展也离不开其所处环境。此外,知识常常作为企业——特别是跨界创业企业发展的关键要素,而环境动荡也给企业和团队带来知识过时的挑战。可以说,对于跨界创业领域研究来说,环境动态性这一因素具有重要的意义。因此,本书关注了环境动态性因素,在相关理论与实践的指导下,分别探讨了环境动态性对跨界创业团队的交互记忆系统与知识共享、交互记忆系统与知识整合之间关系所产生的影响,以求发现创业过程中环境方面因素对跨界创业团队所起到的作用。基于此,本书的发现能够贴合中国现实,有助于深化对中国跨界创业的了解,并对中国跨界创业主体及其活动具有借鉴意义。

关键词:跨界创业;交互记忆系统;知识共享;知识整合;团队创造力;环境动态性

Abstract

In China's transitional economy, innovation and entrepreneurship have become important ways to increase economic restructuring and provide a new driving force for economic development. Facilitating innovation and entrepreneurship has become inevitable for China to promote the flow of factors and economic efficiency. According to the report by the Global Entrepreneurship Monitor, China's entrepreneurial vitality is increasing year by year, and it has become one of the most active countries in terms of entrepreneurship. However, the increasingly fierce competition, overcapacity, and environmental pressures have also brought challenges to Chinese enterprises. The survival of these enterprises is not only of concern to themselves but is also related to the employment of a large number of workers, the healthy development of industry, and even social stability. Therefore, how to solve these problems smoothly has become an important issue in innovation and entrepreneurship research.

With the trend of economic globalization and the rapid development of information technology, the boundaries between industries have become blurred, which has brought new choices to enterprises, that is, whether to enter new business areas through cross-border entrepreneurship to make more effective use of their knowledge and resources for more distinctive development. This kind of development can not only solve the pressure of the fierce competition in industry but also enable the enterprise to form unique advantages by virtue of its cross-industry characteristics. In fact, cross-border entrepreneurship is not a perfect means; that is, not all cross-border entrepreneurial activities can bear fruit. Cross-border entrepreneurial enterprises may face risks, while they may gain profits. Therefore, in order to avoid the negative impact of the brutal growth of cross-border entrepreneurship, it should be scientifically guided. Compared with the boom in cross-border entrepreneurial activities, the current theoretical research on cross-border entrepreneurship is relatively rare, and more theoretical results are needed to guide cross-border entrepreneurship, so it can be better developed. Therefore, based on China's transitional economic situation, this paper analyzes the phenomenon of cross-border entrepreneurship and explores the influence mechanism of the transactive memory system on team creativity from the perspective of knowledge.

Based on the current reality and theoretical deficiencies, this book mainly focuses on the following questions: (1) the influence of a cross-border entrepreneurial team's transactive memory system on team creativity; (2) the influence of a cross-border entrepreneurial team's transactive memory system on knowledge sharing and knowledge integration; (3) the role of knowledge sharing and knowledge integration of cross-border entrepreneurial teams in the relationship between transactive memory system and team creativity; and (4) in the context of a transitional economy, the impact of environmental dynamics on the relationship between the transactive memory system of cross-border entrepreneurial teams and their knowledge sharing and knowledge integration.

Building on corporate entrepreneurial theory, knowledge management theory, social cognitive theory, the relevant literature of transactive memory systems, knowledge sharing, knowledge integration, team creativity, and environmental dynamism, and the case study results of four cross-border entrepreneurial teams in Beijing, Shanghai, Zhuhai, and Changchun, the core structure and dimensions of this paper were defined. On the basis of this, the research model of this paper was constructed, and 23 research hypotheses were proposed. Subsequently, this study collected valid questionnaires from 156 teams by a large-scale questionnaire survey of cross-border entrepreneurial teams in Beijing, Shanghai, Zhuhai, Changchun and Hohhot. Then, SPSS 22.0 and AMOS 21.0 were used to analyze the data for factor analysis, descriptive analysis, Pearson correlation analysis, and regression analysis. The results show that 21 of the 23 hypotheses were supported. The main research conclusions include the following: (1) There is an inverted U-Shaped relationship between the specialization of the cross-border entrepreneurial team's transactive memory system and team creativity, while credibility and coordination promote team creativity. (2) Specialization, credibility, and coordination promote knowledge sharing, and there is an inverted U-Shaped relationship between specialization and knowledge integration, while credibility and coordination promote the integration of knowledge. (3) Knowledge sharing and knowledge integration play a mediating role between the transactive memory system and team creativity. (4) Environmental dynamism can enhance the relationship between specialization and knowledge sharing, specialization and knowledge integration, credibility and knowledge integration, and coordination and knowledge integration, respectively.

This book aims to explore the influence mechanism of the transactive memory system of cross-border entrepreneurial teams on team creativity in the context of China's transitional economy from the perspective of knowledge. The innovations and theoretical contributions mainly include the following:

(1) Analysis of the phenomenon of cross-border entrepreneurship serves to enrich the research in this field. At present, although cross-border entrepreneurship occurs frequently, there are relatively few studies

dedicated to this phenomenon, and there is some room for development. The connotations and essence of cross-border entrepreneurship, the mechanism behind the development of cross-border entrepreneurship, and how to promote the healthy development of cross-border entrepreneurship to contribute to China's economy also need to be studied. From the existing studies, the research on cross-border entrepreneurship is mainly based on the description of the phenomenon of cross-border entrepreneurship, which has not yet formed a highly recognized concept, and is often confused with other concepts. Combining relevant research and cross-border entrepreneurial practice, this study defines cross-border entrepreneurship based on the relevant connotation, form, and characteristics. Having clarified the connotation of cross-border entrepreneurship, this study combines theory and practice, deepening the exploration of cross-border entrepreneurial phenomena, starting from the perspective of knowledge, thus revealing the origin of the unique advantages of cross-border entrepreneurship, explaining the reasons enterprises choose cross-border entrepreneurship, and the reasons for the emergence of a cross-border entrepreneurial boom. From this perspective, the research on cross-border entrepreneurship in this study is conducive to the further improvement of the research on cross-border entrepreneurship, enriching the theoretical research in the field of entrepreneurship, and helping to pave the way to conduct research on cross-border entrepreneurship in future.

(2) This study explores the management of knowledge of different domains at the team level in the context of cross-border entrepreneurship from a knowledge perspective. For cross-border entrepreneurial teams, how to make full use of knowledge from different domains is crucial to their success in breaking through the framework and creating valuable outcomes. Cross-border entrepreneurship involves knowledge from different industries, its knowledge management is relatively complex, and how the

knowledge of different domains is disseminated and combined in the team during this process is yet to be further revealed. The outcomes of cross-border entrepreneurship can comprehensively reflect the characteristics and advantages of different domains, and this study includes the knowledge integration and knowledge sharing in the knowledge management process of the team together, which is conducive to fully revealing the transformation process of this key element of knowledge from fragmented and conflicting individual knowledge to coordinated and usable team knowledge, which can explain the source and enhancement path of team creativity. Thus, a deeper understanding of knowledge management can be formed from a new perspective. From this perspective, this study explores the processes of sharing and integration among entrepreneurial team members in cross-border entrepreneurial contexts, which can contribute to the study of knowledge management across domains; it also emphasizes the important role of knowledge management in cross-border entrepreneurship research and entrepreneurial practice.

(3) The study was conducted from a knowledge perspective, and a corresponding theoretical model was constructed to reveal the mechanism of the role of the transactive memory system in the cross-border entrepreneurial context. Although studies have explored the transactive memory system in dealing with knowledge from different domains, it has seldom been the main focus, incorporated into the cross-border entrepreneurial context involving multidomain knowledge; the process of knowledge management involves the division of labor and communication among members. Considering that teams are important carriers of knowledge in entrepreneurial enterprises, and that the transactive memory system is an important mechanism for teams to coordinate members' division of labor, reduce team conflicts, and help teams manage knowledge. Based on theories of corporate entrepreneurship, social cognition, and knowledge management, this study con-

structs a research model from a knowledge perspective that reflects the relationship between the role of cross-border entrepreneurial teams' transactive memory systems on team creativity. The study of the role of the transactive memory system in cross-border entrepreneurial teams is helpful to explore the unique role and characteristics of the transactive memory system in the cross-border entrepreneurial context and to develop a deeper theoretical understanding of the transactive memory system. Based on the studies on transactive memory system and knowledge management, this study investigates the role of the transactive memory system in the creative activities of cross-border entrepreneurial teams using knowledge from different industries, which is conducive to revealing the unique mechanism of transactive memory system in the cross-border entrepreneurial context and exploring the sources and enhancement paths of team creativity, so as to extend and expand the relevant theories.

(4) This study incorporates environmental dynamism to reveal a new pattern of cross-border entrepreneurship development in the context of China's transition economy. For cross-border entrepreneurial enterprises in China, knowledge is crucial in survival and development. The research in this study is based on the current transitional economic context in China, and relatively few studies focus on cross-border entrepreneurship in this context, especially the studies at a team level. In order to ensure that the findings of this study are realistic and fully applicable to Chinese enterprises, this study takes the entrepreneurial environment into account in the process of research. For cross-border entrepreneurial enterprises in China, the dynamic changes in the environment have become an important factor affecting their entrepreneurial behavior and process, and whether the enterprises can maintain their survival and seek growth is closely related to their environment. Moreover, knowledge is a crucial factor in the survival and development of a company, especially for cross-border entrepreneur-

ship, while the dynamic changes in the environment expose companies and teams to the threat of rapid obsolescence of knowledge and technology. Therefore, the impact of environmental dynamism is of great importance for the study of cross-border entrepreneurship. Based on this, this study incorporates environmental dynamism and analyzes the effects of environmental dynamism on the relationship between the transactive memory system and the knowledge sharing and knowledge integration of cross-border entrepreneurial teams by combining relevant theories and entrepreneurial practices, thus revealing the role of environmental factors that cross-border entrepreneurial teams face in the entrepreneurial process. The findings of this study are applicable to the Chinese context and are important for understanding the actual situation of cross-border entrepreneurship in China, and they can serve as a reference for cross-border entrepreneurial enterprises and teams in China.

Key words: Cross-border Entrepreneurship; Transactive Memory System; Knowledge Sharing; Knowledge Integration; Team Creativity; Environmental Dynamism

目　　录

第一章　绪论 ………………………………………………………（1）
　第一节　选题背景 …………………………………………………（1）
　第二节　研究意义 …………………………………………………（13）
　第三节　研究内容 …………………………………………………（17）
　第四节　研究方法与技术路线 ……………………………………（19）

第二章　理论基础及文献综述 ……………………………………（23）
　第一节　理论基础 …………………………………………………（23）
　第二节　文献综述 …………………………………………………（41）
　第三节　本章小结 …………………………………………………（82）

第三章　基于案例研究的模型构建 ………………………………（84）
　第一节　研究设计 …………………………………………………（84）
　第二节　案例分析 …………………………………………………（93）
　第三节　分析结果 …………………………………………………（98）
　第四节　本章小结 …………………………………………………（118）

第四章　研究假设的提出 …………………………………………（120）
　第一节　交互记忆系统与团队创造力 ……………………………（120）
　第二节　交互记忆系统与知识共享 ………………………………（126）
　第三节　交互记忆系统与知识整合 ………………………………（131）

第四节　知识共享、知识整合与团队创造力 …………… (135)
　　第五节　知识共享与知识整合的中介作用 ……………… (138)
　　第六节　环境动态性的调节作用 ………………………… (143)
　　第七节　本章小结 ………………………………………… (149)

第五章　实证研究设计 ……………………………………… (150)
　　第一节　问卷设计 ………………………………………… (150)
　　第二节　调研样本选择 …………………………………… (153)
　　第三节　变量测量 ………………………………………… (154)
　　第四节　控制变量的选取 ………………………………… (158)
　　第五节　预调研与问卷修正 ……………………………… (160)
　　第六节　本章小结 ………………………………………… (164)

第六章　实证分析与结果讨论 ……………………………… (165)
　　第一节　数据收集与样本特征 …………………………… (165)
　　第二节　共同方法偏差 …………………………………… (170)
　　第三节　样本的描述性统计与相关性分析 ……………… (170)
　　第四节　信度和效度检验 ………………………………… (172)
　　第五节　假设检验 ………………………………………… (177)
　　第六节　结果分析与讨论 ………………………………… (196)
　　第七节　本章小结 ………………………………………… (217)

第七章　结论与展望 ………………………………………… (219)
　　第一节　研究结论与启示 ………………………………… (219)
　　第二节　研究的创新性 …………………………………… (230)
　　第三节　研究的局限性及未来展望 ……………………… (233)

附　录 ………………………………………………………… (236)

参考文献 …………………………………………… (242)

索　引 …………………………………………… (300)

后　记 …………………………………………… (306)

Contents

Chapter 1 Introduction ········· (1)
   Section 1 Research Background ········· (1)
   Section 2 Significance of the Research ········· (13)
   Section 3 Research Contents ········· (17)
   Section 4 Research Methods and Technical Routes ········· (19)

Chapter 2 Theoretical Basis and Literature Review ········· (23)
   Section 1 Theoretical Basis ········· (23)
   Section 2 Literature Review ········· (41)
   Section 3 Summary of This Chapter ········· (82)

Chapter 3 Model Construction Based on Case Studies ········· (84)
   Section 1 Research Design ········· (84)
   Section 2 Case Analysis ········· (93)
   Section 3 Case Study Results ········· (98)
   Section 4 Summary of This chapter ········· (118)

Chapter 4 Research Hypothesis ········· (120)
   Section 1 Transactive Memory System and Team Creativity ········· (120)
   Section 2 Transactive Memory System and Knowledge Sharing ········· (126)

Section 3	Transactive Memory System and Knowledge Integration	(131)
Section 4	Knowledge Sharing, Knowledge Integration, and Team Creativity	(135)
Section 5	The Mediating Role of Knowledge Sharing and Knowledge Integration	(138)
Section 6	The Moderating Role of Environmental Dynamism	(143)
Section 7	Summary of This Chapter	(149)

Chapter 5　Empirical Research Design (150)

Section 1	Questionnaire Design	(150)
Section 2	Sample Selection	(153)
Section 3	Measurement of Variables	(154)
Section 4	Selection of Control Variables	(158)
Section 5	Pre-research and Questionnaire Correction	(160)
Section 6	Summary of This Chapter	(164)

Chapter 6　Empirical Research and Discussion (165)

Section 1	Data Collection and Sample Characteristics	(165)
Section 2	Common Method Bias	(170)
Section 3	Descriptive Statistics and Correlation Analysis	(170)
Section 4	Reliability and Validity	(172)
Section 5	Hypothesis Testing	(177)
Section 6	Results and Discussion	(196)
Section 7	Summary of This Chapter	(217)

Chapter 7　Conclusions and Prospects (219)

Section 1	Conclusions and Implications	(219)

Section 2　Innovations ··· (230)
Section 3　Limitations and Prospects ······························ (233)

Appendix ·· (236)

References ··· (242)

Index ·· (300)

Postscript ·· (306)

第一章

绪　论

第一节　选题背景

一　实践背景

改革开放以来，中国的经济迅速发展，取得了举世瞩目的成就。而在经济实力不断增长的同时，旧的经济模式逐渐过时，与现实情况逐渐脱节，逐渐产生了对新的经济体制、增长方式、经济结构等的需求。因此，中国进入了新一轮的经济转型，以求通过科学技术的发展带动产业化，来接轨世界经济，从而更积极地参与高科技主导下的全球一体化经济进程。这一过程中最重要的就是通过科技创新驱动发展，即积极利用现代科技改造和升级低效率的传统产业，从而强化其可持续发展的能力和潜力。在此过程中还强调高新技术产业的发展，进一步强化科技在驱动中国各方面实力发展中所起到的作用。

世界当下正处于新经济发展的时代，最初，"新经济"一词所描述的是20世纪90年代的技术变革对美国经济发展所起到的促进作用。德鲁克将新经济定义为创业型经济，是"近代经济和社会史上发生的最重要、最有希望的事件"。他发现，在20世纪70年代大萧条期间的美国，中小企业提供了大多数的就业机会。在当时美国面临整体萧条的情况下，双创经济率先开始了复苏和活跃。从这里可以看出，创业在促进充分就业和经济增长方面发挥了重要作用，对于国家和地区的经济发展来说是不可忽视的强驱动力（Gilbert，2004）。而类推到中国，"新经济"一词则更关注全球化大背景下，符合中国经济发展的现实情况和实际需求的新思路。在不断追求国民经济体制和结构转型升级的过程中，创业已经成为助力中国经济结构调整、带动中国经济发展的重要手段。可以说，对于经济体量巨大的中国来说，促进创业活动良好有序发展，是优化市场要素流动、提升经济运行效率等的关键和必然选择。当前，中国从创业发展中受益良多，民众的创业热情较高。《全球创业观察》（Global Entrepreneurship Monitor，GEM）2017/2018报告显示，2017年中国高成长期望（5年内创造超过6个工作岗位）的创业者占24.3%，超过亚太地区平均水平（21%）。而且，中国创业的社会价值较高，74.6%的国民认为创业者社会地位很高，66.4%的国民认为创业是一个好的职业选择。但在创业活动方面仍有所欠缺，在报告涉及的54个国家中，中国的创业精神指数（综合体现创业意识、创业机会感知和创业自我效能感的指标）为 -0.15，排在第37名，有待提高。

　　新兴经济体所处的环境快速变化，所面临的市场竞争也愈加激烈（Lyu等，2022）。中国企业也处于同样的状态，在中国，行业竞争激烈、产能过剩、环保任务等方面的压力为企业带来了巨大的挑战。而企业的生死存亡不仅仅与其自身有关，更涉及社会、经济等多方面问题，如大量劳动者就业问题、行业能否健康发展以及社会是否安定有序等。如果不能妥善处理，将带来严重的负面影响。美国汽车行业巨头通用、福特和克莱斯勒的衰退对底特律所造成的影响仍历历在目。面临这些外部压力，除稳步发展、被动迎接挑战外，企业通常会通过进一步开拓细分市场、产品系列化等手段提升自身竞争优势，但这可能进一步加剧业内竞争，进而为企业带来新的压力。

在经济全球化逐步推进、信息技术和数字技术蓬勃发展的今天，不同行业之间原有的边界正在逐步模糊，这种情况下企业就得到了脱离原领域束缚寻求发展的新选择，即进行跨界创业，通过步入新的行业领域，来对不同领域的知识和资源进行利用，从而综合优势资源助力发展（葛宝山和生帆，2019；芮正云和马喜芳，2021）。学者们认为，跨学科、跨领域的研究问题有利于需要创新的复杂问题的解决，通过非常规的方式把不同领域的知识整合在一起，能够产生创造力、带来新的突破、开拓新的领域，所以当创新和创业主体能够从不同的领域获取相关资源并加以整合利用时，其创新创业活动将更加成功（Yi，2019；Kwon，2022）。而且，为了应对激烈的市场竞争、适应市场环境，企业通常会通过进行新产品开发等行为获取竞争优势，而通过知识获取、知识共享、知识整合、知识利用等学习活动改变知识基础正是其重要的动力因素（Lyu等，2022）。正如Pershina等（2019）所述，新颖性常诞生于不同的认知、技术和专业领域的交叉中，将不同领域的知识进行创造性的重新组合是由于新想法的产生，而这种联结不同但互补的知识的能力也就成为创新的重要驱动力。

而且，随着全球数字化程度的不断提升，数字技术正在逐渐影响和主导社会、经济、生活等各个领域。随着数字技术的飞速进步，大数据、物联网、云计算、区块链、人工智能等数字技术与创业活动也逐渐产生了交融，为创业活动提供了有效支撑。具有新功能的数字技术的迅速扩散改变了竞争环境，重塑了传统的商业战略和流程（Bharadwaj等，2013）。数字化的变革能力改变了创业的性质，数字技术可以为解决创业者们面临的挑战提供支持。越来越多的创业者和企业正在使用数字技术来寻求创业机会，数字技术也重塑了创业者的心态，并影响了他们的决策过程（Shen等，2018）。在Sussan和Acs（2017）的研究中，数字技术或数字基础设施已经应用于推动企业发展和进行价值创造的创业活动。Elia等（2020）也强调数字技术和互联网的应用与调动背景各异的创业活动参与者的创新潜力的有关。随着数字技术的应用深入，创业活动变得成本更低，人员时空约束更小，创新迭代速度更快，资源获取门槛更低（余江等，2018）。而且，数字内容并非虚幻的，而是切实地影响着群体及其中个体。根据 Gregori 和 Holzmann（2020）的研究，数字化手段能够影响和连接个体从而产生溢出效应。因此，随着数字技术应用逐渐普及，居家办公、减少出差、更低廉的远程沟通等，都可能使团队的组建模式、团队成员间的交流方式与合作分工方式随之改变。在这种情境下，数字技术逐渐成为个人、团队、公司创业的重要乃至关键要素，创业所涉及的信息获取、资源获取、信息处理、服务提供等方面都面临变革。而且，随着新冠疫情的到来，数字技术在工作和生活中的应用越发广泛，人们的生活方式、思维方式、交易方式、社会组织方式也发生了变化（Zahra，2020）。

数字技术的普及同样模糊了创业发展过程的边界和行业的界限，使创业过程呈现快速试错、不断反馈迭代的态势，并为多行业技术的融合和横向的知识溢出提供了动力（李扬等，2021）。众包、众筹等数字平台的数字技术为创业团队提供了更多信息交流共享的渠道，使知识的可得性大幅提升，而云计算、大数据分析等技术也为其管理和利用信息降低成本和时间消耗（Raphael 和 Xu，2017；Kim 和 Hann，2019），这使其知识管理受到影响。事实上，在当今环境下，数字技术已经广泛普及，不采用任何形式的数字技术的团队已经很难找到，甚至已不存在（Chen 等，2020）。考虑到当下实体产业往往需要借助互联网的力量，通过跨界思维实现商业逻辑的重构，从而打破原有固化的价值创造和分配逻辑（王节祥等，2018）。正如刘嘉慧和高山行（2021）的研究，新时代数字技术的发展将产品和服务的生产方与其合作者、消费者等利益相关者密切地联系在一起，使跨界成为满足顾客个性化需求的手段，具有融合异质性价值要素创造新价值的特点。而且在疫情的影响下，全球各行各业、相应的商业生态系统和平台也都受到了影响，基于数字技术的平台已经成为不可或缺的手段，同时人工智能、家庭娱乐、远程医疗、电子商务等行业也在其影响下蓬勃发展。而且，新冠疫情所带来的压力对全球范围内的创新具有推动作用，而数字技术能够加快这一趋势，因为客户们正在逐渐适应新的商业形式（Zahra，2020）。因此，步入数字化时代之后，数字技术的应用对于寻求跨界发展的企业来说是不可或缺也难以避免的现实，企业难免会将数字技术在通信、数据处理、智能化等方面的优势充分应用于服务并促进其跨界创业活动。而且，随着移动互联网等数字技术又一次突飞猛进，5G逐渐普及，根据中国信息通信研究院的《5G经济社会影响白皮书》，至2030年，5G的发展可能带动10.6万亿元的总产出。5G带来的移动通信技术代际跃迁使信息传递的成本进一步降低、速度进一步提升，数据资源的丰富性和可及性将大大提升，为万物互联和数字化转型奠定了基础。多媒体融合通信、多接入边缘计算、网络切片等带来全新的系统性能和用户体验。在这种情况下，跨界创业的实践活动将有怎样的表现，也是新时代跨界创业研究领域值得关注的新问题。

从目前看，寻求跨界发展可能在一定程度上规避激烈的行业内部竞争所造成的压力，也有助于企业借助跨行业的特点，来跨界搜寻和获取互补性的信息和资源，从而帮助其建立新的商业逻辑并获得独特的优势（王节祥等，2018）。如在电脑行业受挫的苹果公司进入音乐行业，实现了东山再起，后续扩张到手机行业又使其得以成为该领域的巨头。在跨界发展的过程中，苹果的产品虽然涵盖甚广，但其设计的核心思想和内部逻辑能够统一，使产品系列之间能够联系和互补，这加强了消费者对于购买苹果公司产品的偏好和对苹果品牌的忠诚度，体现出跨界发展的多领域协同作用。而且，跨界创业也对传统行业企业产生了影响，使他们主动或被动地做出了改变。如中国的传统银行业，随着阿里、腾讯等业务向移动支付领域扩张，支付宝、微信支付等移动支付工具的用户迅速增长，扫码支付已成为人们生活中最常用的支付方式——与刷卡和现金支付相比，手机支付显然更加便捷。短时间内，支付宝和腾讯金融等第三方移动支付机构迅速占领中国过半的移动支付市场。根据央行公布的《2020年支付体系运行总体情况》，2020 年度中国总体移动支付业务金额为 432.16 万亿元。而《2021 年中国第三方支付行业研究报告》（艾瑞咨询）则显示，同年中国第三方移动支付规模达到了 249.2 万亿元，占总体移动支付的 57.66%。为了在移动支付领域不被甩在身后，国内各大银行分别在手机银行应用中开通了支付功能，并在央行指导下与银联共同建立了云闪付平台。当然，在及时应对并取得成效的企业之外，也有受到冲击面临危局的企业，如 ATM 行业的明星企业维珍创意。移动支付大量取代刷卡支付和小额现金支付，这使维珍创意 2017 年的净利润同比降低 91.2%，被动终止 IPO。在胶卷业界称霸的柯达也是如此，随着数字技术的发展，数码相机和手机逐渐取代胶卷相机，消费者对胶卷相机的需求迅速下降。而柯达并未在这种技术冲击下成功转型，最终于 2013 年宣布破产。从目前看，在日益丰富的物质和精神生活中，消费者的需求比过去更加复杂，呈现出个性化、多元化发展的态势，即他们寻求的是能够满足他们多样化需求的复合型产品，这种消费结构的升级会倒逼产品和服务的提供方转变关注点，从简单地关注生产供应转变到更加关注满足消费者与客户的多样化需求（王冲，2016；刘嘉慧和高山行，2021）。而相比以往传统行业应对简单需求所提供的产品和服务，跨界创业"突然袭击"的威力体现在其对消费者复杂需求的满足以及能够实现多领域优势的叠加上。这种消费需求的演变与技术水平发展、产业融合等方面的综合作用所带来的边界模糊的市场机会正是跨界创业茁壮成长的沃土（Suddaby 等，2015）。

此外，中国的创业环境正在不断变动中趋向完善，创业环境的逐渐优化为跨界创业的主体提供了更加完善的发展空间，并为跨界创业热潮的兴起奠定了基础。创业大环境的完善与创业热潮的兴起使中国创新创业活动日益兴盛，但仅从数量层面关注创业活动，往往会导致创业质量低下、创业成功率低、创新成果产出不足等问题，粗糙、过度的跨界活动更是可能导致企业的专注力降低、核心能力削弱，这就体现出从更深层面关注创业活动发展，提升中国创业活动质量的重要性，这也是政府与学术界更应加强关注之处（芮正云和马喜芳，2021）。因此，强调跨界创业的同时也需要保持警惕，即跨界创业可能并不是百试百灵的，成功的跨界创业活动毕竟是少数，乐视的新能源汽车、百度的电商"有啊"、移动的飞信等都已经销声匿迹，成为后来者们的前车之鉴。而且，跨界发展并非易事，跨越不同专业领域进行合作常常面临困难（Pershina 等，2019）。因此，成功的跨界创业难免要总结前人的成败经验，跳出原有框架和路径，从新颖、开放的视角着手，为顾客提供满足其复杂需求、多领域优势叠加的特色产品和服务。

知识基础观表明，企业是一个统合分散的、彼此冲突的知识，以创造利益的知识处理系统。对于企业来说，知识管理是否成功和有效关乎其能否将知识转化为经济价值。有效的知识管理需要把知识在适当的时间传递给适当的人处理。而与彼此协调、相互耦合的知识相比，从异质性的、相互冲突的个体知识的传递和吸收，到向协调的、可利用的组织专门知识的转化显然更加困难。在竞争日益激烈的情境下，考虑到团队与组织本身相比更具灵活性，组织面对竞争通常会充分利用团队作为基本单位来应对各种挑战，这使团队在当前组织发展过程中起到越来越重要的作用（曲刚等，2020）。而且，数字技术的应用提升了工作的复杂性，加重了工作中的相互依赖，这增加了团队在组织中的权重，也提高了探索团队效率提升的相关研究的受关注程度（Lyndon 等，2022）。对于本书所关注的跨界创业团队，在上述讨论的基础上，考虑到创业团队研究主要关注的是新企业的创建团队（卢俊义和程刚，2009），那么本书所关注的企业进行跨界创业活动的创业团队，应当着重关注的就是企业为了进行跨界创业而抽调和招募的人员所组成的团队。而且，在创业的过程中，作为公司创业行为的关键主体和知识的重要载体，创业团队的知识如何充分转化为创业成果是重中之重，因此团队在跨界创业过程中的表现通常直接关乎其创业成功与否。而在中国转型经济背景下，动荡和复杂的环境特征对微观层面的企业经营活动有所影响（冯军政，2013），市场需求的不稳定性、行业结构的变化以及可能存在的环境冲击等为组织带来了焦虑、压力和风险。而对于企业和团队来说，在这种环境中，需要快速重新配置他们的知识库，因为原有的知识很快就会过时或失去价值。因此，有必要结合中国实际情况，充分关注跨界创业团队的表现，基于此，明晰团队创造出满足顾客需求的成果的过程。从这一点看，关注跨界创业团队创业过程并探寻其中机理，有助于挖掘跨界创业的本质，所得的结论也能够为中国跨界创业主体及其实践活动提供借鉴。

二 理论背景

双创与经济发展之间呈现良性循环态势，创新和创业的发展能够提升经济活力，经济活动的反馈也能促进创新和创业（Miguel-ángel 和 Méndez，2014）。因此，为了构建起这种良性循环，强化创新创业在带动中国经济发展上的作用，国家当前对创新创业的关注程度日益提升，通过颁布各种扶持政策以及积极进行宣传来将"大众创业、万众创新""草根创业"的浪潮推向全国，从而提升整个社会的创新创业活力。在这样的大势中，创业所扮演的角色不容小觑，Wennekers 和 Thurik（1999）的研究结果显示，对于促进经济发展和改善就业问题，创业都能够发挥重要作用。根据已有研究，创业在推动经济发展方面的共享主要通过两条路径实现（齐玮娜和张耀辉，2014）。首先，创业能够促进市场竞争和多样化水平的提升，从而作用于经济发展。正如熊彼特在《经济发展理论》一书中所提出的"创造性破坏"理论所描述的过程，创业者作为"经济发展的带头人"进入市场时，会创造性地破坏市场原本的均衡。而经过竞争性的企业选择，过时的低效率企业会被具备更高效率的新企业取代，这有利于生产要素高效地重新组合，同时也能够创造出多样化的成果产出，来带动经济的发展（Luttmer，2007）。而且，创业过程中知识的创造和溢出也能够为经济发展助力。基于内生增长理论，知识是影响经济增长的重要因素，正如 Acs 等（2012）所述，作为一种能够将知识转化并带动经济增长的机制，通过对研发等过程中创造的新知识和对未完全商业化的溢出知识的充分利用，创业能够对经济增长产生显著影响。从上述观点出发，当下频发的跨界创业活动正能够充分涵盖这样的竞争性、多样化和知识创造的特点。而且，"跨界"是一种打破框架和原路径束缚，整合重组和利用已有的知识、技术和资源，来跨越不同领域融合要素的行为，跨界创业作为"跨界"活动也具备相似的特点。从目前看，虽然跨界创业涉及不同的行业、领域，在呈现出变革的特性的同时也面临高风险和失败率的挑战。而与现实中的跨界创业热潮相比，目前有针对性的理论研究进展却相对缓慢，相关领域发展相对滞后（葛宝山等，2016）。所以有必要更多关注跨界创业主体及其活动，从而明晰跨界创业现象的本质，并找到促进跨界创业活动成功的关键之处。从而建立起对跨界创业更深入的理解，并给现实中的跨界创业活动提供更切实有效的理论贡献和实践启示。

在当前的知识经济时代，对于组织、团队和个人来说，知识无疑都是十分重要的资源，是企业获取可持续的竞争优势的重要依仗，在创业研究中不可忽视（Barney，1991）。基于知识基础观，企业及其团队是一个知识处理系统，而这一过程对于其内部来说主要就是指其对知识的管理。那么，随着企业和团队的发展，知识管理能否顺利进行并会发生怎样的变化关乎其能否取得成果并获得可持续的竞争优势。为了保障知识的作用，创业主体追求有效的知识管理，跨界创业主体也不例外。而考虑到知识的重要性和关键性，有效管理知识的作用对于跨界创业主体来说不可小觑（葛宝山等，2016）。但是，跨越知识领域和思想认知的边界进行知识的交流和融合将会带来挑战，因此跨界主体如何克服分歧的认知的阻碍、实现不同领域知识的交流和融合这一点十分关键，因为知识把不同领域的专家聚集在一起不会自动产生有效的跨领域创新成果，但是我们目前对其中奥秘的认识尚且有限，有待深入探究（Pershina 等，2019）。根据 Carlile（2004）对跨界知识管理的研究，知识具备差异性、依赖性与新颖性三种特征。其中，差异性所体现的是知识储备或类型方面的区别，这种差异的存在使个体之间有动力分享和获取知识。而依赖性涉及知识之间的匹配，如复杂产品生产需要各领域知识间充分互补，这种匹配和互补的需求要求个体具备充分的共同知识以面对各种变化。新颖性则涉及识别未知以及在识别过程中已有知识的误导作用以及所识别知识的相关性，知识的新颖性会削弱共同知识的作用，这加强了对于知识分享与获取等方面的需求。因此，基于跨界创业过程中知识的重要作用，有必要根植知识管理理论，充分探讨跨界活动的知识管理过程呈现出的特殊性，从而明晰跨界创业过程中知识管理的运行方式及其作用，从而实现从知识视角对跨界创业现象的剖析。

此外，群体中的知识管理往往是基于成员之间的合作参与、相互信任与激励文化。而个体间的知识交流与其所掌握知识的种类、数量、结构联系、吸收知识的能力以及个体之间关联的强度等有关，这就体现出有效的知识关联机制对于交流过程中降低交易成本和突破时空限制的作用，且只有在异质性知识有效传播的基础上，新知识的创造才能充分实现（Bao 和 Wang，2022）。因此，有必要关注知识管理过程中人所发挥的作用（McElroy，2002）。考虑到人的社会属性，外界因素对其行为会产生影响，社会活动中形成的社会认知会对其行为造成影响（Bandura，1977）。因此，在关注知识管理过程中集体中的个体成员所发挥的作用时，有必要从社会认知理论出发，从而建立起对个体的认知、行为以及个体间交互的理解，同时也能够明晰知识管理过程对个体和集体造成了怎样的影响。事实上，由于所面临的业务和环境日益复杂，现代企业靠单一员工个体的努力往往难以顺利完成任务，这就需要建立起成员间相互协调互补的团队来应对这一现状，同时这一团队也将成为企业知识的重要载体（杨志蓉，2006）。正如 Kollmann 等（2020）所述，知识资源是企业获取竞争优势的关键，在企业中，知识是存在于员工个体中的，而员工大多数又是以团队形式组织起来的，当团队中汇聚了具备不同专业知识的员工时，往往能够产生多种新知识、新想法和新观点并从中获益，有助于其创业。对于跨界创业企业来说，团队同样具有这样的作用，但相关研究进展较慢，尚未充分解释跨界创业团队如何实现跨领域知识的融会贯通，以及在此基础上的独特竞争力的形成。而且，企业或团队作为开放的系统，仅从知识管理的单一过程解释他们受到的影响可能存在局限，有必要考虑知识管理的多个环节的作用以进行更全面的理论解释（Feng 等，2022）。因此，在对跨界创业的研究中，为了探究跨界创业主体是如何在"隔行如隔山"的情况下创造出兼具不同领域的优势和特点的成果的，本书认为有必要在社会认知理论的基础上对跨界创业团队及其知识管理过程进行挖掘，从而明晰其中机理。

事实上，虽然知识管理的相关研究起步较早，但仍要面对一些挑战，如个体知识到组织知识的转化、组织隐性知识的留存等如何保障，而交互记忆系统正是为了应对这些挑战而被引入相关研究，并被作为组织和团队管理和协调其中个体多样化知识的重要环节的（王馨悦等，2020）。从已有研究看，当团队内形成合作、共享、协调的氛围时，其对知识资源的应用效率更高，而交互记忆系统在促进团队成员之间建立对彼此的认知方面颇为有效（曲刚等，2020）。对于进行跨界创业的企业来说，能否将不同领域的知识综合利用关乎其能否打破框架和路径束缚、产出有价值的成果，而交互记忆系统这种专门化的群体认知劳动分工机制，涵盖了群体中的个体对不同领域知识的编码、储存和检索，是团队中管理不同领域知识的合作分工系统。因此，在对跨界创业团队这一主体的研究中，从知识视角着手研究是分析和挖掘团队交互记忆系统运行规律和机理的重要途径。而且，考虑到当前数字化时代背景下数字技术应用的普及为创业活动带来了新的可能性，使创业主体得以在新的游戏规则、新的价值观、新的逻辑架构下进行活动（Hinings 等，2018）。这种数字化所带来的变革会为创业活动带来一种数字化的逻辑，使创业主体内部的运行方式和主体与外部的联结交互方式发生改变，同时也打开了价值创造的边界，使其创造性活动中囊括更加多样化的利益相关者，为创业主体带来超越自身的力量。数字技术的内容方面体现出了可编辑性和可扩展性，使内容和功能等方面能够以低成本、高效率的方式注入和更新，呈现低投入高产出的态势；而结构方面体现出了开放性和关联性，使多样化主体得以共同参与价值创造并实现交互，两方面属性之间相辅相成（蔡莉等，2019）。而在已有研究中，交互以及系统和知识管理本身的运作机制尚未充分明晰，交互以及系统对知识管理的作用虽有涉及但未能达成统一，其中作用机理更有待进一步揭示。大数据等信息技术的发展也为知识管理带来了新的挑战（Wang等，2018）。可见，目前对交互记忆系统、知识管理以及其间关系的研究还不够成熟，相关研究正在向更多角度、更深层次推进，以求对其间关系进行更全面、更综合的理解。

而且，对于追求"中国制造"到"中国创造"转变的中国，是否具备创造新思想和新事物所必需的创造力是能否实现高水平、高质量发展的关键。且创造力也是企业成长所需的重要动力和核心竞争力，对于企业来说直接涉及其能否及时创造出新的想法、产品、服务和技术或找到新的问题解决方案等以应对环境方面的变化（Shalley等，2004）。除此之外，创造力也是创新的起点和源泉，对创新至关重要（耿紫珍等，2012），而创新正是中国经济发展新方式的重要驱动力，也是帮助组织高效发展、获取和维持长期竞争力的关键（袁建国等，2015）。因此，分析主体是否具备创造力在创业研究中是有意义的。而且，跨界创业所追求的是打破框架和路径束缚、产出具备不同领域特点的新颖有价值的成果，而创造力作为这种成果的来源也应当受到关注。因此，为了深化对于跨界创业成果的产生、完善和实现的理解，有必要关注其主体的创造力，并探究其创造力的来源与相应的影响因素。

第二节 研究意义

从上述分析可以看出，虽然中国当前跨界创业活动频繁发生，但相应的理论研究进展却稍显迟缓，故有必要针对中国跨界创业主体及其创业活动进行研究，以求对该领域进行更深入的探索。本书通过结合公司创业理论、知识管理理论和社会认知理论等理论进展与交互记忆系统、知识共享、知识整合、团队创造力和环境动态性等的相关研究成果，与对四个案例的分析相结合，从而对关键构念进行界定，并构建交互记忆系统、知识共享和整合与跨界创业团队创造力关系模型，在此基础上通过实证分析验证本书的假设。而从知识视角揭示交互记忆系统对跨界创业团队创造力的影响机理及环境动态性在其中的作用，所得结论对中国跨界创业主体的创业实践具有一定的启示作用，具备理论层面的创新性和现实层面的实际意义。

一 理论意义

知识基础观表明，企业是将个体分散的——甚至彼此冲突的知识统合在一起以创造利益的有效形式，这一过程能否顺利实现并取得理想的成效则与其是否拥有实现有效知识管理的机制以及知识管理过程的运行情况有关。从异质性的、相互冲突的个体知识转化为协调的、可利用的组织专门知识，显然存在着一定难度。因此，对于跨界创业企业及其团队，如何获取不同领域的异质性知识并将这些来源于不同行业的专业知识加以充分吸收和利用，与其能否在当下数字化时代成功打破框架和路径束缚、产出有价值的成果有关。而且，为了减少跨界创业野蛮生长造成的失序，也需要对其进行科学引导。考虑到中国跨界创业的理论研究相对于现实活动有所滞后，有必要在研究中充分结合当前时代发展趋势来获取更符合现实情况的结论。

　　首先，跨界创业现象屡见不鲜，但国内外学界的理论研究进展却相对缓慢，存在一定的发展空间。目前对跨界创业内涵和本质、跨界创业活动发展的内部机理，以及如何通过跨界创业的有序健康发展助力中国经济等方面的探究也有待深入。目前，跨界创业的内涵在相关研究中主要是对于相关现象的描述，常与其他概念混淆，尚未有高度统一的界定。为了对这一点做出贡献，本书在结合已有跨界创业相关研究以及现实特点的基础上进行了概念界定；并以对跨界创业内涵的明晰和界定为基础，从知识视角对主要关注的跨界创业团队这一主体进行研究，对其跨界创业活动中体现出的特点的源泉进行探索，这也能够在一定程度上解释企业为什么要进行跨界创业并发掘当前跨界创业的热潮涌现的根由，有利于对跨界创业现象形成更深入、更有效的理解。因此，本书对跨界创业现象的关注和探讨能够助力探索跨界创业的本质，有助于推进相关理论发展和获取实践启示，为未来研究夯实基础。

　　其次，对于作为跨界创业企业知识的重要载体的创业团队来说，能否将不同领域知识综合利用关乎其能否打破框架和路径束缚、产出有价值的成果。跨界创业涉及不同行业知识，其知识管理相对复杂，对于这种复杂过程的研究有利于揭示其深层本质。跨界创业的成果能够叠加多领域的特色，本书将团队的知识管理过程中的知识整合和知识共享一起纳入研究框架，有助于明晰团队内不同领域知识在成员间的流动、互补和融合过程。而从知识视角对交互记忆系统与跨界创业团队创造力间关系的挖掘，有助于揭示跨界创业团队将擅长不同领域的成员的知识调动、整合和转化为创造力的过程并解释其中的原理。因此，通过对知识管理过程进行研究，本书能够揭示跨界创业团队零散的、跨领域的个体知识到团队知识的转化，为跨领域的知识管理的研究做出贡献，并强调了知识管理在跨界创业研究中的重要作用。

　　而且，在跨界创业过程中，团队的知识能否被有效利用并转化为创业成果至关重要，而知识管理的过程少不了成员间的分工合作和沟通交流，所以有必要在研究跨界创业团队的过程中对其加以关注。在业务和环境越发复杂的当下，跨界创业团队成员间的交流合作模式有所变化。而交互记忆系统则正是在群体、团队中专门化的认知劳动分工，涉及成员间对不同领域的任务相关知识的编码、储存和检索，正是团队中管理不同领域知识的合作性分工系统。因此，本书基于社会认知、知识管理等理论展开对跨界创业团队创业活动的分析是有其意义和必要性的。在相关理论的指导下，对跨界创业团队交互记忆系统进行研究，探究交互记忆系统在跨界创业团队利用不同行业领域知识进行创造性活动的过程中的作用，有利于揭示交互记忆系统在跨界创业这一特殊情境中的独特作用机理，并探索团队创造力的来源与提升路径，从而对相关理论起到延伸和拓展的作用。

最后，本书将中国转型经济背景下的创业环境因素纳入研究框架，以探究中国当前动态的、不确定的创业环境对跨界创业具有何种影响。对于创业主体来说，创业环境作为其生存和发展所依赖的外界条件，是不容忽视的重要因素。而中国经济转型时期的创业环境呈现出快速变化和不确定的态势，对于中国跨界创业主体，环境动荡对其创业行为和过程有重要影响，且能否实现顺利的生存和发展也离不开其所处环境。此外，知识常常作为企业——特别是跨界创业企业发展的关键要素，而环境动荡也给企业和团队带来知识过时的挑战。所以，对于跨界创业研究来说，环境动态性这一因素具有重要的意义，将其纳入研究框架更有利于反映中国跨界创业的现实情况。因此，本书关注了跨界创业团队所面临的环境动态性因素，及其对交互记忆系统与知识管理间关系所产生的影响，使研究的发现更贴合中国现实，有助于深化对中国跨界创业的了解，并且对中国跨界创业主体及其活动具有借鉴意义。

二 现实意义

中国正处于经济转型阶段，目前需要通过大力发展创业来刺激经济活力。且在知识经济的时代，知识是驱动发展的主要力量，其作用不容小觑。对于创业，知识能够转化为创意，从而成为创业的源泉，鼓励和支持对知识在创业中的充分利用有利于促进经济增长方式转变、产业结构调整以及就业问题解决，从而助推中国经济持续健康发展。跨界创业涉及多领域知识和较强的创造性，当前已经在国内外掀起热潮。其频繁发生并非偶然：一方面是企业在原本行业内所面临的竞争压力越来越大，使其经营日益困难，需要通过其他路径规避压力、寻求发展；另一方面则是跨界创业具备独特的叠加优势，成功的跨界创业可能实现"1+1>2"的效果，获取叠加了多行业领域的优势和特色的成果。在此情况下，为了挖掘跨界创业的内核和本质，从而找到使中国跨界创业活动能够有序发展，为国家经济做出更多贡献的方式，本书旨在关注中国跨界创业，分析跨界创业团队借助交互记忆系统管理知识并提升团队创造力的过程的内在机理。本书的现实意义包括以下几点。

首先，本书的成果能够帮助跨界创业团队更好地应用其交互记忆系统管理知识，促进其内部的知识共享和整合。对于跨界创业主体来说，知识显然十分重要，那么如何将跨界创业团队中的知识充分地共享和整合，从而为团队完成任务过程中的知识利用服务，就成为研究的关键。在创业过程中，跨界创业团队的交互记忆系统为成员认知劳动的分工合作创造了条件，从而能够促进知识的共享和整合。因此，通过有目的地不断完善交互记忆系统，跨界创业团队可能实现高效的知识共享和整合。具体来说，在成员们以各司其职、相互信任和协调的方式共同完成任务的过程中，个体的专业知识更容易在团队内充分分享并整合起来。但与此同时，过度的分化下的知识边界等问题可能导致个体难以找到和利用不同领域知识间的共通点，使他们在整合这些知识的过程中难以实现优势互补。因此，有必要通过研究探索合适的交互记忆系统使其为跨界创业团队的知识共享和整合有效服务。

其次，本书也能够帮助跨界创业团队通过有效的知识管理来提升其团队创造力。团队的创造力体现在将知识转化为新颖、有价值的创意和想法的过程中。本书从知识视角关注了知识的共享和整合在交互记忆系统与跨界创业团队创造力间作用关系中所起到的作用。对一个跨界创业团队来说，发达的交互记忆系统有所裨益，但也并非全方位的发达就能够帮助其获取更高水平的创造力。正所谓过犹不及，建立和不断完善一个适合的交互记忆系统对于团队来说可能更有意义。本书所得结论有助于跨界创业主体了解交互记忆系统在什么情况下能帮助自身更好地管理知识和提升创造力，从而更顺利地找到创造创新成果的方向。

最后，本书的结论对于面对动态环境下的跨界创业主体具有借鉴意义。本书对中国转型经济的动态环境下的跨界创业团队展开研究，重点关注了环境的动态性对于交互记忆系统与知识共享、知识整合间作用关系的影响。当所处环境动态变化时，跨界创业团队为了应对挑战，需要更加积极地运用交互记忆系统来促进知识共享和整合，从而在最大限度上减少在知识贬值和过时下可能蒙受的损失。因此，对面临环境动态变化的跨界创业团队，本书可能具有一定意义，有助于其了解如何充分利用交互记忆系统管理知识，以应对环境变化并提升自身创造力。

第三节　研究内容

本书在上述讨论的基础上发现，在中国经济转型的背景下，跨界创业已经兴起，但该领域的理论研究有待拓展。因此，需要对跨界创业主体及其创业活动展开研究，来充分挖掘和探讨跨界创业现象，从而加深对跨界创业的理解并促进相关理论与实践发展。基于此，本书从关注的主题出发，所探讨的问题包括以下几个。

首先，本书关注了跨界创业团队的交互记忆系统分别对其知识共享和整合的影响。对于跨界创业来说，知识的重要性显而易见，能否有效管理知识关乎其能否成功创业。作为认知劳动分工的机制，跨界创业团队的交互记忆系统的运行时刻作用于其知识共享和整合过程。本书重点关注了跨界创业团队的交互记忆系统对知识管理的影响，通过梳理相关文献，并与案例研究结果相结合来推导知识共享和整合所受到的交互记忆系统的作用，并采用实证研究方式加以验证。

其次，本书也关注了交互记忆系统对跨界创业团队的创造力的影响，以及知识共享和知识整合分别在此关系中所起到的中介传导作用。基于对已有理论研究成果的梳理，可以发现，交互记忆系统作为认知劳动分工的机制，需要通过知识来影响团队的创造力。因此，在结合相关文献梳理与案例研究的基础上，本书将知识共享和整合作为关注点，分别探讨二者在交互记忆系统与跨界创业团队创造力关系间的作用；并在此基础上，采用实证研究来验证交互记忆系统与跨界创业团队创造力间的关系，以及知识共享和整合在其中的中介传导作用。

最后，本书还关注了跨界创业团队所面临的环境动态性因素对于交互记忆系统与知识共享、与知识整合之间关系的影响。本书着眼于中国转型经济背景，分析了该情境下的动态创业环境对跨界创业的影响。考虑到环境的动态变化使团队面临知识贬值的压力，这使其更需要凭借交互记忆系统保障知识管理的有效进行。基于此，本书综合相关文献和案例分析结果，对跨界创业团队所面临的环境动态性在交互记忆系统分别与知识共享、知识整合之间关系上所起到的调节作用，并采用实证分析的方式对上述作用加以验证。

基于此，本书为了深入挖掘交互记忆系统对跨界创业团队创造力的影响机理，以及知识管理和创业环境因素在其中的作用，将知识共享和整合作为中介变量，并将环境动态性纳入研究框架，探讨其对于交互记忆系统与知识共享和知识整合之间关系的调节作用，构建了相应的理论模型，如图1-1所示。

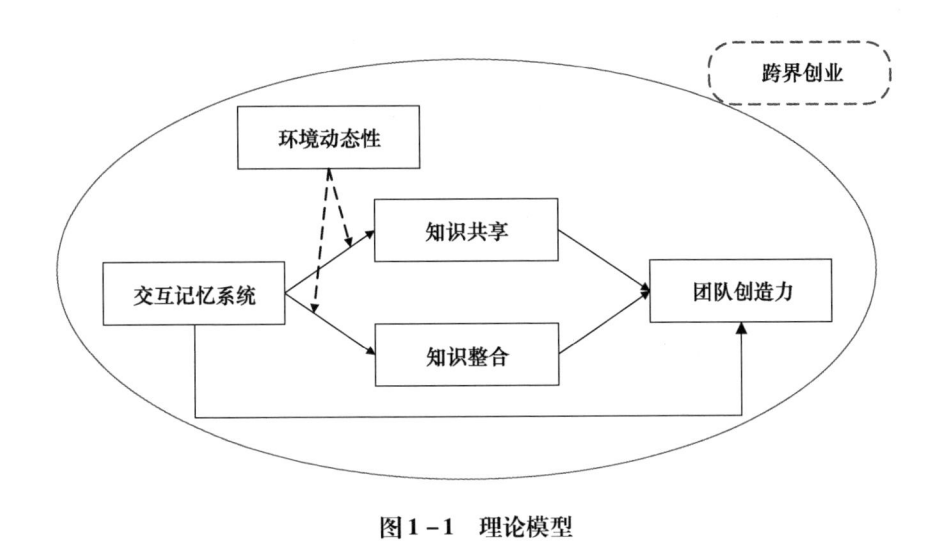

图1-1 理论模型

第四节 研究方法与技术路线

一 研究方法

为了保障研究的质量和有效性，本书采取定性与定量相结合的方式进行研究，通过梳理相关理论成果并参照跨界创业实践，对跨界创业团队的交互记忆系统、知识共享、知识整合、团队创造力以及环境动态性等变量间的关系进行分析。本书采用多种研究方法来确保所得结论严密和准确。

首先，本书通过文献研究法对公司创业理论、知识管理理论、社会认知理论等基础理论和研究所涉及的跨界创业、交互记忆系统、知识共享、知识整合、团队创造力和环境动态性等相关文献进行了大量检索和阅读，通过文献的梳理来对其中的重点和现状等加以总结。在此基础上，把握本书的着力方向、主要意义等方面，并为研究模型的构建和基于理论推导的假设提出等奠定基础。

其次，本书通过探索性案例研究来为研究模型构建奠定基础。本书从北京等四个城市选取了四个跨界创业团队进行案例研究，通过面对面访谈、电话访谈等手段获取案例团队的相关一手数据，并通过互联网、档案等途径获取研究所需的二手数据；并进一步通过分析本书所收集的案例数据，提炼出各主要变量的构念；在此基础上，通过结合相关理论成果与进一步的案例研究来探讨各变量间的基本关系，实现对研究模型的构建。

最后，本书还采用了大样本问卷调查的方式来所获实证分析过程所需的数据，从而为本书所提假设的验证提供依据。在借鉴了相关理论成果、案例分析结果与相关成熟量表的基础上，本书通过标准的问卷设计过程设计了所需的调查问卷，并通过小组讨论、专家建议、预调研等过程对调查问卷进行完善以得到满足研究需求的最终版调查问卷。通过向北京等五个城市的跨界创业团队发放调查问卷，共收回了 156 组有效问卷，从而为后续利用 SPSS 22.0、AMOS21.0 等统计软件对数据进行分析处理，以及利用分析结果检验假设提供支持。

二 技术路线

本书的研究技术路线如图 1-2 所示，本书共包括七章，各章内容如下。

第一章"绪论"。本章首先对研究的实践背景和理论背景进行论述，在此基础之上分析在相关领域进行研究的意义以及本书的研究主题，并针对本书所关注的问题选择合适的研究方法和合理的技术路线，从而使本书更加科学合理。

第二章"理论基础及文献综述"。主要为本书后续的理论推导、模型构建和实证分析等过程提供支撑。在这一章，对公司创业理论、知识管理理论、社会认知理论等理论进行回顾，并围绕跨界创业、交互记忆系统、知识共享、知识整合、团队创造力和环境动态性等相关研究梳理国内外已有文献,为后续的模型构建和假设提出奠定基础。

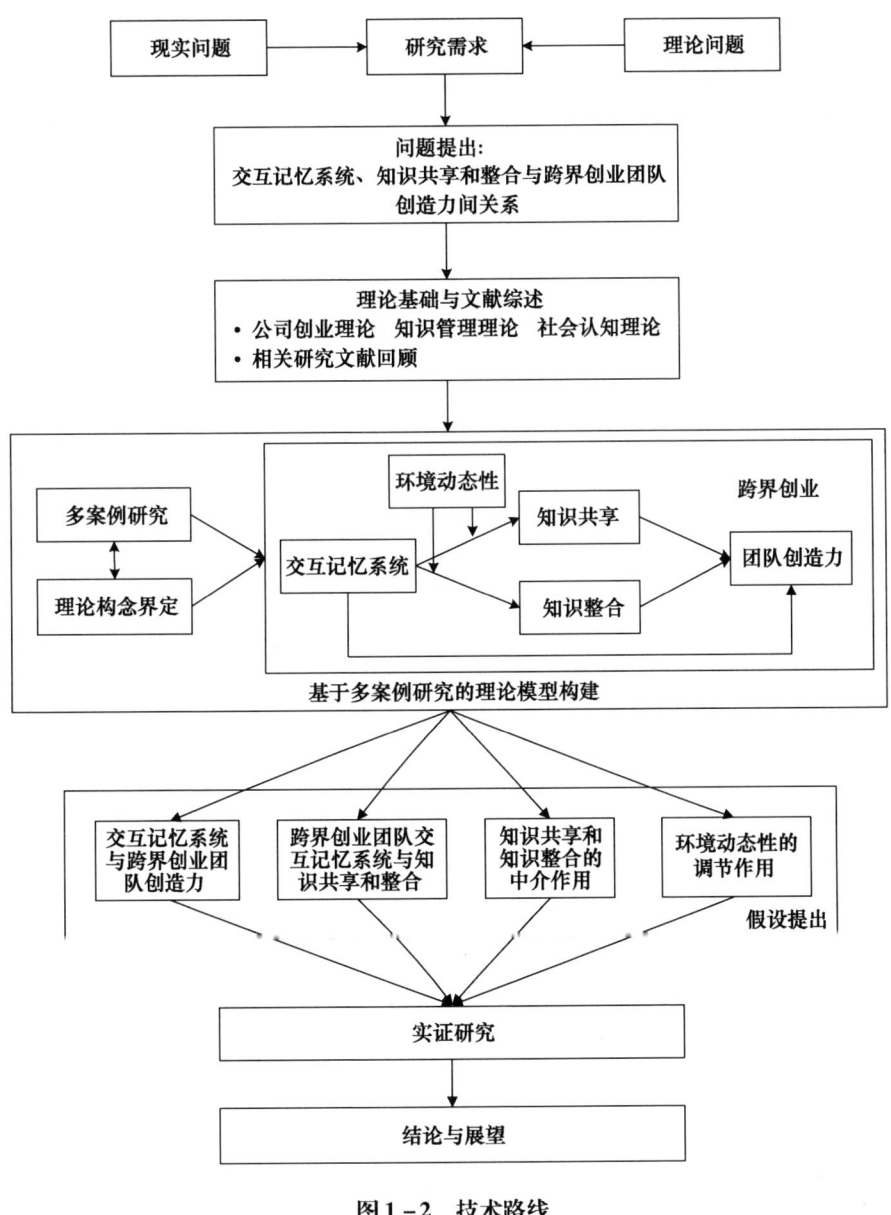

图1-2 技术路线

第三章"基于案例研究的模型构建"。基于第二章的文献综述，主要通过结合相关理论成果梳理和对四个案例的研究与分析，对交互记忆系统、知识共享、知识整合、团队创造力和环境动态性等构念进行界定并分析变量间的关系，在此基础上构建本书的研究模型。

第四章"研究假设的提出"。在本书的研究模型的基础上，结合相关研究中对各变量的讨论进行理论推导，从而对变量间的关系进行进一步分析和判断，进而提出本书对变量间关系的研究假设。

第五章"实证研究设计"。主要是阐述本书实证分析过程所采用的调查问卷的设计、样本选取、变量测量、控制变量选择等过程，在此基础上通过预调研等方式对问卷进行修正，得到用于大样本问卷调查的调查问卷。

第六章"实证分析与结果讨论"。本书发放了大样本调查问卷，并对所回收的数据进行了实证分析，通过描述性统计、信度和效度检验、相关分析、回归分析等方法对本书提出的假设进行检验。

第七章"结论与展望"。本章对本书的研究结果进行总结，探讨了研究结论以及研究对跨界创业企业、团队的创业实践的启示和对政府部门的建议，并指出了本书的创新性和局限性，对未来研究做出展望。

第 二 章
理论基础及文献综述

第一节　理论基础

一　公司创业理论

（一）公司创业理论的产生与发展

公司创业理论诞生于 20 世纪 70 年代，当时的公司创业尚未受到广泛关注，学者们更多聚焦于组织内的创业团队、创业精神等的发展（Collins 和 Moore，1970；Hippel，1977）。而随着创业领域研究的逐步推进，20 世纪 80 年代，学者们逐渐从关注个体的创业延伸到关注公司的创业上；并发现，当企业成长到一定程度，通常需要寻找和决定未来的发展方向，此时为了实现进一步的成长或寻求变革，部分企业会采取创业行为，即公司创业。Miller（1983）认为，公司创业的重点不在于此过程中的实际行为人，反而是此过程本身及相应的影响因素，因此，基于对各种企业的创业行为的研究，他将其定义为公司内部的创新创业行为。此后，公司创业作为一种能够为企业创造价值、帮助企业提升竞争力、为企业提供持续成长动力的手段，也引起了越来越多学者的注意。到了 20 世纪 90 年代，在公司创业领域的研究中，学者们关注了创新氛围、创新能力等方面因素的作用，将其当作为企业带来活力和竞争力的手段（Guth 和

Ginsberg，1990；Sharma 和 Chrisman，1999）。而随着研究的推进，21 世纪的学者们在研究中更多关注公司创业在提升企业绩效、帮助企业获得和维持竞争优势方面的作用（Teng，2007；Yiu 和 Lau，2008）。

从已有研究看，企业的创业行为通常与其发展战略相联系，作为为企业绩效和长期发展带来影响的重要因素（Covin 和 Slevin，1988）。在这种情况下。创业领域与战略管理领域的理论研究就被有机地联系起来，既引起了很多战略管理领域专家对公司创业的关注，也为原本的战略管理研究领域带来了新的研究视角和范式，使其为公司创业研究领域的延伸奠定了新的基础。

公司创业领域所涵盖的内容广泛，主要包括对公司创业的类型、过程和内部创业者的关注（张映红，2006）。创业类型方面主要涉及对公司创业活动的分类，以此来分析和解释公司创业，如按照创业结果、创业地域、投资来源等进行分类的研究。创业过程方面则是建立在 Gartner 等学者所提倡的"过程研究"基础上的，即研究公司创业的动因、创业过程、环境、组织结构等方面要素，以探究公司创业行为产生和发展的动因，进而挖掘公司创业的内部机理。内部创业者方面的研究则在原有创业领域特质方向研究的基础上进行拓展，主要从行为、文化等因素着手，通过对这些特质因素的分析来揭示公司创业如何开展等。

"公司创业"这一概念出现后的 30 余年间，相关领域尚未建立起系统的、清晰的、完整的理论体系。但随着研究者们从不同视角、不同主题加以关注，其贡献逐渐将公司创业理论的内容拓展，并发展为创业研究中的重要领域。

（二）公司创业的内涵

很多学者从各自的角度出发对公司创业进行界定，见表 2-1。从已有研究来看，虽然他们并未达成一致意见，但在公司创业的内涵上具有一些共通的认识。正如 Zahra（1996）所述，公司创业是创新、战略更新和业务拓展等活动之和。

表2-1 公司创业的定义

作者	定义
Hippel (1977)	公司创业是通过在企业中拓展新业务来延伸和发展创业精神的活动
Burgelman (1983)	公司创业描述的是企业重新组合资源,步入与现有能力和机会关联较小的新领域进行多元化发展的过程
Sathe (1989)	公司创业是企业为了组织更新所进行的创新和投资等
Guth 和 Ginsberg (1990)	公司创业是指通过建立新业务或战略更新来加速组织变革的过程
Zahra (1991)	公司创业描述了在企业通过在内部建立新业务来保障获利能力和竞争地位或进行战略更新
Zahra 和 Pearce (1994)	公司创业所描述的是企业借以改变定位和能力,使客户需求得到满足、业内地位得到提升的具备创新性的战略倾向
Sharma 和 Chrisman (1999)	公司创业是个体或团队在组织内建立新部门、开展战略性革新的过程
Hayton 和 Kelley (2006)	公司创业是以对商业机会进行发现和利用为目的的企业创建新部门或新商业模式的活动
Teng (2007)	公司创业是指企业为了长期发展而对机会进行识别和利用
Yiu 和 Lau (2008)	公司创业所描述的是企业通过内部的各种创新行为来寻求获取、维持和提升竞争优势
Kuratko (2010)	公司创业是指以竞争优势为目的的企业对新业务或组织革新的投入

资料来源:笔者根据相关文献整理。

基于学者们下的定义,以及 Guth 和 Ginsberg (1990)、Kuratko 等 (2011) 的观点,公司创业主要涵盖以拓展业务为目的的公司创业投资以及以革新为目的的企业战略创业两个方面。其中,前者的公司创业投资的主要目的是拓展公司的业务以提升自身创新能力、竞争优势和绩效,主要指企业利用各种手段和方式来创办和投资新业务 (Miles, 2002)。这种活动不局限于企业内部,还可能在企业外部实施并建立起具备一定独立性的实体 (Sharma 和 Chrisman, 1999; Kuratko 等, 2011)。而企业的战略创业则在对机会进行开发利用的同时也寻求提升自身竞争优势（Ireland 等，2003）。基于 Covin 和 Miles（1999）、Kuratko（2010）等的研究，战略创业包含战略更新、持续重建、组织再造、领域再定义和商业模式重构。企业战略创业的活动主要关注通过创新和革新来提升企业的生产经营效率，以及获取竞争优势，而对增加新业务方面并不强求。

综合上述研究，公司创业主要关注企业识别、开发和利用机会，以追求开发新业务、新市场、新产品、新技术、新商业模式等，从而对环境变化和消费者需求做出响应，以获取和维持竞争优势。

（三）公司创业的经典模型

公司创业并非单一化过程，根据视角和关注点的不同，学者们对其剖析和构建的模型也有所区别。如董保宝（2012）在梳理相关研究的基础上将其分为两大类，即要素均衡模型（关注各要素之间的相互协调）和要素主导模型（关注特定要素主导其他要素关系）。这样的模型划分方式有助于明晰公司创业活动所涉及的多要素间的作用关系，为梳理公司创业理论提供帮助。

首先，典型的要素均衡模型如 Zahra（1993）从行为视角出发构建的公司创业模型和 Ireland 等（2009）所构建的公司创业战略整合模型，等等。其中，Zahra（1993）从 Covin 和 Sleivin（1991）的研究出发，从行为视角开展研究，对公司创业过程中所涉及的内部要素、外部环境要素和战略要素三大类要素分别与公司创业行为间的双向关系，以及公司创业行为与其所得绩效之间的双向关系进行分析，并在此基础上构建了基于行为视角的公司创业模型，如图 2-1 所示。在这一模型中，除了正向作用，也关注了反馈作用机制，即内外部多因素对公司创业行为造成影响并作用到创业绩效之上的同时，企业的绩效也可能对其后续公司创业行为造成影响并进而调整和改造其内外部条件。

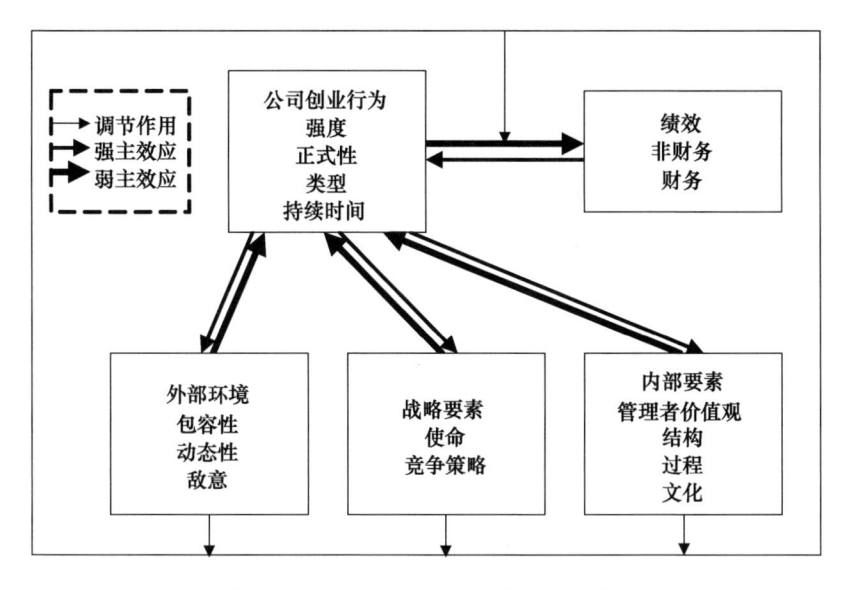

图 2-1 Zahra (1993) 的公司创业模型

随着公司创业领域相关研究成果的不断丰富，对应的论述也不断增加，Ireland 等（2009）认为公司创业领域的以往研究相对松散、不成体系，因此在梳理前人文献的基础上将其主要论述和观点整合到一起并纳入一个框架，即公司创业战略整合模型，如图 2-2 所示。他们将公司创业的战略统筹为支持创业的组织架构、创业战略愿景、创业过程和行为三个相互作用的部分。此模型跨越层面整合了组织成员、高管和组织三个层面对公司创业战略前因、要素和结果之间的作用关系，实现了对公司创业成体系的全面剖析。

而典型的要素主导模型则包括 Zahra 等（1999）构建的公司创业、知识和组织能力发展模型以及 Dess 等（2003）构建的公司创业战略模型，等等。其中，Zahra 等（1999）从知识视角出发，关注了公司创业在助力新知识创造方面的作用，以及新知识对公司创业的反馈，如图 2-3 所示。他们认为企业面对的内外部因素能够影响其公司创业行为，进而刺激企业进行学习并创造新知识，所得到的新知识能够提升企业的能力并帮助企业获取更高的绩效水平来改善其内外部环境。

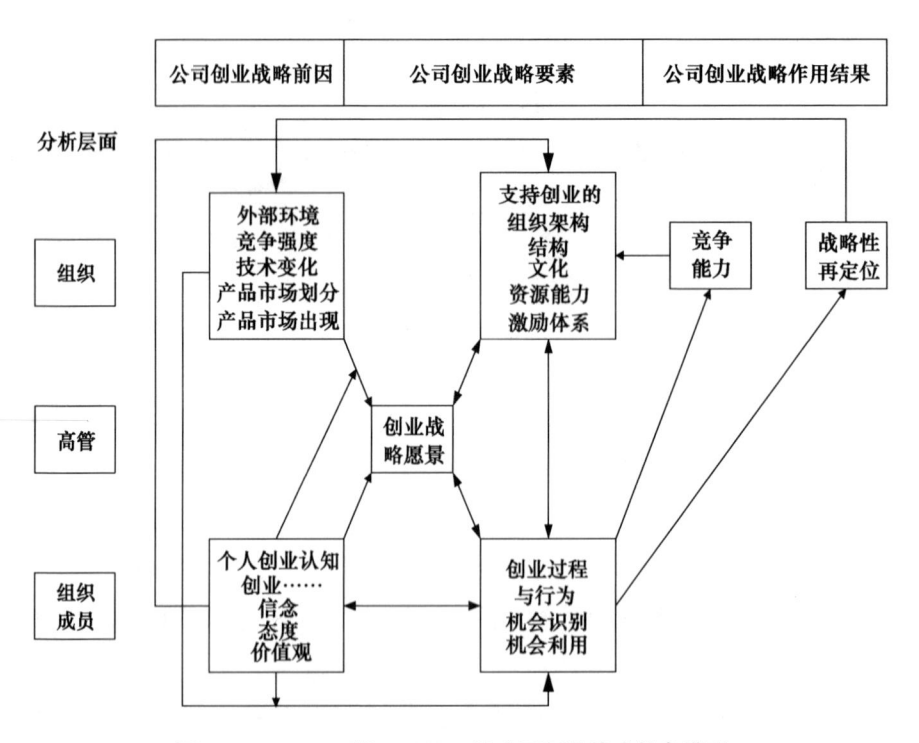

图 2-2 Ireland 等（2009）的公司创业战略整合模型

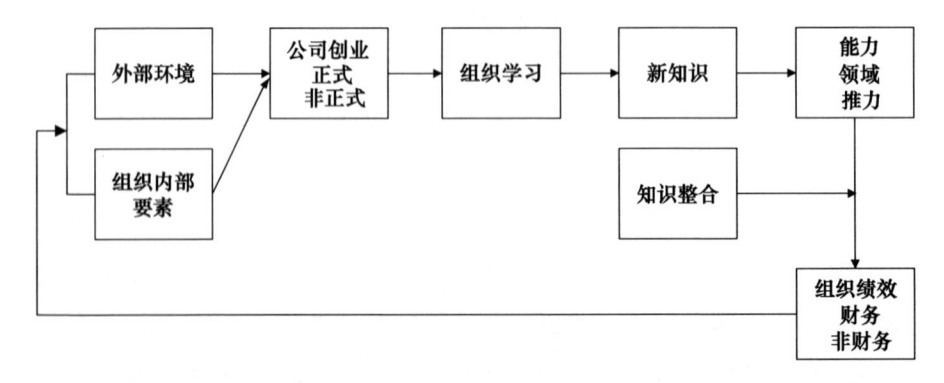

图 2-3 Zahra 等（1999）的公司创业、知识和组织能力发展模型

Dess等（2003）则基于Zahra等（1999）的研究成果，将公司创业这一行为作为关注点，分析公司创业对组织学习、新知识等方面要素的影响及对这些要素所起到的反馈作用，如图2-4所示。他们表示，公司创业有利于企业通过组织学习获取和创造新知识，进而为组织的实践活动提供知识支持。而且，他们的模型中所涉及的反馈作用并非单一的，而涉及要素间的相互作用，这种复杂的相互作用关系在他们的研究中被构建为一种复合型的循环。

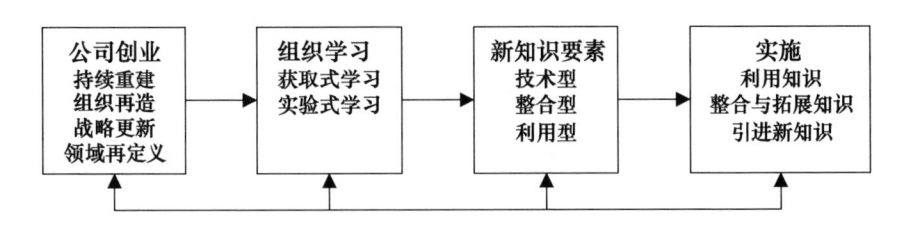

```
┌──────────┐    ┌──────────┐    ┌──────────┐    ┌──────────┐
│ 公司创业 │    │ 组织学习 │    │新知识要素│    │   实施   │
│持续重建  │───▶│获取式学习│───▶│ 技术型   │───▶│ 利用知识 │
│组织再造  │    │实验式学习│    │ 整合型   │    │整合与拓展知识│
│战略更新  │    │          │    │ 利用型   │    │ 引进新知识│
│领域再定义│    │          │    │          │    │          │
└──────────┘    └──────────┘    └──────────┘    └──────────┘
```

图2-4　Dess等（2003）的公司创业战略模型

在梳理经典的公司创业理论模型的基础上，本书能够对公司创业这一理论的整体发展脉络有所把握，虽然已有研究对公司创业关注的视角和方向有所不同，但通过梳理来进行整体把握能够深化对该理论的理解。总体上，公司创业理论中所涉及的对公司创业的影响因素包括企业内外部的各个方面，而其产出则通常直接体现为竞争优势或绩效。此外，对公司创业的研究中经常关注知识要素所发挥的作用，这表明，从知识视角探究公司创业是有意义的。

二　知识管理理论

（一）知识的内涵与分类

在创业的相关研究中，知识这一要素的重要性不可忽视，学者们常将其视作企业持续竞争优势的源泉（Barney, 1991）。从古至今，对于知识的概念的界定从未停止，大量学者基于他们的理解给出了自己的观点，但至今仍未能对其概念达成共识。早期学者如古希腊哲学家柏拉图，在《泰阿泰德篇》中将知识界定为带有解释的真实判断，其着眼点在于"解释"，即判断要建立在解释的基础之上。康德在《纯粹理性批判》中，则将知识视作人的感性经验和知性思维的产物。在《韦氏词典》中，作者将人类的真理、信息和原则的总体称作知识，这里的知识常体现为人们对科学、艺术和技术等的理解。在《中国大百科全书》中，知识是唯物的，反映客观事物的属性与联系，是人脑内对客观世界形成的主观印象。管理学者们也根据各自的研究视角和关注点对知识这一概念进行了阐述。如Grant（1996）把经验、认知、价值观、信息等的综合视作知识，其动态组合则作为帮助个体和组织获取、评估和吸收新信息的动力和框架。Dew 等（2004）将知识界定为有价值的可信信息的积累，并肯定了其在认知过程中的作用。胡军（2006）将知识视作基于对事物内在和外在要素的正确了解所形成的信念。Tywoniak（2007）则表示，知识普遍存在于个体、社会和文化经验中，是通过在思想和实际之间建立联系来降低环境的不确定性的规则，这种规则受制于人们的主观能动性，也能够反过来影响和约束人们的行为。而张新华和张飞（2013）则通过梳理已有研究中对知识的理解来寻求更深层次的认识，他们探讨了知识的哲学本质和实践特质，将这两种方向上的矛盾表现和其中的联系作为学者们对于知识的定义难以达成一致的主要原因。

　　从上述讨论中可以看出，知识这一概念涵盖很多方面，内涵相对复杂，这导致从不同的视角和关注点出发能够得到对于知识的不同认识，相应地，对知识的分类也各有不同。如 OECD《以知识为基础的经济》（1996）从促进经济的角度分析，将知识经济中的知识划分为四类，见表 2-2，即事实知识（Know-what）、原理知识（Know-why）、技能知识（Know-how）和人力知识（Know-who）。其中，事实知识和原理知识之和与信息相近，是可以通过阅读、听课等方式直接获取的；而技能知识和人力知识则相对隐晦，通常需要在实践活动中间接获取。

表 2-2　　　　　　　　　　　　OECD 的知识分类

类别	描述
事实知识	指的是那些与事实相关的知识，与信息的意义相近，专家需要具备大量事实知识才能满足在复杂领域工作的需求
原理知识	主要来自科研部门，主要涉及自然法则和科学规律等方面的知识，是产业技术和工艺等方面发展的基础
技能知识	主要关注做特定事务的能力，是发展和留存于企业内部的知识
人力知识	涉及与"谁知道什么""谁知道如何做某事"等相关的知识，与促使专家利用知识的社会关系有关，对组织和管理者尤为重要

资料来源：OECD, *The Knowledge-Based Economy*, General Distribution OCDE/GD, 1996。

知识管理领域研究中也常常借鉴 Nonaka（1994）对知识的论述，他将知识分为显性知识和隐性知识两类。这种分类源自 Polanyi（1966）的论述，他发现直接以文字、数据等形式呈现的"显性"编码知识往往只是组织内知识的一小部分，这些"显性"知识是可以通过正式的、系统化的方式直接传播的。而还有很多具备个人特色的"隐性"知识常常根植于行动、责任和特殊情境中，往往无法通过正式途径直接交流。在此基础之上，Nonaka（1994）将知识分为显性知识（用正式、系统化的方式能够直接传达的知识）和隐性知识（具备个人属性、难以标准化并直接传达的知识），并构建了 SECI 模型来对组织的知识创造进行探讨，如图 2-5 所示。在该模型中，知识的创造体现在组织中隐性知识和显性知识相互动态转化的过程中，整个过程包括社会化、外化、组合与内化。其中，社会化指的是个体间相互观察和感受来获取和分享彼此的隐性知识，外化主要涉及个体将自己的隐性知识编码为语言和文字等易传达的显性知识，组合涉及将不同来源的显性知识整合并为群体所用，内化指个体对学习和获取到的显性知识充分吸收并建立起自己的理解、形成隐性知识。通过上述过程，组织内个体各自的隐性知识在彼此之间相互传播，既扩充了组织的知识储备，也提升了个体的知识量，呈现出知识量螺旋上升的状态。

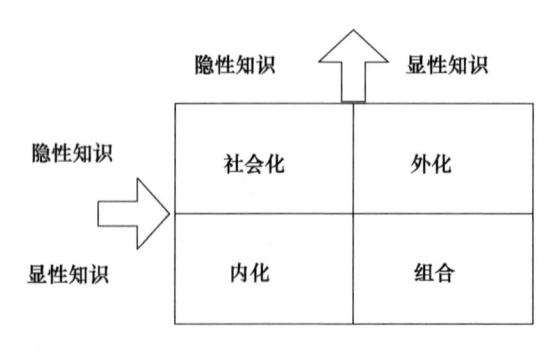

图 2-5　SECI 模型

(二) 知识管理理论的产生与发展

对于企业,知识在其创建和成长的全程中发挥着不可忽视的作用,而到了当前的知识经济时代,知识的这种重要性和必要性更加突出。在知识经济时代,知识被视为宝贵的资源在经济发展中发挥重要作用,被认为是与组织最相关的资源,对知识的占有是组织适应世界发展所需的准备,对知识的管理更是促进组织长期可持续发展的基本过程,如果能够管理得当,组织便有可能获得并维持长期的竞争优势 (Perotti 等, 2022; Mustika 等, 2022)。可以看出, 如何充分管理这些知识,并将其用于支持企业,帮助企业维持生存与成长,对企业来说是十分重要的问题。随着研究推进,该议题也受到更多学者的广泛关注。寻根溯源,知识管理诞生于 20 世纪中期,而在研究企业的知识活动方面的应用是由知名学者 Drucker (1988) 引入的, 他在研究中发现, 在信息技术不断进步的知识经济时代,企业应当做出改变,提升对于知识和知识专家的重视程度,从命令—支配型向信息型组织转变。此后,知识管理的理论基础越发坚实,也逐渐被证明了对绩效的重要性, 相关研究日渐丰富并成为管理研究中的重要领域 (Molina 等, 2007)。

随着研究不断推进,知识管理理论也越发成熟和完善,其关注点不再拘泥于技术和信息，而是拓展到更加深层的"人"上，即开始关注人的作用（McElroy，2002）。至 20 世纪末，商业领域的研究中越发重视知识管理的作用，相关研究在该领域逐渐丰富，很多学者如 Senge、Nonaka 等也在此过程中做出了贡献。如 Senge（1990）在其代表作之一《第五项修炼：学习型组织的艺术实践》(*The Fifth Discipline: The Art and Practice of Learning Organization*) 中，分析了一个学习型组织获得和维持持续竞争优势所需的 5 项要素，并充分关注了学习型组织创建过程中知识管理所起到的贯穿始终的作用。同样，Nonaka（1994）所构建的 SECI 模型以及他对显性知识和隐性知识的论述也为后续知识管理的相关研究奠定了坚实基础。知识管理涉及组织凭借其无形资产进行价值的创造，在其内容方面，学者们有各自不同的理解。如 Demarest（1997）将知识管理分为识别、储存、传播与利用知识四部分；Zahra 等（1999）认为知识开发包括知识的获取、整合与利用；Alavi 和 Leidner（2001）将其划分为知识的创造、捕捉、共享和保持；储节旺和郭春侠（2010）则将知识管理划分为对知识的生成、积累、交流和应用四个管理流程，认为其对企业的核心竞争力发展起到支撑作用。上述研究都对知识管理过程进行了分解，以求对其内容和概念进行更全面、更深入的论述。在此基础上，本书将知识管理的过程归结为获取、共享、整合与利用这四个主要部分。其中，获取主要关注的是从外部得到知识并加以吸收的过程（Zahra 等，1999；郭润萍，2016），知识共享主要关注组织内部个体间的知识传播（Lepik 和 Krigul，2014），知识整合主要关注对各种来源的知识进行整理和组合以得到有用的知识（Enberg，2012；周琰喆等，2016），而知识利用则主要关注企业提升自身能力、竞争优势和绩效以及在完成任务等过程中对所掌握知识的运用（Zahra 等，1999）。

（三）知识管理学派

知识管理内涵丰富，在研究中，学者们也常根据自身的关注点和研究主体选择不同的研究方法和视角，这使其理论体系越发繁杂。

为了得到更清晰的理解，有学者对已有研究进行梳理并分为不同学派。如 Earl（2001）将相关研究分为技术、经济和行为三个主要学派，并进一步划分为七个分支学派，在此基础上阐述了各学派的主要观点和特征，见表 2-3。三大学派中，技术学派主要关注信息或管理技术，探究知识管理对员工完成日常任务的作用；经济学派主要关注知识管理在商业领域的应用，探究企业利用知识和智力资本创造价值的过程；行为学派主要探究如何通过管理者的作用实现对知识资源的创造、共享和利用。

表 2-3　　　　Earl（2001）的知识管理研究学派划分

学派		焦点	目标	范畴	关键成功因素	管理哲学
技术学派	系统学派	技术	知识库	领域	内容效度、对提供内容的奖励	编码
	制图学派	地图	知识目录	企业	分享知识的文化/奖励、交流网络	连通性
	工程学派	流程	知识流	行为	知识与信息自由扩散	能力
经济学派	商业学派	收入	知识资产	技能知识	专家团队发展、智力资本管理制度化	商业化
行为学派	组织学派	网络	知识社群	社群	善交际性文化、知识媒介	协同
	空间学派	空间	知识交流	地点	旨在自发学习和创造的设计、鼓励和合法化	联系
	战略学派	思维模式	知识能力	业务	声明公司使命的修辞、使知识可操作化的手段	意识

在 Shin 等（2001）的研究中，知识管理的研究则主要是从信念、流程和客体这三个流派壮大发展的，见表 2-4。

除了国外学者的研究，也有国内学者在梳理知识管理的体系和脉络方面做出了贡献，如左美云（2000）在研究中将知识管理研究划分为强调对于信息进行管理的技术学派、强调对于人进行管理的行为学派和二者相结合的综合学派。蒋日富等（2006）在研究中梳理了已有研究中的论述和相关的知识管理研究流派划分方式，在此基础上根据研究的焦点将当时的知识管理相关研究划分为学习学派等五个学派，见表2-5。

表2-4　　　　　　Shin等（2001）的知识管理研究学派划分

学派	描述
信念	探讨的是在个体的知识和信息获取过程中起到支持作用的组织文化、信息技术等方面的基础，其中信息技术更多支持的是其现有知识的获取
流程	更多从过程视角关注知识的创造和扩散。需要通过一些系统和技术手段来帮助知识接受者之间建立联系并实现对技能知识的理解
客体	探讨的是知识的获取和利用。为了对知识进行编码、储存和检索，需要具备系统或技术层面的支持

表2-5　　　　　　蒋日富等（2006）的知识管理研究学派划分

学派	对知识管理的理解	研究焦点
学习学派	组织的学习过程	个体、团队和组织的学习与知识创造活动
过程学派	对知识流的管理	知识生命周期和知识流动过程
技术学派	信息技术的应用	知识管理系统
智力资本学派	对智力资本的管理	智力资本的定量分析
战略学派	提升组织核心竞争力的战略	整合业务战略与知识战略

总的来说，由于知识管理涵盖内容丰富、体系庞大，学者们所做的相关研究也是出自不同的研究视角和关注点，尚未对其形成统一的理解并达成共识。因此，为了形成对知识管理理论的清晰认知，有必要通过梳理该领域的研究流派和相应的主要观点，从而建立起对知识管理理论体系的了解。除本书已经提到的流派之外，很多其他学者也从不同角度对知识管理的相关研究流派进行划分，这能够

促进对知识管理理论的理解，也意味着知识管理领域的研究日趋成熟。且这些研究流派划分的论述之间也在内容和逻辑上有很多联系和共通，从而在彼此之间形成了一定的补充，为知识管理理论体系的综合发展做出了贡献。

三 社会认知理论

（一）社会认知

社会认知所探讨的是个体对来自社会的客体、现象及其关系等刺激综合加工，并产生感知和理解的过程（解春玲，2005）。此概念源自心理学领域，诞生于社会心理学与认知心理学领域之间的交叉，对社会认知的研究于20世纪70年代产生并在90年代逐渐兴盛。社会认知所关注的主要是个体对人、角色、群体等方面产生的认知，从所对应的图式出发进行划分则涵盖自我、人际、群际与事件这四个层面的认知（李宇等，2014）。该领域的研究主要关注的是对个体接收和处理外部信息等过程产生影响的因素及这些影响的作用方式，以及个体对客体对象的感知和判断的形成过程。从这一点看，社会认知领域的研究相当于利用社会心理学分析哪些来自社会的影响因素会对个体的认知过程产生影响以及这些因素所起的作用。当前，在社会心理学领域，社会认知方向研究是重要的着眼点，且其应用范畴十分广泛，如哲学、社会学、管理学等领域研究中都有对社会认知的应用。

（二）社会认知理论的主要内容

社会认知理论的来源是学者Bruner所提出的"社会知觉"这一概念，在此基础上，心理学家Bandura通过对社会学习理论与行为主义理论等方面的研究逐渐建立并完善了社会认知理论，其探究的是人类的心理机能。Bandura（1977）发现，个体的行为与认知并非独立的，而是存在着因果关系的，且行为还受外部环境因素与自身认知历程的影响。在该理论中，个体会在建立在自身知觉和思维上的认知结构的基础上形成感知和判断，进而决定其行为，而非被动接受外部事物的影响。甚至可以说，对外界建立的社会认知可能会成为影响个体社会行为的决定性因素。

社会认知理论主要涵盖三元交互决定论、观察学习和自我效能三个方面（Bandura，1999）。三元交互决定论打破了以往个体行为仅由内部的个体因素或外部环境因素决定的观点，强调认知因素在个体行为中所起到的作用，认为人们的个体因素、行为与环境因素持续地相互联系和相互作用，三者之间存在相互作用的关系。其中，个体因素主要包括个体的信念、目标、动机、态度、情绪、性别、性格、社会角色等方面因素，环境因素指的是主体所处的客观环境条件，而行为则主要指行为的结果与反馈。三者中，个体的信念、态度、动机等个体因素会引导和影响其行为，而行为的结果与反馈作用则会对其思维内容与形式以及情绪产生影响。此外，个体所具备的特征是在环境作用下形成的，而个体的性格、社会角色等因素也会引起所处环境的反应和变化。行为则是个体与环境要素之间的中介，即个体借以改变所处环境使其满足自身需求的手段，受到环境条件与个体需求的两方面制约。

观察学习也是社会认知理论的重要组成部分，基于波波玩偶实验，Bandura提出，人的复杂行为是通过后天的学习形成的，此过程受到个体特征与经验的综合影响。对于个体来说，除了通过行为反应的结果所学习到的直接经验，行为的习得还要大量依赖对他人（即示范者）的行为进行观察，从而获得间接经验，即观察学习的过程。观察学习过程包含注意、保持、产出与动机这四个过程，四者相互联系，共同构成观察学习的过程。注意过程涉及被观察者的选择，是一个获取心理资源的过程；在保持过程，观察者利用视觉和言语符号将被观察者的示范活动进行表象化，实现记忆过程；产出过程则是对记忆中的表象符号进行加工，转换为外显的行为；动机过程指的是观察者面临特定条件时再现示范行为的过程。事实上，在观察学习的过程中，观察者的学习不仅仅是对被观察者行为的单纯重复，还涉及观察者自身创造性的作用（Smith 和 Hitt, 2005）。

自我效能感也是由 Bandura（1977）提出的，他认为个体的自我效能感指的是其对自身与所处环境之间相互作用的自我判断。自我效能感并非对行为结果的预期，而是个体对其自身能力能否在一定程度上执行特定行为的主观判断，其影响的是人们对活动的态度、情绪与响应表现，高水平的自我效能感往往会使个体更加积极主动地面对问题，低水平的自我效能感则使其更容易陷入逃避。自我效能感受到多种因素的影响，如个体的成败经验、替代性经验、言语劝说、情绪状态以及情境条件。其中，个体的成败经验是个体在活动中所得到的直接经验，通常成功的经验能够提高其自我效能感，失败的经验则正相反；替代性经验指的是个体观察到其他个体在相似情境下的经验，从而对其自身的自我效能感产生影响；言语劝说是通过语言鼓励和调动个体积极性；情绪状态涉及个体的积极与消极状态，积极乐观的情绪会带来更强的信心，消极情绪则容易带来挫败感；情境条件涉及外部情境与个体的关系，陌生情境往往更容易使个体陷入焦虑和紧张，使其自我效能感降低。

从社会认知理论出发，个体根据其自身直觉与思维形成认知结构框架，并借此来识别和判断自己与他人的心理和行为。其所采取的行为方式也是基于其最终的判断结果，这体现出个体认知过程与行为之间的因果逻辑，也将个体的行为与内外部因素联系在一起，形成了对个体社会行为的解释。

（三）社会认知理论在知识管理与创业领域研究的应用

社会认知理论提出以来，在知识管理、创业、人力资源、教育等多个研究领域得到了广泛应用。在创业领域，社会认知理论通常被用于探究创业者的认知特征或用于探究创业意向及预测创业行为。创业认知的研究始于 20 世纪 80 年代，当创业特质论所关注的"谁是创业者"面临挑战时，学者们开始将社会认知理论与创业领域的研究相结合，改为探究"为什么有的人会选择去创业"（Shaver 和 Scott，1991）。如 Allinson 等（2000）对创业者与管理者的认知风格特征进行了研究，发现与一般管理者相比，那些能够成功识别和开发创业机会的成功创业者的认知风格更加依赖直觉。Mitchell 等（2003）总结了以往的创业认知研究，认为创业认知是人们在机会评价、企业创建和成长时进行评估、判断或决策所用的知识结构，相关的研究是探究创业者如何利用简化的心智模型来拼凑信息、识别机会并整合资源着手创业的。在此过程中，创业专家可以通过认知机制（如创业专家脚本等）来进行创业决策，而同时，创业者的认知风格也可能存在过度自信、自私偏见、反事实思维、计划谬误、自我辩解、控制幻觉等问题。Zhao（2005）对创业者的自我效能感与创业意图之间的关系进行了研究，发现创业经历、风险强项、创业培训对创业者的自我效能感产生影响并进而增强其创业意向。Grégoire 和 Shepherd（2012）认为，以往的研究没有关注一些机会是否或为何从根本上更加难以识别，为了探究这一问题，他们对机会识别过程进行研究并发现，创业者会根据创业机会的表面与结构相似性特征来识别创业机会，不同的特征水平组合会使其机会识别的数量和质量存在差异，而在认知过程中，创业者的先验知识和创业意图等会对这一关系起到调节作用。Osiyevskyy 和 Dewald（2015）从认知视角对商业模式创新进行研究，将商业模式创新的意图分为探索式的颠覆性模式创新和利用式的现有模式强化，他们认为商业模式创新的意图与创业者对环境的认知相关，研究表明机会知觉、感知绩效降低威胁和风险经验等方面的认知对其意图有所影响。Hu 和 Ye（2017）则在社会认知理论的基础上对中国高校毕业生进行了研究，他们通过分析发现，创业自我效能感和创业警觉性是预测其创业意向的关键认知预测因素。

在知识管理领域，社会认知理论通常作为学者们探究个体间、组织内知识交流的内在机理的理论视角之一。如 Hsu 等（2007）从个体和环境角度对虚拟社区中知识共享行为的支持和阻碍因素进行了研究，并在社会认知理论的基础上构建研究模型，探究知识共享自我效能感、个体成果期望、社区成果期望、多维信任因素对知识共享行为的影响。Lin（2007）的研究结合社会认知理论与理性行为理论，从动机视角探究内在激励（知识自我效能感、帮助他人的愉悦感）与外在激励（预期组织奖励、互惠利益）对企业员工的知识共享的影响，以揭示员工知识共享行为的不同动机。Chang 等（2013）从社会认知理论视角出发，探究影响信息系统开发团队知识贡献的因素，发现团队关系承诺、团队关系规范以及专业知识定位对团队中成员的知识贡献有所影响。Wang（2015）结合社会认知理论和相对自主动机的观点，探究了影响企业员工知识共享行为的个体和环境因素，发现信任、关系导向、知识共享自我效能感以及相对自主动机是企业内专业人员知识共享行为的关键影响因素。Dong 等（2016）将信息系统的成功与社会认知理论相结合，以解释知识管理系统的完善是如何提升知识共享意图的，研究发现，用户对持续完善的知识管理系统的满意度通过个体认知（成果预期和自我效能感）促进了知识共享的意图。Lin 和 Chang（2018）利用社会认知和感知互动性的相关理论探究了社交媒体用户的健康信息交流动机，认为环境层面的人际互动以及个体与信息互动对个体认知（社会关系的成果期望和健康自我管理能力的成果期望）产生影响，进而作用于健康信息的交流。Zhang 和 Guo（2019）则认为，社交和交流过程是交互记忆系统建立和发展的基础，团队成员间的共同目标和有效沟通作为基本要素支持具备多样性知识的团队的交互记忆系统的顺利发展。

社会认知理论在知识管理领域和创业领域的广泛应用为探究跨界创业团队成员之间是如何打破交流屏障并将彼此的知识在团队内实现共享和整合这一问题提供了理论支撑。在创业团队中，通过环境、个体和行为之间的交互作用，成员之间彼此交流、相互观察学习和合作成为跨界创业走向成功的重要前提。

第二节 文献综述

一 跨界创业相关研究

（一）跨界创业的内涵

随着市场竞争的愈演愈烈，企业在成熟行业中发展的难度逐渐提升，技术的进步和融合以及客户需求的转变和多样化，产业之间的边界日渐模糊，降低了进入其他行业的壁垒，而产业升级和新兴产业的发展也成为跨界者诞生的重要驱动力，跨界创业成为新时代企业寻求突破瓶颈，创新发展，寻求在激烈竞争中弯道超车的重要手段和途径（王侃和孙会中，2021）。虽然跨界创业在国内外屡见不鲜，但跨界创业研究的脚步却未能及时赶上，以跨界创业为着眼点的针对性研究较少，理论发展相对滞后，有必要进一步关注。跨界创业涉及不同领域、不同行业，是一种具有变革特性的发展，也面临较大的风险和较高的失败率，成功的跨界活动能够帮助企业得到突破限制所需的知识和资源，促进商业机会的发现、创造和利用；而不成功的跨界活动则效率较低甚至可能会为企业的专注力、核心业务、创新能力、资源配置等方面带来负面影响（葛宝山和生帆，2019；芮正云和马喜芳，2021）。虽然跨界可能为组织带来外部的知识和信息，从而帮助其获得信息层面的优势。但在为组织带来多样化的知识的同时，跨界所带来的零散的异质性知识也可能给组织转移、整合和利用知识造成一定阻碍（Tortoriello 和 Krackhardt，2010）。

组织所处的情境常常成为其学习和获取知识的来源，且从同一情境中得到的观点常有共同点，那么，企业在特定情境下学习并将所得与处于其他情境中的企业分享就可能为其带来新的知识和观点。正如 Göbel 等（2015）的研究所关注的新企业与创业的母公司之间的知识共享能够实现双赢。对于进行创业活动的母公司，其原本可能受限于惯性，对旧知识的利用较多而对新知识的探索较少，这不利于对环境动态变化做出及时反应，而公司创业活动所建立的新企业能够帮助其得到源自新市场的新产品和服务，为其原有业务和新业务之间的整合开辟道路，并为潜在的新的核心业务的建立提供条件。与此同时，新企业也能得到母公司在物质和知识等方面资源的支持，从而渡过初创的难关并满足维持生存和成长的需要。

通常，新企业是嵌入所处的社会与经济环境的，并常常受到所处情境等方面的特点的影响，此时环境条件也常会对其生存、成长与绩效等方面造成影响。虽然创业机会常诞生于环境的变化中，但单凭环境的变化并不会为新企业提供资源，甚至可能使其面临不确定性带来的负面影响。如对新兴技术领域创业的新企业来说，当面临产业结构和市场基础设施不稳定的情境时，新入者劣势、行业缺乏合法性和稳定结构、技术固有不确定性等多方面压力就会为其生存和成长带来困难。当然，这种不确定性除了给新企业带来压力和挑战之外，也为其生存、发展、创新等方面带来动力和机会（葛宝山等，2016）。因此，在中国转型经济背景下，跨界创业这一发展途径对于勇于承担风险的企业来说是突破瓶颈的有效路径。

但是，由于学者们在研究中对跨界创业分析的关注点和出发点不同，所形成的观点也各异。跨界的相关研究早期关注创业主体跨越企业边界与外界的交互，如 Fennel 和 Alexander（1987）探讨采用跨界战略发展的组织更容易与其他组织"搭桥"，增强应对动荡环境的能力。Hauser 等（2006）则将跨界的概念拓展到更广的范畴，包括与商业伙伴乃至竞争对手合作开发、建立联盟、发展网络等。Jacobides 和 Winter（2007）在对行业边界的研究中，加入了对创业的探讨，为加深对行业边界演化的理解做出贡献。Chu 和 Hsu（2006）则通过案例研究来分析跨界活动对动态的创业过程的意义，认为进行跨界活动和对整合知识的转移，在以知识创造的获取和情境机制为基础的知识转化利用过程中十分重要。而且，随着数字化程度的不断提高，越来越多的跨界创业机会逐渐涌现，而对于知识密集型企业来说，跨界创业所涵盖的驱动因素主要包括知识服务需求方面的专业技能、竞争压力、成本控制和需求变化等。Hwang 和 Singh（2015）的研究主要关注地理与社会阶层等方面的跨界对知识共享的影响，所探讨的是这类边界的内因是个体更愿意与属性等方面具备一定相似性的其他个体相互交流和分享知识，从而阻碍不具备相似特征的个体间的交流。Lepik 和 Krigul（2014）关注了跨国界进行知识共享和转移在创新创业方面所起到的作用，发现不同国家和地区的文化、民族、社会、政治等特征对相邻国家企业间的彼此了解和跨界合作是有影响的，此时的跨界合作在作为机遇的同时也面临阻碍。Malik（2013）则探讨了各方面的制度差异在技术和知识的转移中所产生的影响，发现宗教、社会和教育上的差异有利于知识和技术的转移，行业的差异则正相反，而政治距离、文化等方面则未体现出显著影响。王侃和孙会中（2021）则重点关注了在不确定环境下跨界创业企业的战略导向问题，以探索使跨界创业企业走上更具开拓创新意识的线上、线下互动发展方式，并通过将战略与外部环境结合分析，寻求使二者相匹配以避免环境外生因素对企业产生不利影响的发展方式。他们认为，企业应当具备跨界思维以应对市场竞争和环境动荡，从而突破瓶颈，适应时代需求，实现新的发展。

归根结底，跨界创业主体在对知识和资源的识别、获取、转移、整合、利用等方面的特点体现在其创业全过程，且从中也能反映出具备跨界创业特色的思维模式。因此，为了充分明晰跨界创业的意义和内涵，本书梳理现有的相关研究，对其中与跨界创业有关并能反映出跨界思维和跨界模式特色的内容和观点进行了整理，以求从中找到跨界创业内涵的共同点并对其概念做出界定。

1. 跨界思维

跨界思维所涉及的是在事物原本的概念、范畴和属性之外，重新发现并构建事物间逻辑上的内在联系的一种跨越性的思维方式。跨界思维模式是在对事物进行全面了解（立体思维）并对事物的内在规律进行掌握（逆向思维）的基础上，通过联想、灵感、预判和顿悟等形成的（孔梓，2015）。跨界思维包含多种不同形式的思维模式，涉及不同的行业和领域，是一种综合性的思维方式。其对事物间内在联系的重新发现、解构和建立使事物间的内在逻辑联系脱离传统的逻辑联系的定式，改变了人们的认知范畴，削弱甚至消除了一些以往人们在实践和摸索中得到的经验和认知规律，体现出其创新和颠覆的特性。

在《跨界思维》一书中，跨界思维的形成建立在立体思维、逆向思维等多种思维模式的基础之上，需要丰富的人生阅历、多行业的职业经历、敏锐的思维分析能力、超强的执行能力和快速接受新鲜事物的能力（孔梓，2015）。而在信息化时代，凭借大量易得的前人思想智慧结晶，结合实践探索，形成和掌握跨界思维所需要的积累过程简单了很多。其中涉及通过人和事物联系到其他事物和概念的联想过程，涉及源于实践的具有创造性的无意识的灵感产生的过程，涉及在已有经验和知识的基础上对未来事物发展方向的预测和判断过程，涉及打破旧逻辑建立新逻辑的创造性的顿悟过程。

刘旸（2018）提出了一些典型的具备跨界性质的思维模式，如强调共生的联动思维、强调协同的种群思维和随着人工智能技术发展形成的智造思维等。联动思维强调的是通过跨界的手段实现企业、品牌、产品之间的联动，从而实现双方乃至多方的共赢和共同发展，即通过信息、价值、产品、服务等交换或结合等形式，实现企业的生存和能力的提升，使合作各方实现利益最大化。种群思维追求的是创业生态系统的形成、建立和拓展，使生态系统内形成开放、多样性的有机体系，从而实现系统内知识和资源的重新配置，使系统成员之间相互影响，实现协同进化。而智造思维则是随着互联网时代信息技术和人工智能技术的发展形成的，体现为传统行业的研发、生产、运营、销售等方面的转型升级及其与互联网的融合趋势的发展。

在王靖飞（2017）的研究中，则体现了互联网时代跨界创业中的跨界思维，如跨界平台思维、跨界传播思维、跨界创新思维等。

平台思维是通过搭建平台来实现对自身品牌和产品的宣传和推广，而在跨界创业中，平台思维则是通过拓宽平台所涵盖的业务范畴或与其他平台嫁接合作实现平台用户的聚集和增长。通过搭建平台来实现知识和资源的分享，从而促进创新是未来的趋势（Eisingerich 等，2010）。跨界传播思维则是指通过互联网、社交媒体等手段实现企业品牌和产品的宣传，使其凭借这些媒介所拥有的资源和用户群体实现品牌和产品知名度的迅速提升。跨界传播为企业提供了新的思路，即在原有传播途径之外的新的传播媒介，这种跨界的活动能够带来"1+1>2"的效果，实现更多元化、更高层次开发利用的传播效果和价值实现方式（喻国明，2011）。跨界创新思维指的是在跨界创业过程中通过对潜在用户真实需求的深入分析和探究，并有针对性地以创新的方式实现产品、服务等的融合和改进，这里所提到的产品和服务可能涉及不同的企业乃至不同行业，将其联系在一起的是对用户需求的深入理解和相应的创新。从目前看，跨越行业、学科之间存在的界限，打破对原有知识的路径依赖，是促进创新动力，提升创造力水平的有效途径（张青，2013）。

2. 跨界形式

（1）产品跨界

产品跨界主要关注的是企业在当前商品多元化时代通过将产品与其他产品、产品与服务乃至产品与不同理念等方面相结合，为客户提供更具特色、更个性化、更多样化、更细分的新产品或服务等，从而实现对越发多样化的市场需求的满足以及对瓶颈的突破。通常，这种跨界是在融合多种产品元素进行创新的基础上实现的（王冲，2016），这种创新融合的产品同时具备原有的品牌知名度和用来吸引顾客的创意，显然更具有吸引力。而对于跨界创业主体来说，这种创业活动通常是在识别到潜在机会的基础上，针对流行趋势中体现出的用户需求来重组和融合不同品牌、不同领域、不同行业的元素，从而通过这种"杂交"的方式拓展业务（Stam 和 Elfring，2008；王晓晨和王时英，2016）。通过此过程，不同产品元素间的相互渗透和融合可能实现优势互补和叠加,从而为新产品带来原品牌知名度的加成,也为原品牌带来新产品成功或失败的反馈。在产品跨界的过程中,可以说重中之重是从消费者的需求出发,不断追赶流行趋势并寻求对消费者个性化需求加以满足,从而找到跨界创业产品或服务在功能和对象等方面的定位。

(2) 渠道跨界

渠道跨界主要是对于市场渠道的拓展,如通过与其他企业之间的合作或凭借互联网平台等途径将业务扩张到传统渠道之外,并实现优势的互补(Alder,1966;黄嘉涛,2017)。当前广泛使用的互联网平台能够为消费者提供多样化的产品购买渠道,这种途径能够帮助产品和服务通过不同的路径提供给消费者,同时也帮助企业将产品和服务的覆盖面扩散到更广泛的用户群体(Jennings 和 Lumpkin,1989)。且与"广撒网"的方式相对的个性化渠道更具有针对性,当市场竞争白热化情境下传统渠道面临挑战时,这种相对精细化和专门化的方式相比之下更改有利于企业对渠道的控制和管理(Katkalo 等,2010)。此外,个性化渠道不仅仅要通过对用户需求更深的把握来拓展,还需要通过对产品和服务的不断完善和个性化调整来满足消费者越发个性化的需求,从而充分调动其积极性,得到其认可和自发的推广宣传。

(3) 传播跨界

企业的传播跨界主要是凭借合适的传播媒介和方式来推广自身的产品和服务并提升品牌的知名度(李峻岭,2014)。在智能化产品普及的当下,各种社交媒体应用和移动互联网平台在民众中广泛应用,同时也成为跨界传播的主要途径。通过这种形式,企业能够将产品和服务的相关信息快速并广泛地传播到对应的受众群体,实现成本较低、速度较快的跨界传播。除此之外,传播的方式和内容也会影响跨界传播的结果。通常,具备创新性、趣味性的内容能够引起潜在消费者的关注,这种在传播内容上的创新性要求企业在减少简单模仿、追求特色的同时,针对潜在消费者的实际需求,突出自身产品和服务的定位、特色、优势及其核心竞争力等（Hoang 和 Antoncic，2003；王靖飞，2017）。

（4）文化跨界

文化跨界方面主要关注的是对企业产品和服务的文化嫁接，将原文化与目标受众特有文化相融合，从而为消费者提供物质层面和精神层面的双重满足。在文化跨界中的文化内涵丰富，不仅仅涉及当地的特色地域文化，也可能指向特定群体的群体文化，还可能包括名人、名牌、大 IP 等流行趋势中的文化因素。归根结底，文化跨界所针对的是顾客的需求，是面向市场的（郑自立，2014），这就要求企业了解潜在消费者所处或所关注的文化，从而在文化调查的基础上对目标消费群体进行定位，并找到文化跨界的目标方向。在找到方向后，就可以通过探寻文化内涵、依附潮流文化等方式来对自身的产品和服务进行完善和推广，从而引起消费者共鸣，使单纯的购买欲和购买行为转变为基于情感认同的消费，而文化竞争力也在此过程中得到提升（Anderson 和 Gerbing，1988）。而企业在跨界时需要充分挖掘原文化与新文化之间的共鸣，来保证产品和服务的文化定位清晰，从而在此基础上以塑造文化内涵、"讲故事"等手段提升目标群体的认同，从而在融入目标群体的文化氛围的同时满足消费者在物质层面和精神层面的需求。

（5）行业跨界

随着时代的发展，组织的创新活动逐渐跨越了行业的边界和知识领域的界限，变得更具渗透性和复杂性，这种跨越多领域共同为完成新任务做出专业贡献的合作也越发频繁（Pershina 等，2019）。当下很多企业选择跨出原本领域寻求跨界发展，通过跨界行为，企业更容易获取满足他们发展所需的外部资源，从而整合不同行业资源提升自身的竞争力（Huang 等，2016；吴东，2016）。通常，行业跨界关注企业对不同行业领域的跨越，当企业难以利用原有的产品和品牌进一步发展时，这种将自身业务与其他行业要素相结合的方式可能打破其瓶颈。典型的传统行业与互联网的结合，就为数字化时代传统行业企业的发展找到了新的道路，当他们在线上开展业务或与互联网企业建立合作后，就能够得到一种与以往相比更加直接、高效、便捷的沟通方式。事实上，行业跨界的成功与否受到多方面因素的共同影响。首先，行业跨界的企业需要具备精准的眼光，不同行业的顾客群体之间有所区别，只有摒弃固有观念，成功定位到目标市场和顾客群体，才能为企业找到有意义、有价值的行业跨界目标，也就是说需要对目标市场的现状和潜力充分评估和考虑之后才能跨入其中（Newbert，2010）。而且，由于所属行业、所面向的客户等方面的区别，企业在经营理念、经营模式、客户群体、产品和服务等方面也可能存在差异，为了拓宽市场并吸引顾客，行业跨界主体可能要在其在原行业影响力的基础上（Shane 和 Venkataraman，2007），充分挖掘顾客的个性化需求并有针对性地进行创新，从而加强自身在目标行业市场中对顾客的吸引力。异质性的知识间存在的边界可能会阻碍跨专业的合作甚至造成冲突（王兴元和姬志恒，2013），而其原有的知识和资源又要作为基础支撑其新业务拓展的过程（漆贤军和张李义，2009；Simsek，2010）。而且，具备跨界的能力除了涉及对于外部知识和资源的获取之外，更是获取在目标行业发展的合法性和地位的基础（芮正云和马喜芳，2021）。因此，为了削弱行业跨界主体在跨领域的研发、生产等活动中所面临的因知识、资源等差异而产生的阻碍，企业除了要做好知识和资源方面的保障，更要在此过程中不断探索满足其跨行业发展的需求的知识和资源。

从上述的研究中对跨界活动的侧面描述看，能够找到一些跨界创业的特征，但当前学者们并未对跨界创业的概念形成统一界定，且前文梳理的对跨界创业的描述又过于宽泛，容易造成本书研究目标和对象的不明确。而且，随着时代的发展和技术的飞速进步，跨界的内涵也日益丰富，特别是在融合多样化的要素实现价值创造、关注客户多样化需求的满足等方面（刘嘉慧和高山行，2021）。因此，有必要通过对"跨界"一词的把握来提升对跨界创业的认识。

夏缘缘（2011）在《跨界》一书中将跨界界定为打破原有框架、脱离原本束缚，从而有能力在新领域开展活动的行为。这种跨界的活动能够通过对原有和新得的理念、技术、资源等进行重组，实现多领域要素的渗透和融合。在创业领域，跨界则体现为在模糊或交叉的行业边界或在主营业务以外的行业领域进行探索，从而发现或创造机会来为公司寻求发展以应对市场竞争（Suddaby 等，2015）。具体来说，跨界创业的活动可能区别于传统的行业演化模式，不局限于在单一行业内进行持续的革新或展开颠覆性的变革（Covin，2007）。Burgelman 和 Grove（2007）则在研究中针对苹果公司的跨界创业活动进行探讨，从苹果公司在音乐行业中的发展来看，他们认为苹果公司无疑起到了跨界破坏者的作用，为音乐行业带来了巨大的变革，并对其内部平衡产生了深远影响。在此基础上，他们将这种跨行业战略动态中的新形式创业者视作跨界创业者。葛宝山等（2016）则关注了跨界创业企业所面临的知识边界的作用，将跨界创业视为企业跨越行业、文化等方面边界对知识获取的阻碍，并将跨越边界所得到的知识用于创新活动以应对市场的行为。此外，根据沈国梁（2011）和王冲（2016）的研究，跨界创业则体现为企业以间接或直接的方式涉足其他行业，通过统合各领域元素来为新产品和品牌的开发做出贡献。

在梳理相关研究成果并关注现实的跨界创业活动的基础上，本书认为跨界创业既未脱离创业本身，更要关注其在理念、技术、产品、流程等方面的融合，在此基础上才能突破原行业领域框架和路径的束缚。而且，本书关注的跨界创业主要考虑的是跨入不同行业的创业活动。因此，本书认为，跨界创业是企业利用其发现或创造的创业机会、整合其已有的及有目的获取的知识和资源，将这些知识、技术、资源等进行渗透和融合，从而打破框架和路径依赖，进入与其当前所处行业不同的新行业的行为，在此过程中企业甚至可能因为业务中心的转移而发生转型。

(二) 跨界创业的知识管理

知识已经成为组织促进创新、应对挑战的关键，有效的知识管理能够为企业和团队的创新创造活动提供助力（Ali 等，2019）。在市场日益饱和、竞争逐渐激烈的情况下，企业往往面临知识和资源的束缚，即在行业内所能获取的知识和资源可能无法满足其进一步发展的需求，这就迫使他们通过向外寻求异质性的知识和资源以打破束缚、应对外界变化，例如进行跨界创业活动（王侃等，2021）。正如他们所述，企业进行跨界活动，是为了从不同领域获取知识和资源以优化其原有的资源配置，其本质在于突破组织、市场、行业的边界，进行知识和资源交换，从而为企业获取创新要素与机会。而且，企业的知识转移、整合、转化、配置和应用能够帮助其积累和转化创新所需的知识资源，企业在此过程中将旧的知识转化为新的知识，能够丰富其知识的深度和广度并获取异质性的资源，为其新思想的产生提供助力（Feng 等，2022）。跨界组织是能够获取并利用不同领域知识的组织（Tushman 和 Scanlan，1981），在其跨界活动中，所涉的不同领域知识的流动、转移、共享、整合与利用具备跨界创业的独特性。进行跨界创业的企业为了寻求创新、突破束缚，往往会更加注重知识，从而在结合自身知识储备的基础上学习、借鉴和模仿其他行业企业，并使其相关联，从而得到跨界的独特优势（Gavetti 和 Rivkin，2005）。从这里可以看出，跨界组织在跨界过程中可能会发展出能够同时应对市场需求和环境变化的双元能力（Huyghe 等，2014）。这种跨界的活动也可能帮助企业在跨界过程中找到自身的目标结构、战略和实施计划（Jemison，1984；Didonet 等，2016）。

在已有研究中，对边界的跨越主要关注在企业内外部信息源之间建立联系从而为其开发和推广的创新做出贡献（Tushman，1977）。Tortoriello 和 Krackhardt（2010）则将跨界视作一种跨越边界收集外界信息的行为，探讨其是否会对组织的创新带来挑战。在 Klewitz（2015）的研究中，跨界则作为企业与外部参与者进行信息、知识、资源和想法等方面交流的方式来助力企业的创新。如 Allen 等（1979）将边界跨越视作技术驱动的研发中，一种安排员工联系外部信息源的策略。在这种促进内外部交流的过程中，企业成员通过与外部个体的交流来获取、翻译并向内传播与其创新活动相关的信息（Thompson，1962；Tushman，1977）。而受限于跨越边界交流可能存在的效率不高、危害转移、价值观不同、编码和交流方式差异等原因，该过程可能面临阻碍，这提高了从外部获取准确有效的信息的难度（Tushman，1977）。因此，随着研究推进，跨界组织对于知识边界和认知边界的跨越受到关注，如 Hawkins 和 Rezazade（2012）所关注的四个跨界机制之间的相互作用关系以及其动态组合框架。基于过程视角，信息的边界跨越可以分为获取外部信息和将所获信息在内部传播两个阶段（Tushman 和 Scanlan，1981）。Carlile（2004）则将知识的跨界流动和利用划分为转移、翻译和转化三个阶段。而 Nonaka（1994）和 Crossan 等（1999）更加关注组织如何将零散知识转化为组织的知识储备。如 Nonaka（1994）通过探讨隐性知识与显性知识在成员间的相互转化来探讨知识的创造过程，而 Crossan 等（1999）则更关注组织如何将个体的直觉进行解释和整合，从而实现制度化。

创业企业在成长过程中常常受到资源约束的作用，使其发展受到自身的内部知识和外部资源组合的影响（Presutti 等，2011）。对于很多企业，特别是中小企业来说，技术的快速发展、外部环境的不确定性等迫使他们进行学习并做出应对；而面对资源的约束，他们还需要注重对外部知识的探索，通过外部知识的获取帮助组织、团队和个体进行知识积累（Oh 和 Kim，2022）。这种通过个体获取和创造知识并转化为组织知识储备的学习方式，可能会带来新的方向，形成激进式的创新。学者们发现，在高度竞争的商业环境中，从外部获取知识并利用内外部互补的知识建立新的知识库有助于创新（Markovic 等，2020）。而是否具备多元化的外源知识关系对创业者是否有能力识别多样化的机会十分重要（Gruber 等，2013），即创业者为了充分识别机会常需要采用有利于获取多源外部知识的商业模式。作为加速内部创新活动的一种方式，这种开放性在研究和实践中越来越受到重视（Chesbrough 和 Bogers，2014；West 和 Bogers，2014）。而且从更宏观的层面看，对外源知识的开放性也常常在创新生态系统、网络、集群和制度背景等情境中得到体现（Dahl 和 Pedersen，2004；Adner，2006）。而创业活动的成功与否也确实可能受其嵌入的环境的作用（Nambisan 和 Baron，2013）。

通常，创业企业与其他主体间的交流频繁与否决定了其外部知识的探索和获取的水平（Presutti 等，2011），也同时影响了其在网络中的嵌入性和在发展、交流等过程中从其他主体的知识溢出中的收获（Gilbert 等，2008；Chesbrough 和 Bogers，2014）。具体来说，创业企业不仅要不断获取多样化、异质性的外部知识，还要充分管理这些新想法和知识产权等无形资源的流入（Bogers 等，2012；Gruber 等，2013），以及在此过程中所涉及的成本增加和收益递减等方面的作用（Faems 等，2010）。因此，学者们开始对企业跨界获取和整合知识的行为加以关注，如 Rosenkopf 和 Nerkar（2001）关注企业边界和技术边界的不同组合所产生的知识对后续技术演进的作用。刘鹏程等（2016）认为，组织，特别是知识密集型的组织，需要跨界获取和整合外部知识以服务于其创新。

新颖性为跨界传递知识提供了机会，创业者正是在跨界过程中利用新的技术来塑造和形成模糊的市场（Carlile，2004；Santos 和 Eisenhardt，2009）。事实上，很多掌握知识的人（如研究者）也乐意参与这样的跨界活动。根据 Kidwell（2014）的研究，新兴技术领域的项目负责人会积极寻求跨界活动，欢迎外部人员参观、访问和交流，从而通过与这些外部人员的互动获得资助、外部的新知识或新的机会等。

借用社会学家乔治齐美尔提出的陌生人的概念，"陌生人是今天到来、在明天留下来的人"（Wolff，1950）。从这个意义上说，可以引入一个新的行动者，这一行动者不是当前项目或组织的一部分，但可以通过未来的项目成为其一分子，从而形成一个新的团队、组织或联盟。因此，团队或组织的负责人欢迎新员工加入，在任何情况下都识别并邀请那些"陌生"的专家加入他们的团队或组织，从而希望能够创建一个新的团队、组织或联盟关系（Kidwell，2014）。同样，很多企业都致力于通过邀请专家（如高校和科研机构的研究人员）来刺激研究讨论，并同时寻找新的业务发展机会，即根据其战略定位将不同领域的外部人士引入工作团队，通过邀请和欢迎"陌生人"参与讨论来扩大知识面，从而创造一个有活力的科研环境。Von Hippel 等（1997）的研究关注了具有特定知识和技能的外来员工，这些员工带来了特定的知识和技能，这增加了组织的柔性（Matusik 和 Hill，1998）；但如果组织并没有手段积累这些知识，他们将会面临失去这些知识的潜在威胁（Tempest，2009）。

向外部学习，从中识别、获取、吸收和转化新知识能够帮助组织完善和重构自身的知识结构和认知价值（Todorova 和 Durisin，2007）。而且，组织学习常常要跨越其内外部多重边界，在跨界活动中所涉及的边界则主要涉及主体跨界过程中所面对的相对稳定的差异（Zander，2007；Mainela 等，2015）。此外，边界对于学习交互的作用还可能通过对组织间交互能力的作用来实现（Carlile，2002）。而且组织跨越知识边界进行知识管理也可能存在一系列阻碍，如组织中的个体对于陌生领域的知识缺乏充分的吸收和理解能力，或是个体对于在群体中学习知识或分享知识缺乏意愿等（Acharya，2022）。在跨界创业主体对外的交流、合作、知识共享等过程中，边界自始至终存在并通过潜在的冲突或误解等影响学习过程（Oswick 和 Robertson，2009；Barrett 和 Oborn，2010）。因为吸收和同化其他领域的知识需要个体具备超越自身原本专业领域的能力，这会将吸收和整合不同领域知识所需的认知成本大大提升，甚至可能导致跨领域整合知识的失败（Kwon，2022）。而且，知识越新颖和陌生，越会导致知识边界复杂性的提升和跨越知识边界分享和获取知识的难度的提升，而通常对于知识边界的跨越就需要通过建立共享的词表、共通的理解和共同的利益等方式，为主体之间知识的交流提供手段，加深主体对彼此知识的了解，减少知识交流的成本，从而促进知识主体之间跨知识边界的交流，进而实现跨越分散在不同主体处的多领域知识的互补和整合（Acharya，2022）。因此，在跨界过程中，企业往往通过将自身所掌握的知识和技能进行拆解和筛选，以降低认知刚需、路径依赖等学习新知识的阻碍，从而实现原有知识与新领域的知识相融合，以实现知识结构和价值主张的重建（刘嘉慧和高山行，2021）。且考虑到跨界创业主体通过同样的学习方式学习不同知识的效率可能有所区别，就有必要通过在其与利益相关者的交流中对知识交互过程进行充分把握，从而及时进行适当调整以保障效率（Tandon，2014）。这种进行边界跨越的能力有助于提升企业的竞争优势（Nonaka，1994；Levina 和 Vaast，2005）。但企业也不能避免通过对外部资源的获取和采用多种手段调动员工跨界学习的积极性等方式对什么加以保障（Wei-Skillern 等，2007；Tandon，2014）。通过跨越行业边界获取知识，或是借鉴、模仿并化用其他行业企业的行为模式，都是跨界企业寻求创新、打破路径依赖和资源束缚的方式（王侃等，2021）。而在组织内部，知识自上而下或是自下而上等方式的流动则充分体现在其内外部知识的共享、传播和整合过程中（Oh 和 Kim，2022）。从团队层面看，跨界行为则体现在其通过与外界在知识层面的互动来获取和利用外部知识，从而满足自身对知识资源的需求（臧维等，2019）。当跨界的交流越丰富和深入时，能力的互补、知识的共享和整合越有效，而这也更有利于对所发现或创造的机会的开发和利用（芮正云和马喜芳，2021）。因此，从外部寻求知识来丰富自身的知识储备对于跨界创业主体的创业活动来说具备较强的重要性，而且此过程通常还伴随着必要的对外部知识的吸收、传播、整合和利用。

综上所述，当前理论界对跨界创业的关注较少，与实际生活中大量发生的跨界创业实践相比有所落后，且已有研究更多探讨的是跨界创业现象中的某一特质或单一侧面，对跨界创业本身的探索有待深化，理论成果也有待丰富。在内涵方面，对跨界创业活动描述和浅层探讨较多，而在理论上的深入挖掘较少，对其界定也尚未达成一致或有认可度较高的相关论述。在研究视角方面，很多相关成果从知识视角切入，强调知识在跨界创业活动中的重要性，以及多领域的差异化知识可能为跨界创业活动创造的独特叠加优势和难以避免的知识边界对创业主体的知识共享、整合、利用等的阻碍，这一点有必要深入探究。随着数字化时代通信技术的发展，个体、群体、组织之间的交流学习方式也越发灵活多变，同时，跨界创业也越发火热和多变，在这种情况下有必要进一步加深对跨界创业主体及其创业活动的关注以提升该领域的理论发展水平，为后续指导跨界创业实践做出贡献。

二 交互记忆系统相关研究

（一）交互记忆系统的内涵

组织当前所面临的越发复杂任务及其在工作中对团队越发广泛的应用，使学者们对驱动和影响团队绩效的因素产生关注，如交互记忆系统在知识层面的作用（Bachrach 和 Mullins，2019）。学者们探究了群体中多样化的知识是在什么机制的作用下通过知识共享等信息处理过程转化为团队成果的，他们发现交互记忆系统是处理任务相关信息的有效工具和先决条件，知识共享、团队学习等知识相关活动在很大程度上依赖有效的交互记忆系统发挥作用（Zhang 和 Guo，2019）。交互记忆系统是社会认知的一种形式，该系统正是在社会认知过程的基础上实现团队层面的信息处理的（Argote 和 Guo，2016）。交互记忆系统这一概念来源于学者 Wegner，他在研究中对关系密切的搭档之间在信息处理的任务中进行分工与合作的方式进行了描述，随着研究的发展，交互记忆系统这一概念已经拓展到团队或群体层面的研究对象中（Lewis 和 Herndon，2011）。Wegner（1987）发现，有过合作经历的团队成员更容易对彼此擅长或掌握某领域的知识和技能有所了解。那么以此为基础，群体中的个体在工作中可以将不同领域知识的相关任务交给相应的专家,从而通过有效分工降低个体的认知负担。即交互记忆系统作为群体或团队中具备专门化特征的认知劳动分工,涵盖成员对各领域知识的编码、储存和检索,是通过在成员间建立起对各自特长的有效认知,来充分获取和利用各领域知识的合作性分工系统(Lewis,2003)。Wegner等(1985)表示,有两个条件来保障交互记忆系统的形成和有效运行,使成员在信息处理过程中有效分担责任:一方面,成员们的个体记忆系统之和能够完全覆盖组织知识储备;另一方面,他们之间需要在知识领域有所交流。故交互记忆系统相关研究通常假设前提,即共同完成任务的个体间相互依赖,并在学习、记忆与沟通不同领域信息的责任上有所分工,以追求合作产出集体成果(Martin和Bachrach,2018)。而且,虽然交互记忆作为个体层面因素储存在个体的思维中,但交互记忆系统则是集体层面的,同时存在于多个个体之间的构念(Lewis,2003;Peltokorpi和Hood,2019)。

交互记忆系统被Wegner(1986)划分为编码、储存和检索三个阶段,三者互有重叠。当团队成员开始关注和了解其他成员擅长的领域时,交互记忆系统开始发展,此过程中成员们根据固有印象、自身披露、专业证明、书面沟通、专业知识分配以及第三方评论等方式了解彼此的专长。仅当所有成员都各自负责他们擅长领域的信息的编码、储存和检索等任务的情况下,交互记忆系统才能够维持有效运转。同时,对于不同领域的知识,团队也能凭借交互记忆系统的任务分配将各方面任务引向对应的专家,这使成员们能够充分发挥自身专长。在此基础上,每个成员都能专门负责与自身特长有关的任务,使团队内知识的重叠和冗余减少,同时也确保成员们能够对团队内不同领域知识的储备充分运用(Peltokorpi和Hasu,2016)。此外,当多个成员在合作中需要检索特定知识时,交互式的检索使他们能够凭借交互记忆系统提供的位置信息来找到团队内合适的专家对相应知识进行检索。而且,Wegner(1995)强调,为了保障交互记忆系统顺利运行,团队需要确保目录更新(即了解"谁知道什么")、信息分配（将认知劳动分给对应的成员）和检索协调（利用"谁知道什么"来支持检索）这三者之间形成互补。

面对当前团队在任务中的高失败率，需要使成员了解彼此所掌握的知识，并在此基础之上形成更有效的团队协作才能实现，而交互记忆系统正是作为一种能够协调团队内多领域知识并促进团队协作的认知劳动分工机制被学者们关注的（曲刚等，2022）。交互记忆系统对于团队的知识管理起到关键的作用，在形成以及后续不断循环迭代的过程中，交互记忆系统逐渐在团队的知识分布、成员间沟通、统筹管理等方面发挥作用，这些作用体现为其对于团队知识的共享、转移、储存、整合创造等（孙美佳和李新建，2012）。通过鼓励成员之间的交流互动和促进他们彼此依赖，交互记忆系统能够帮助成员更加有效地将已有知识进行利用并从中获取新知，也能够促进他们对于潜在知识的获取、转化和利用来更新知识目录（马鸿佳等，2020）。且交互记忆系统的运行常涉及不同领域知识，如 Lewis（2004）认为，在成员具有分布式专长的团队内，更容易建立起交互记忆系统，这种分布式专长以及知识方面的分工和协调也能够影响其群体绩效（Spraggon 和 Bodolica，2017）。吕洁和张钢（2015）也认为，整合多领域的差异化知识并加以利用有助于团队的信息处理，并为其提供创造性解决单个个体难以应对的复杂问题的视角。交互记忆系统领域的研究也认同成员们在共同完成任务的过程中倾向于将不同类型认知劳动进行分享，即在成员面对团队内其他专家所擅长的领域时，会倾向于请教对应的专家，而非花费大量时间来检索和学习这些不熟悉的知识（Whelan 和 Teigland，2013）。学者们认为，在有效的交互记忆系统的作用下，每个团队成员都能够将其他成员当作储备其他领域知识的外部记忆支持，在这种情况下实现的专长化能够减少团队内的知识重叠，使成员能够专注于任务中自己擅长的领域并获取更多相关信息（Peltokorpi 和 Hood，2019）。正如相关研究所示，在应对多领域知识上有效的分工合作有助于团队整体的信息记忆效率和记忆量，交互记忆系统这一机制在团队中的作用就是通过协调成员来共同进行认知劳动,从而使任务相关信息的记忆和利用效率更高（Moreland 和 Myaskovsky,2000;张钢和熊立,2009;Lee 等,2014）。随着交互记忆系统发达程度的提升,流入团队的新知识和信息在成员间的分配更加精准,在任务完成的过程中,团队从对应成员处检索和获取对应领域的任务关键知识和信息方面也能够更顺利、更高效,这有助于团队满足对信息和知识的需求。同时,良好的交互记忆系统也有利于团队的信息检索,并帮助团队利用知识来应对突发事件（Martin 和 Bachrach,2018）。可以看出,交互记忆系统这一机制在知识管理上的应用较多,其分布式知识与认知劳动的分工协调等作用能够帮助组织和团队成员降低认知负荷,促进多样化专业知识在组织和团队内的传播,帮助成员更有效地发挥自身专长和彼此配合,提升成员对组织和团队的信任,从而使个体的知识能够以更快速、更有效的方式转化为组织知识或团队知识,加强组织和团队应对外部环境变化和完成任务的能力（王馨悦等,2020）。

关于交互记忆系统的维度划分,学者们从不同视角出发得到了各自的理解,早期研究如 Wegner 等（1991）通过字词回忆对亲密的组合之间的交互记忆系统进行测量,Moreland 和 Myaskovsky（2000）的研究具有针对性,关注无线电装配任务方面的交互记忆系统特征,通过装配时间、错误数量与外部评级等结果来对其进行测量。目前较为常用的是 Lewis（2003）所做出的维度划分,即将其分为专长度、信任度和协调度三个维度,这种方式有利于反映交互记忆系统的特征和内涵,目前在相关研究中认可度较高,并被学者们建议在未来研究中采用（张钢和熊立,2009;Ren 和 Argote,2011）。其中,专长度主要涉及团队成员在各自专业领域掌握知识的专门化水平。这种专门化所代表的是团队成员间知识的差异,较高的专门化水平使成员各自掌握不同领域的知识,减少了团队内的知识重叠和冗余,有助于提升团队的知识储备。每个团队成员都要负责其擅长领域的任务,团队也可以根据成员特长分配任务（Peltokorpi 和 Hasu，2016）。信任度主要指团队成员对彼此擅长和所提供的知识的信任水平。交互记忆系统有效运行需要建立在成员间的认知相互依赖的基础上，只有这样才能保证他们相互信任、学习和交流（Fan 等，2016）。而协调度则涉及成员们在共同完成任务的过程中的相互合作并共享各自知识的水平。根据 Zhu（2009）、Peltokorpi 和 Hasu（2016）的研究，虽然成员们差异化的知识可以通过新颖的方式组合到一起，但这种组合能否实现还有赖于他们之间能否充分协调彼此。从目前看，Lewis（2003）在研究中对交互记忆系统的分析和测度，主要关注点在于团队的工作和绩效预测，但由于学者们后续对交互记忆系统的继续挖掘和组织对于团队的逐渐重视，他的测度方式的应用范畴将更加广泛（King，2017）。

（二）交互记忆系统的相关研究概述

学者们发现，更高水平的交互记忆系统通常有助于团队获得与交互记忆系统较差的团队相比更高的绩效，究其原因，主要在于交互记忆系统能够帮助团队提升储存和利用任务相关知识的效率（Lewis 和 Herndon，2011）。在成员们基于相互交流、观察各自的行为和彼此依赖的方式进行各自领域知识的处理和编码的过程中，交互记忆系统有利于团队成员之间工作的高效协同，从而促进团队效能（如满足关于产出质量的期望）和团队效率（如满足日程和预算安排）的提升（Huang 和 Chen，2018）。虽然很多学者支持这种观点，但通过观察现实情况却发现了意外，即不是全体成员都愿意与他人进行沟通和互动，而这种情况通常是受其人格特质影响的。因此，交互记忆系统能否顺利运行和发展也与社交互动流程有关（Ren 和 Argote，2011），当通过强关系等过程使团队成员掌握了"谁知道什么"，并在团队成员之间建立起密切联系时，他们之间的关系的牢固程度和互动的频率能够得到保障。而且，由于交互记忆系统所涉及的是差异化的知识，这种异质知识与团队绩效之间并不能直接联系起来，还需要通过对这些知识进行整合利用（Ren 和 Argote，2011；Huang 和 Chen，2018）。考虑到交互记忆系统领域相关的因素过于广泛,为了对该领域研究的发展进行梳理,本书选择关注交互记忆系统相关研究中主要的前置变量、调节变量与结果变量来分析,以求把握相关研究的脉络。

1. 前置变量

首先,有研究关注了领导这一角色与交互记忆系统之间的关联,其原因在于领导者能够对团队成员产生直接影响,从而改变团队内的信息流动。如 Lee 等(2014)表示,团队中部分成员能够以协调者的身份成为其他个体信息间的纽带。如果领导者能对团队内各领域知识形成全盘意识,他们就能够在关键位置上起到协调作用,来影响团队内的信息流动。在这方面,领导者可以自己担当也可以选择其他成员担当,从这里也能够发现交互记忆系统产生的原因。此外,Hammedi 等(2013)发现,变革型领导以及开放性的氛围有利于团队成员间的合作和共同愿景的建立,这有利于交互记忆系统的创建和发展。而常采用奖励等方式的交易型领导在激励成员间彼此分享信息和知识的过程中,也有利于社会认知过程的实现,这有可能机械性地促进交互记忆系统的创立和成长(Hood 等,2014)。而且,林晓敏等(2014)在研究中通过分析授权型领导在团队中也提出,授权型的领导有利于团队成员之间相互交流和建立信任,从而促进他们对自身专长的认识和培养,这也可能有利于交互记忆系统的发展。

除此之外,团队成员自身的特质以及他们之间的关系的好坏也可能影响交互记忆系统的发展,其中典型如感知和刻板印象、知识多样性、团队成员变化、成员异质性、心理安全等。基于 Hollingshead 和 Fraidin(2003)的研究,团队成员的专业知识可能受到其感知和刻板印象的影响,当他们更加依赖于自身的感知和先入为主的观念时,性别等方面的社会属性差异就可能成为阻碍交互记忆系统发展的因素,如性别方面的刻板印象和偏见可能使个体对他人知识和能力的判断失去准确性和客观性,这会影响他们对他人所掌握知识的信心,并对团队的分工合作造成影响,从而对交互记忆系统的发展起到负面作用。Lewis（2004）则探讨了成员知识的多样性的作用，他认为，当成员之间相互熟悉并具有分布式专长时，团队内更有可能产生交互记忆系统，且成员间频繁进行面对面交流也有利于交互记忆系统形成。Lewis 等（2007）进一步探究了团队组成变化所起的作用，发现团队即使经历过成员的变化也更愿意依赖原有交互记忆系统的结构，这可能导致效率降低。张钢和熊立（2009）则关注了团队成员的异质性的作用，并分别就一般异质性和专长异质性对交互记忆系统的作用进行探讨，他们发现，团队成员的专长异质性对交互记忆系统有积极的作用。Jarvenpaa 和 Keating（2011）则主要关注文化方面因素的影响，他们发现，成员们在价值观、文化实践、文化体系上的差异能够影响团队的交互记忆系统。Hood 等（2016）则在研究中表示，在交互记忆系统的核心架构中，由于具备潜在风险的人及行为的存在，当对人际威胁和风险较为敏感时，交互记忆系统可能受到影响，而且，交互记忆系统的产生和发展还受到消极情感以及心理安全等群体层面因素的影响。

2. 调节变量

在调节变量方面，很多学者对交互记忆系统的研究将情境因素作为调节交互记忆系统与其他变量关系的因素，如市场活力、文化因素等。通常，高效快捷的信息配置和利用对身处市场活力较高的环境中的企业有利。虽然市场活力能够代表顾客偏好与竞争产品变化的程度，但为企业的信息处理带来了一定阻碍（Davis 等，2009）。当市场活力较低、变动相对不频繁时，信息处理的复杂度也较低，对于决策和行动的制定在知识整合程度较低的情况下也能实现，此时交互记忆系统在促进团队绩效方面能起到的作用也较小。而市场变动频繁、活力较高时，为了给决策者提供决策所需的必要信息，整合与协调不同领域知识的重要性就有所体现（Bachrach 等，2018）。而且，文化方面的因素如权力距离、绩效导向和集体主义等也可能对交互记忆系统和团队绩效间的关系产生影响。如具有高权力距离的团队的成员可能更注重团队中的程序和规则，这有助于交互记忆系统在结构性和程序性方面发挥作用；而相反的情况下，成员们可能较少依赖团队内原有的沟通渠道，这抑制了交互记忆系统的效果。此外，绩效导向的水平也可能有所影响，如较高水平时可能令成员更愿意通过加大努力来发挥交互记忆系统的作用，而反之则会抑制成员们的动力。最后，考虑到交互记忆系统所起到的是合作分工机制的作用，当团队内有较强的集体主义时，成员们会更加注重团队的熟悉和规范；而在相反的情况下，成员可能以个体目标为主，而较少关注集体目标。

当然，也有研究关注了团队层面因素所发挥的作用，如 Rau（2005）对人际关系加以关注，他发现对于冲突较强的团队，专业知识的识别在影响绩效方面的作用受到限制，而当成员们相互信任时，这种作用关系则有所强化，研究结果显示，在交互记忆系统和团队绩效间关系中，团队内的关系冲突发挥了负的调节作用。Hood 等（2014）则关注了团队规模在交互记忆系统中对于任务冲突、关系冲突分别发挥的调节作用。曲刚等（2016）主要探讨了成员对团队的认同水平所起到的作用，他们发现在交互记忆系统与项目绩效的关系中，社会认同发挥了负的调节作用。此外，Zhu 和 Wholey（2018）关注了专业知识冗余所起到的作用，他们认为，交互记忆准确性有利于团队的绩效，在交互记忆准确性与团队绩效间的关系上，专业知识的冗余度发挥了正向的调节作用。

3. 结果变量

大量研究将团队绩效作为交互记忆系统发挥作用的结果，学者们在研究中关注的绩效既涵盖财务方面的绩效指标，如资产回报率、利润、股价等（Rau，2005；Ellis，2006；Kanawattanachai 和 Yoo，2007）；也涉及更具体的运营绩效（Lewis 等，2007）或团队绩效（Zhu 和 Wholey，2018）等。除此之外，也有学者关注与团队内外评价等方面相关的任务绩效指标，如客户/团队绩效评价（Lewis，2004）、感知团队效率（Michinov 等，2008）、感知团队绩效（Robertson 等，2013）、组织绩效（吕逸婧等，2018）等。可以看到，学者们的研究中多发现交互记忆系统起到的是积极的作用，作为其结果的团队任务绩效大多受到交互记忆系统的积极影响。

除此之外，也有学者落脚于情感方面的结果，如团队未来的生存能力（Lewis，2004）、工作满意度和团队认同感（Michinov 等，2008；Robertson 等，2013）等。相关学者表示，当团队能够顺利运行时，成员们所受到的积极影响就体现在交互记忆系统对情感方面因素的正向作用中。在此情况下，当团队能够凭借其交互记忆系统来进行成员间的劳动分工，并提升他们对彼此知识的信心和依赖度，进而在成员们心中建立起对团队的信心。

而且，也有学者将交互记忆系统作用的着眼点放在创新创造活动和产出等方面，其中典型如团队创造力、创新绩效等。如 Gino 等（2010）和 Guo 等（2013）都关注了交互记忆系统对团队创造力的影响。Lewis（2011）则在研究中探讨了交互记忆系统在促进思维发散和融合方面的作用，认为其有助于成员从掌握关键信息的成员处获取有用知识，并通过建立信息交流的惯例使成员在会议和讨论中有所收获，并基于此判断交互记忆系统对团队创新绩效和构思筛选起到促进作用。

交互记忆系统相关研究见表 2-6。

表 2-6 交互记忆系统相关研究

变量类型	作者	变量	主要观点
前置变量	Hollingshead 和 Fraidin（2003）	性别刻板印象	当团队成员对感知和先入为主的观念有所依赖时，性别上的刻板印象可能负面影响交互记忆系统
	Lewis（2004）	知识多样性、交流频率	当团队拥有分布式专长和较高频率的面对面交流时，其交互记忆系统建立更为顺利
	Lewis 等（2007）	组织成员变化	团队成员组成的变化会影响交互记忆系统运行

续表

变量类型	作者	变量	主要观点
前置变量	张钢和熊立（2009）	专长异质性	团队成员所具备的专长异质性对其交互记忆系统有积极影响
	Hammedi 等（2013）	变革型领导、组织氛围	具备变革型领导或组织氛围比较开放的团队的交互记忆系统运行更加顺利
	林晓敏等（2014）	授权型领导	授权型领导有助于成员相互沟通和彼此信任，这有利于其交互记忆系统建立
	Hood 等（2016）	消极情感作用、心理安全	消极情感以及心理安全等群体层面因素会作用于其交互记忆系统
调节变量	Rau（2005）	关系冲突	在交互记忆系统和团队绩效的作用中，关系冲突发挥了负面的调节作用
	曲刚等（2016）	社会认同	在交互记忆系统与项目绩效的作用中，社会认同起到了负面调节作用
	Bachrach 等（2018）	市场活力、文化因素	在交互记忆系统和团队绩效的关系中，市场活力和文化因素等都发挥了正面的调节作用
	Zhu 和 Wholey（2018）	专业知识冗余	在交互记忆准确性与团队绩效的关系中，专业知识的冗余度高发挥了正面的调节作用
结果变量	Lewis 等（2004）	客户/团队绩效评价、生存能力	对于客户或团队评价绩效和团队的生存能力，交互记忆系统有积极影响
	Rau（2005）；Ellis（2006）；Kanawattanachai 和 Yoo（2007）	财务绩效（资产回报率、利润、股价等）	通过帮助成员对彼此的特长建立了解和相互信任，以及充分协调成员们的知识，交互记忆系统能够对团队的财务绩效发挥积极影响
	Lewis 等（2007）	运营绩效	当团队成员组成发生变化时，其交互记忆系统运行效率受影响，使其比原团队或全新团队的运营绩效更低
	Michinov 等（2008）；Robertson 等（2013）	感知团队效率、感知团队绩效、工作满意度、团队认同感	交互记忆系统能够影响和预测团队认知方面的产出，如感知团队绩效、感知团队效率、工作满意度和团队认同感等

续表

变量类型	作者	变量	主要观点
结果变量	Gino 等（2010）；Guo 等（2013）	团队创造力	团队创造力受到交互记忆系统的正面影响
	Zhu 和 Wholey（2018）	团队绩效	团队绩效受到交互记忆准确性的正面影响
	吕逸婧等（2018）	组织绩效	组织绩效被其高管团队的交互记忆系统正面影响

资料来源：笔者根据现有文献整理。

在梳理相关研究的基础上可以看出，交互记忆系统领域当前在团队层面的研究相对丰富。研究中涉及的交互记忆系统的影响因素相对广泛，涵盖领导、团队组成变化、成员特质等方面，主要关注对团队成员间交流以及知识在团队内分布产生影响的因素及其作用。而交互记忆系统的作用结果则主要关注对任务绩效指标的探讨，以及情感和创新方面所受的影响。从目前看，多数学者肯定了交互记忆系统的正面作用，也有研究认为交互记忆系统具有两面性，如Skilton 和 Dooley（2010）在研究中表示，成员间反复合作可能并不能得到最好的结果，因为在这种情况下他们之间可能形成创造性磨损，并阻碍有效的信息交流和创意的产生。因此，当前可能还不能对交互记忆系统所发挥的作用下定论，而是要根据实际情况加以讨论。此外，从相关研究所涉及的调节变量看，较少关注宏观层面因素的作用，也较少探讨交互记忆系统与绩效之外的变量间关系受到的影响，这些方面尚有待研究。

三 知识共享相关研究

（一）知识共享的内涵

在获取和提升竞争优势方面，知识对组织来说越发重要。在知识经济时代，为了能够赶上竞争对手的脚步，组织常常会提高对于知识的关注（Nonaka，1994；Wu 等，2009；Nielsen 和 Cappelen，2014）。知识是组织和团队的重要资产，Feng 等（2022）认为，创新需要持续积累知识，企业的知识储备是其创新的基础，创新能否成功与其知识储备和积累的丰富程度有关。而且，在擅长进行知识转移和传播的组织和团队中，成员之间相互的经验和专业知识的学习和传授使他们能够体现出更高水平的创新性、创造力和竞争力（Chen，2020）。为了能够维持自身的优势，组织就会通过各种手段和制定各种策略来对知识进行更加系统、有效的管理（Wang 和 Noe，2010）。而且，在企业的各个阶段，知识管理的能力都会帮助企业获取和吸收外部知识，并在内部将其与原有知识相互转化和利用，从而推动企业创新发展，获取核心竞争力和竞争优势，满足动态的市场需求（彭花等，2022）。从上可知，知识管理已在实践中受到了管理者的关注（Ragab 和 Arisha，2013）。其中，组织进行知识共享的目的是将个体知识转化为组织知识，通过使内部的个体分享和接收与任务相关的信息、专业知识、技能、诀窍等知识流，为成员间相互帮助和配合，启迪新思想或解决问题等提供帮助，从而使组织能够充分利用知识资源进行创新创造活动（Perotti 等，2022）。那么，为了充分借助知识获取收益，组织的管理者就需要通过建立推动知识共享的文化或氛围来在内部充分鼓励知识的共享（Cabrera 和 Cabrera，2002；Alkurdi 等，2017）。

知识共享的概念，虽然受到大量学者的关注，但尚未形成统一，主要的争论点之一在于其定义所适用的情境（Wang 和 Noe，2010；Nielsen 和 Cappelen，2014）。如在工作情境中，学者们将其定义为将显性或隐性的数据、想法、经验、技术等在成员间交流或传播（Cabrera 和 Cabrera，2002；Wang 和 Noe，2010）。Yi（2009）也关注了工作中的知识共享，认为其是员工向其他员工分享工作知识的行为，其目的在于帮助组织达成目标。而 Amayah（2013）则主要关注对于技能知识的共享，认为知识共享旨在通过为他人提供帮助来助力组织问题的解决。杜鹏程等（2018）关注的是通过在组织中分享技能知识和时事信息等，来将个体独有的知识扩散到群体中。本书对已有研究中知识共享的定义进行梳理（见表2-7）从而追求对知识共享认识的深化。

表2-7 知识共享的定义

学者	定义
Senge（1997）	知识共享涵盖知识的提供方向接受方提供信息，帮助对方理解以提升对方行动力的过程
De Vries 等（2006）	知识共享主要指个体将其掌握的隐性和显性知识相互交流
Yi（2009）	知识共享涉及员工之间对工作知识的分享，旨在达成组织目标
Wang 和 Noe（2010）	知识共享关注的是为了解决他人遭遇的问题或得到新想法，而在主体间进行的与任务或技术有关的知识的分享
Reinholt 等（2011）	知识共享中除了涵盖知识的转移过程，还涉及知识的接受方在获取知识后的吸收和利用过程
Amayah（2013）	知识共享关注旨在解决组织问题的成员间技能等知识的分享
杜鹏程等（2018）	知识共享关注的是个体知识通过传播在群体内实现扩散

资料来源：笔者根据现有文献整理。

除了对于概念和内涵的分歧，学者们在维度划分方面也有异见。例如：Senge（1997）从分享类型出发，将其划分为三个维度，即个体知识共享、学习机会共享和鼓励他人学习。在 Lee（2001）和陈涛等（2013）的研究中，则更关注知识本身的属性特征，按照知识的隐性和显性将其划分为隐性的知识共享和显性的知识共享。De Vries 等（2006）从过程视角出发，将知识共享拆解为给予知识和收到知识这两个阶段；并将知识共享划分为两个维度，即知识捐赠和知识收集。简兆权等（2010）也是如此，他们关注的是知识共享是否能够及时和有意义，基于此，他们将知识共享划分为知识的传递和知识的接受。在 Reinholt 等（2011）的研究中，知识共享涵盖的内容更加宽泛，他们将知识共享从单纯的知识转移扩展到接受方的吸收和利用，并通过知识获取和知识提供来衡量知识共享。

（二）知识共享的相关研究概述

当前学界有关知识共享的研究不在少数，学者们的关注点和视角多种多样。简单总结可以发现，相关研究关注的结果变量多以创造力（Carmeli 和 Paulus，2015；Men 等，2017）、创新（Hoarau 和 Kline，2014；杜鹏程等，2018；郭韧等，2018）、绩效（Hu 等，2009；于晓敏等，2017）等为主。而其所涉及的影响因素则五花八门，大体可以从个体、情境和技术这三个层面梳理。为了加深对知识共享理论研究体系的了解，本书对其文献梳理就从这几方面展开。

首先，在个体方面，信任、个人态度、动机、情感承诺、主观规范、个人期望以及知识与权力之间的关系等一系列特质性的因素都可能对知识共享产生影响（Alkurdi 等，2017）。而且，考虑到知识共享直接与知识的提供方和接受方关联，是他们所采取的行为（Davenport 和 Prusak，1998），学者们就开始关注其中与人的行为相关的态度、动机和意愿等（Jolaee 等，2014；Ramayah 等，2014；李卫东和刘洪，2014）。如 Szulanski（2002）认为，由于个人不愿失去知识的独占、没有时间进行交流或对相应激励不满足等问题的存在，他们可能不愿意进行知识共享，这导致群体中出现知识黏性。Jolaee 等（2014）则关注了在知识创造、知识分享等活动中个体的动机对其共享成功与否的作用。Chiregi 和 Navimipour（2016）则发现，信任因素可能影响知识共享行为，当相互信任时，团队成员更愿意分享他们的知识。Lekhawipat 等（2018）也对限制知识共享的因素进行了探讨，他们认为，知识共享可能使成员失去凭借独特知识获得的优势和地位，甚至可能影响他们的工作，这种受到威胁的感觉可能导致个体不愿进行知识共享。

而在情境方面，学者们关注了组织情境、团队特征与文化等因素（Wang 和 Noe，2010）。事实上，虽然知识共享在组织和团队效率方面的积极作用得到认可，但能够调动员工积极进行知识共享以服务组织的情况却较少。这是由于很多组织内部因素，如缺乏技术资源和培训、个人技能的差异等，会阻碍知识共享（Riege，2005）。其中，对知识转移行为和能力缺少支持是为组织知识共享带来阻碍的重要因素之一（Alavi 和 Leidner，2001；Riege，2005），当没有足够的机制来使员工因自己的知识共享行为而产生自我效能感时，他们可能没有动力进行知识共享并充分发挥自身潜力。相反，当组织能够提供足够支持时，Michailova 和 Husted（2003）认为，员工将在高自我效能感下主动进行知识共享。Wang 和 Noe（2010）则关注了监督控制的作用，他们认为监督控制能够督促员工进行努力，并使其共享知识。而且，文化和氛围等因素的作用也不可小觑，Zhang 和 Cheng（2015）关注了项目团队，发现当知识型领导在团队中建立起共同愿景，并营造出信赖和协作的氛围时，团队成员间更容易进行知识共享，此时知识型领导能够促进团队的知识共享，这一关系则是通过社会资本的传导作用实现的。Yu 等（2013）也认为，组织的价值观、规范和心理环境等文化和氛围方面因素能够作用于成员们的态度和观念，从而实现对知识共享的鼓励或阻碍。如积极、良好、和谐的组织和团队文化，管理方面的支持和员工个体间的良好关系是知识分享的重要动力源（Michailova 和 Minbaeva，2012；黄彦婷等，2013）。

除此之外，技术方面因素对知识共享的影响也是不可小觑的，可以说，信息技术的发展是改变主体间交流和分享知识的重要因素，相关研究主要关注交流的系统和工具等方面（Seba 等，2012；Siddique，2012；Alkurdi 等，2017）。如 Ajmal 等（2010）讨论了技术资源的作用，认为组织有必要建立充分交流并发挥知识价值的系统和沟通流程，来保障知识有效发挥作用。但这些信息技术因素可能更多地起到辅助作用，如果没有信任、文化、领导等方面的充分支持，仅凭借技术要素可能难以支持高效的知识共享活动（Siddique，2012）。甚至有学者持更激进的意见，认为技术对于消弭时间、空间和社会等方面的障碍有所帮助，但对这些技术的过度依赖可能造成过度期望、缺乏培训等问题，以及技术本身可能作用有限或存在缺陷，技术工具的这些问题可能反过来产生负面效果（Riege，2005）。

在梳理相关研究的基础上，可以看出知识共享无论对于组织还是团队都是不可或缺的，是他们有效利用其内外部知识的关键环节，对其创新创造活动发挥不可忽视的作用。上述研究中梳理的影响知识共享的因素涉及文化、氛围、动机、态度、激励、监管等不同方面和层面，并不能简单一言加以概括。但是，在知识共享的有关研究中较少着眼于跨界这一特殊情境，有必要对跨界创业团队的知识共享的表现以及已有论述在该情境下的适用性加以关注。

四 知识整合相关研究

（一）知识整合的内涵

现实中的复杂问题并不少见，复杂问题往往涉及多个方面，为了创造独特的知识并解决复杂问题，组织往往需要综合不同领域的知识来进行分析和理解，才能对复杂问题进行深入的认识并找到切实有效的解决方案（Acharya，2022）。已有研究表明，虽然异质专业化能够带来知识，但是仅依靠多个学科的组合却未必能够取得合乎期望的产出（Canonico 等，2017）。Dougherty（1992）研究发现，擅长不同领域的专家之间知识差异性的存在可能造成沟通障碍，使他们难以充分理解彼此的观点，这可能为他们之间实现有效合作带来困难。虽然多专家跨界合作进行有效的知识整合有利于组织的新产品和服务的开发等创新创造活动，但不同领域往往有不同的思维方式、范式、标准和行为模式，这对其他领域来说往往是陌生的，因此建立在个体对其他领域进行学习和评价基础上的跨领域的知识转化和整合往往存在困难（Pershina 等，2019；Kwon，2022）。而且，对互补的不同领域知识集进行充分利用，从而在创新创造活动中综合不同的见解和想法所带来的好处，是要高于知识整合等过程所需的成本的（Markovic 等，2020）。因此，为了满足这种综合互补知识优势上的需求，学者们开始对知识整合加以关注，同时也能够看到，跨越知识边界进行的整合也有其存在意义，这也是本书在跨界创业上的关注点之一。

最初，知识整合是学者 Grant（1996）所提出的，他在研究组织能力的过程中对知识整合进行了关注，认为这是组织组合其成员所掌握的各种专业知识的过程。在他的研究中，知识的整合涵盖规则和指令、排序、管理、群体问题解决和决策这四种机制。其中，前面三种机制对整合的实现主要是通过减少交流学习的成本进行的，而第四种机制则有所不同，需要一定的沟通和互动成本。而 Bao 和 Wang（2022）则观察了主体间知识要素传递和整合的过程，他们将主体视作节点，观察信息流对其的输入和输出，发现节点整合和输出信息流的过程是以创造性知识成分转化连接为基础的，而且在此过程中，节点的知识空白也通过获取到的新知识得到填补。而在这种情况下，信息在主体间的不断流通提升了整体创新的有效性，也提升了节点所具备的知识水平，这种主体间的关系也更容易受到节点的依赖。除此之外，学者们也在各自的研究中对知识整合的意义做出阐述，见表 2-8。如在 Zahra 等（1999）的研究中，新知识往往表现为零散的、模糊的形态，而知识整合所要做的就是将这些新知识与其原有的知识整合在一起，使新知识能够转化和融入企业内部。Okhuysen 和 Eisenhardt（2002）则将知识整合所涉及的知识的范畴划定为涵盖个体共享知识和个体间互动产生的知识。在陈力和鲁若愚（2003）的研究中，知识整合被界定为企业通过剔除无用知识和将有用知识相融合来整理其所拥有的知识，使其知识更成体系。Patnayakuni 和 Ruppel（2006）则从知识本身的属性出发，将知识整合划分为隐性和显性两种知识整合，其中，关注以员工之间相互协作和交流来理解和创造隐性知识的互动过程被称为隐性知识整合，而发展过程更加重视语义的一致性、可获得性和对信息的共享能力高低的过程则被称为显性知识整合。学者 Enberg（2012）则将其视作目标导向的过程，认为知识整合旨在充分利用知识基础有所不同的个体所掌握的知识体系间的互补,即当专业知识零散地由不同个体掌握时,需要凭借知识整合对其综合利用。

表2-8　　　　　　　　　　　　知识整合的定义

学者	定义
Grant (1996)	知识整合所涉及的是组织组合其个体的专业知识的过程,该过程中既包含显性知识的编码,也涵盖隐性知识的协调
Zahra 等 (1999)	知识整合所指的是企业将其获取到的新知识与其原本拥有的知识、想法等相结合,使这些新知识转化和融入企业内部
Okhuysen 和 Eisenhardt (2002)	知识整合是整合个体共享的知识和个体间互动产生的知识的过程
陈力和鲁若愚 (2003)	知识整合即企业通过剔除无用知识和将有用知识相融合来整理其所拥有的知识,使其知识更成体系
Patnayakuni 和 Ruppel (2006)	知识整合涵盖隐性和显性两种,关注员工之间相互协作和交流来理解和创造隐性知识的互动过程的是隐性知识整合,而更加重视语义的一致性、可获得性和对信息的共享能力高低的过程则是显性知识整合
Enberg (2012)	知识整合是目标导向的过程,知识整合旨在充分利用知识基础有所不同的个体所掌握的知识体系间的互补
Canonico 等 (2017)	知识整合指的是结合互补的专业知识的过程

资料来源:笔者根据现有文献整理。

综合来看,学者们对知识整合所做出的界定更加依赖于结构机制,而较少扩展到沟通与共享上。很多学者认为分享知识不是知识整合的主要目的和前提条件,知识的共享和整合共同服务于其最终目标。而且,知识整合机制在研究中也有所不同(Zollo 和 Winter, 2002; Enberg, 2012)。还有学者对此不认同,认为知识整合过程需要重视合作和互惠学习,该过程需要在主体间频繁沟通和共享知识的基础上才能完成(Mäenpää 等, 2016)。

学者们从各自的研究目的和关注视角出发，对知识整合进行了不同的维度划分。如周琰喆等（2016）将其作为单维度变量。Iansiti 和 Clark（1994）则从知识来源出发，将其分成内部知识整合和外部知识整合两个部分。Patnayakuni 和 Ruppel（2006）在研究中以相应知识的类型为基础，将知识整合分为隐性和显性的知识整合。相似的，魏江和徐蕾（2014）基于知识的属性不同，将其分为两个维度，即辅助型和互补型的知识整合。而 Boer 等（1999）则基于知识整合的效果，将此过程分为三个维度，即效率、范围和柔性。

（二）知识整合的相关研究概述

对于知识整合，学者们从不同的视角进行了比较丰富的探索。研究显示，团队作为重要的平台，服务于跨越多个不同领域的知识整合（Okhuysen 和 Eisenhardt，2002；Robert 等，2008）。在团队中，成员往往具备多样化的专业知识和技能，而将这些知识资源进行充分的整合和吸收有助于团队实现目标（Alavi 和 Tiwana，2002）。而且，在此过程中，团队成员既需要共同工作来解决团队遇到的问题，还需要保持对彼此的技能和知识的信任和依赖（Mehta 和 Mehta，2018）。

所以，团队的产出在很大程度上受到知识整合的影响。因此，本书为了对知识整合的理论体系有更深入的了解，对该领域的相关研究及相关的重要变量加以梳理。可以看出，学者们认为知识整合的影响作用涵盖创新模式、绩效、团队学习、团队记忆、团队创造力、决策质量等方面（Tiwana 和 McLean，2005；Mitchell，2006；史丽萍等，2013a；蒋天颖等，2013；周健明等，2014；Herstad 等，2015）。而其影响因素也相当广泛，为了对相关的研究脉络形成更清晰的把握，本书将其整理为个体、情境和技术三方面。虽然仅凭这些梳理可能难以充分覆盖该领域的所有研究，但也具备部分代表性。知识整合相关研究见表2-9。

表 2-9　　　　　　　　　　知识整合相关研究

作者	前置变量	中介变量	结果变量
Alavi 和 Tiwana（2002）	知识管理系统支持	—	知识整合
Okhuysen 和 Eisenhardt（2002）	正式干预（信息共享、质疑他人、管理实践）	—	知识整合
Tiwana（2004）	知识整合	—	软件开发绩效（效率、有效性、缺陷密度）
Tiwana 和 Mclean（2005）	关系资本、吸收能力	专业知识整合	创造力
Mitchell（2006）	外部知识获取、知识整合	—	团队绩效
Robert 等（2008）	社会资本（结构资本、关系资本、认知资本）	知识整合	团队决策质量
Basaglia 等（2010）	团队氛围（自主氛围、实验氛围）	知识整合能力	有效性、效率
Gardner 等（2012）	团队知识资源（关系资源、经验资源、结构资源）	知识整合能力	团队绩效
史丽萍等（2013a）	交互记忆系统	知识整合	团队绩效
蒋天颖等（2013）	市场导向	知识整合	组织创新、竞争优势
魏江和徐蕾（2014）	知识网络双重嵌入（本地嵌入、超本地嵌入）	知识整合	创新能力（渐进式创新能力、突破式创新能力）
周健明等（2014）	知识惯性（程序惯性、资讯惯性、经验惯性）	知识整合	新产品开发绩效
Mehta 和 Bharadwaj（2015）	放哨过程（控制知识流入）、守卫过程（控制知识流出）	—	知识整合

资料来源：笔者根据现有文献整理。

可以看出，学者们对知识整合的研究主要关注其对创新、绩效等方面的作用，相比之下，其影响因素所涉及的内容则较为复杂。综观已有文献，知识整合对于组织和团队等主体的成长和运转，以及对其创新创造活动等方面的重要性不言而喻。对于这些主体来说，知识整合的顺利进行无法避免地要充分保障认知和社交，从而为理解和解决非常规问题来综合多种观点，或进行原有知识和新知识的融合等。成员有可能凭借这种在知识整合中涉及的高强度的社交和智力机制来提升自身满意度或提升对团队能力的信任。但这种在知识整合对工作投入方面的过多需求也可能为团队的成果产出带来持续的影响。那么在此基础上，就有必要加大对知识整合的关注。除此之外，虽然现有的关注知识整合的理论成果对跨学科、跨领域的整合有所涉及，但较少将研究放在跨界创业的独特情境之中，这就为探究知识整合在跨界创业团队中的实现和表现以及相关论述在其中的适用性等方面提供了必要性。

五　团队创造力相关研究

（一）团队创造力的内涵

学者们对于创造力的关注始于个体层面，而随着研究的推进，创造力的概念也逐渐延伸到对团队层面的研究中（王黎萤和陈劲，2010）。学者们发现，组织和团队在保障自身产生新想法的能力方面越来越离不开团队创造力的作用（Lorenzen 和 Frederiksen，2005；Miron-Spektor 等，2012）。在这种情况下，管理学者大量涌入该领域，相关研究迅速丰富（Shin 等，2012；Sung 和 Choi，2012；Tsai 等，2012；Somech 和 Drach-Zahavy，2013；郝向举等，2018）。但即使有如此多的学者对其进行关注，影响团队创造力水平的根源因素仍未被充分揭示（Chaharbaghi 和 Cripps，2007）。究其原因，作为复杂适应系统，团队创造力的本质与实证研究的论述和发现之间未能完全统一。虽然创造性团队作为一个动态实体，所具备的属性特征是团队的成员们和团队所处环境间复杂交互的共同作用的结果（Ilgen 等，2005）。但相关研究更多地从静态视角关注团队属性，而对动态的团队创造力和团队在其所处的宏观社会情境下的表现等方面关注较少（Cirella 和 Shani，2012）。

在团队创造力的界定方面，学者们通常从两个角度给出自己的见解。一方面，有学者将团队整体的创造力视作基于个体创造力的产物，如学者 Woodman 等（1993）在研究中将团队创造力界定为处于复杂社会系统中的个体，在共同工作中所创造的、具备一定价值的新产品/服务、新想法、新流程等，这种团队创造力能够表现为个体创造力的函数。而 Pirola-Merlo 和 Mann（2004）则将特定时间点的团队创造力用团队中成员们的个体创造力的平均水平来表示。也有很多学者对此不认同，认为在研究团队创造力时，不应当忽视团队所具备的社会属性及其整体属性，团队创造力不应当是个体创造力之和，而应是其成员间互动形成的群体产物（赵卓嘉，2009）。如 Barlow（2000）将其定义为其所有成员在思考方式和角度上的"顿悟式转换"。Montag 等（2012）则认为其代表了为身处复杂环境中的团队带来新的、有价值的创意的团队行为的开展。这里的团队创造力所关注的是以竞争优势、有用资源、员工幸福满意等为目的的，创造能够用于组织完善自身产品和流程、改善所处环境或解决问题的"新事物"的努力。郑凯和杨东（2016）则将团队创造力界定为团队成员共同创造产品和服务等方面的相关创意，旨在实现团队目标。

学者们对于团队创造力的测量以实验测量和主观评估等方式为主。实验方法大多涉及以团队成员为对象的实验，并将成员们在实验中的表现作为评分依据（Grawitch 等，2003；陈晓萍等，2012）。而主观评估的方式则主要基于访谈、问卷等途径，也是该领域研究中比较常用的数据收集方式。梳理相关研究发现，学者们在主观评估方面主要关注团队所表现出的其柔性、流畅性、新颖性、创新性、有价性、实用性、创造性等，并将其作为评价团队创造力的依据（Choi 和 Thompson，2005；Goncalo 和 Staw，2006；Shin 和 Zhou，2007；Farh 等，2010）。

（二）团队创造力的相关研究概述

从相关研究中可以看出，团队创造力所涉及的影响因素大多是团队层面因素，学者们在其中主要关注的是团队构成和多样性、团队凝聚力、领导、团队结构等方面因素的作用（Cirella 等，2014；

沙开庆和杨忠，2015）。如有学者将团队的构成作为关注点，分析其在组织塑造团队创造力方面的作用，他们认为，在团队中扮演"创造性成员""顺从者"和"关注细节的成员"等角色的成员与其创造力有关（Miron-Spektor 等，2011）。而团队的多样性主要关注特征要素，如在人口和认知方面的多样性，学者们认为这方面也会影响团队创造力（Hülsheger 等，2009；Shin 等，2012）。团队凝聚力则代表成员间的互相看中和对团队目标的重视，但关于这方面对团队创造力的作用的认识尚未统一。如 Joo 等（2012）认为团队凝聚力有利于团队创造力；但 Jaussi 和 Dionne（2003）则表示，团队凝聚力在减少分歧和促进群体思维产生上的作用，不利于团队内多样观点的表达和分享，从而降低团队的创造力。此外，学者们还关注了团队领导对成员间沟通、支持新想法、团队反思、问题解决等方面所起到的作用，这也会改变团队创造力水平，关注点包括授权型领导（Zhang 和 Bartol，2010；薛会娟，2013）、变革型领导（Zhang 等，2011；蔡亚华等，2013）、家长式领导（陈璐等，2013；张建卫等，2018）等在团队创造力上的影响。而且，团队的组成结构也可能影响其创造力，虽然团队的结构可能有利于成员间开放、透明关系的建立，但存在给团队内带来边界影响沟通的情况，此时团队的创造活动受到阻碍（Woodman 等，1993；Jain 等，2015）。

通常，团队创造力水平除了被其内在特征改变，还可能被其内部成员的行为和特质影响，而且团队自身运行所面临的外部环境因素也不应被忽视。在个体因素方面，学者们常认为个体的创造力是团队创造力的重要源泉。如学者 Drazin 等（1999）将团队创造力视为个人创造力聚合后的产物。Pirola-Merlo 和 Mann（2004）也将团队成员们所具备的创造力的平均水平作为衡量其所属团队整体创造力的指标。Gong 等（2013）同样认为，在有利于创造活动的支持氛围中，团队创造力水平受个体创造力平均水平影响。但根据 Taggar（2002）的论述，虽然团队创造力的产生与个体创造力的结合有关，但并不表示其仅仅是由个人创造力加总产生的，而是要考虑成员之间互动的作用。也就是说，虽然在个体和团队的创造力方面，产生、完善和实施新想法和创意的基本过程相差不大，但除此之外，团队创造力还涉及其内部成员间的彼此信任、合作、沟通分享、主动性等多方面因素（Cirella 等，2014）。

在情境因素方面，事实上团队并不是不关注其所属的外部情境，事实上，团队所嵌入的外部环境对其影响不可小觑，外部环境在团队的发展过程中能够为其提供资源，同时也为其带来对其创新创造活动有利或有弊的文化、规范等情境因素。面对这种情况，管理者为了提升团队的创造力水平，通常会借助团队自身的"微观社会系统"或其所处环境、组织等"宏观社会系统"（Kozlowski 和 Ilgen，2006；Cirella 等，2014）。如有学者关注了团队创造力受到其所在组织工作环境的影响（Amabile 等，1996；Somech 和 Drachzahavy，2011；王春国和陈刚，2018），而且，团队为了应对其所处环境也常会对相应的外部条件进行适应（Joo 等，2012）。

基于上述研究可以发现，团队创造力研究中所涉及的前因更多集中于团队层面，而较少探究非团队层面因素。但从实际出发，个体层面和环境层面的因素在塑造团队创造力的过程中也应当受到重视。而且，考虑到该领域研究在国内发展相对缓慢，且学者们在一些因素对团队创造力所发挥的作用方面未有定论，有必要投入更多精力。此外，目前研究中对拥有跨领域知识的团队的关注与现实发展相比有待提升，团队创造力的研究也可以考虑从这一点入手。

六 创业环境相关研究

企业要想充分利用知识资源进行创新创造活动，需要先对所处环境充分了解和评估，并对环境动荡可能造成的机会和威胁做好准备（Feng 等，2022）。从组织理论相关研究出发，可以发现学者们对环境的认知大体分为两种。部分学者站在环境决定论的一方，认为环境对组织的生存和发展十分重要，组织必须对环境因素充分适应，因为环境是其资源的来源（Birley，1986）。除此之外，也有学者站在战略选择论一方，认为组织拥有主动权，能够感知环境并根据自身需求主动选择和制定合适的发展策略，而不是被环境所决定（Child，1972）。

在创业领域，随着研究的推进，环境因素也受到学者们的关注，并引入研究产生了创业环境这一变量。对此进行的关注和界定是在创业活动研究中揭示环境作用不可省略的步骤（Dess 等，1997）。基于各自的关注点和研究视角，学者们给出了自己的界定。Gartner 和 Shane（1995）将其作为新企业建立所需的四个关键要素之一，包含新企业成立所涉及的资源的可获得性、周边的高校及科研机构、政府方面的干预和人们对创业的看法等方面。在 Fogel（2001）的研究中，创业环境则作用于整个创业过程，是一种综合性的因素，而为了建立支持创业的环境，就需要在有机会的同时，保证社会对创业的重视，并使创业者有实施创业并进行管理的能力。蔡莉等（2007）在 Gartner 和 Shane（1995）的基础上做出界定，将创业环境的范畴拓展为对整个创业过程产生影响的各种外因及其共同形成的有机整体。而在 Sun 等（2016）的研究中，他们基于已有研究对创业环境进行定义，将其视作涵盖新企业建立过程中所有对创始人产生作用的外部因素的有机整体。总的来说，学者们对创业环境内涵的概况主要从两个角度进行，部分学者关注了企业发展所涉及的各种内外部环境因素（Duncan，1972；Aldrich 和 Pfeffer，1976）；而其他学者更关注创业环境本身的特征，如动态性（赵观兵等，2010；Adomako，2016）、异质性（Nwachukwu 和 Tsalikis，1991；张益丰和郑秀芝，2014）、复杂性（汪丽等，2012；Garrett Jr 和 Holland，2015）、包容性（Tang，2008；贾军和张卓，2012）等。

在维度划分方面，由于创业环境内涵较广，学者们对其划分方式也各有不同，见表 2-10。一些学者主要关注创业环境的特征，如学者 Mintzberg（1973）的维度划分是从市场角度着手分为三个维度，即多样性、复杂性和敌对性。Dess 和 Beard（1984）在研究中采用的维度划分方式应用也相对广泛，即关注创业环境的动态性、复杂性和包容性这三个方面。而 Lumpkin 和 Dess（2001）则主要关注创业环境动态变化的情况，探讨其动态性和敌对性两方面。Wiklund 和 Shepherd（2005）的研究从要素着手将创业环境划分为动态性和包容性两个维度，强调此二者对创业企业的重要性。还有学者关注的是创业环境的组成要素，并进行细化讨论，如学者 Gartner（1985）对创业环境的测度采用了 22 个要素进行。Fogel（2001）则从金融支持、非金融支持、创业技巧、社会经济条件、创业政策和程序五方面进行分析。蔡莉等（2007）则将创业环境直接分为直接匹配环境和间接匹配环境。除了这些学者，全球创业观察所出具的报告中也对创业环境的要素进行了解析，将其划分为研发转化、进入壁垒、文化和社会规范等 12 个因素。

表 2–10　　创业环境的构成要素

学者	构成要素
Mintzberg（1973）	多样性、复杂性、敌对性
Dess 和 Beard（1984）	动态性、复杂性、包容性
Gartner（1985）	进入壁垒、现有竞争者的竞争状态、替代产品的威胁、购买者的还价能力、供应商的还价能力、企业资本可用性、熟练创业者参与、技术熟练劳动力、供应商可达性、客户或新市场可达性、政府影响、临近大学、土地或设备可用性、运输系统可达性、区域人口态度、配套服务可用性、生活条件、人口中近期移民的高比例、较大规模的城市区域、雄厚的工业基础、金融资源的可用性、工业专业化程度
Lumpkin 和 Dess（2001）	动态性、敌对性
Fogel（2001）	金融支持、非金融支持、创业技巧、社会经济条件、创业政策和程序
Wiklund 和 Shepherd（2005）	动态性、包容性

续表

学者	构成要素
蔡莉等（2007）	直接匹配环境（技术、人才和资金供给环境）和间接匹配环境（政策法规环境、中介服务体系、市场环境、文化环境、信息化环境）
GEM（2018）	政府政策（政策支持和相关性、税收政策和官僚性）、政府创业项目、创业融资、创业教育与培训（校内教育、校外教育与培训）、研发转化、商业和法律基础、进入壁垒（国内市场动态性、国内市场负担和准入制度）、有形基础设施条件、文化和社会规范
王洁琼和孙泽厚（2018）	市场环境、政策支持、创业氛围、基础设施、融资环境

资料来源：笔者根据现有文献整理。

在学者们的研究中，创业环境因素常以前因或调节变量的身份出现。如有学者关注创业环境要素对于组织的机会识别、创业意向、企业绩效、竞争优势、创业行为、创业成功等方面所发挥的作用。如 Zahra（1993）表示，企业可以从动态的创业环境中找到创业机会。而胡玲玉等（2014）则分析了创业环境要素（市场资源、制度规范）在影响个体的创业意向方面的作用，并将创业自我效能感作为对应的调节变量。刘畅等（2015）关注的是创业环境对绩效（农村微型企业生存、成长和创新）的作用。吴建祖和李英博（2015）则探究了企业内创业行为所受的中层管理者对创业环境的感知的作用。而在 Agwu 和 Onwuegbuzie（2018）的研究中，文化、政治和技术等方面的环境因素能够影响其创业成败。此外，也有研究将创业环境视作调节变量，如 Lumpkin 和 Dess（2001）表示，创业环境动态性对积极性和企业绩效间的作用关系有正的影响，即动态的环境对具备创业积极性的企业更有用；而对于身处竞争行业的企业，环境敌对性则有效果。Wiklund 和 Shepherd（2005）则在研究中关注了小企业的表现，发现对于创业导向与绩效间的关系，环境动态性发挥了调节变量的作用。郭铖和何安华（2018）关注的是资源和市场这两方面环境要素对于社会资本和创业绩效间关系，所发挥的调节作用。

从相关研究出发可以看出，创业环境方面的因素不仅能够为创业企业维持生存和成长提供所需的资源，更是企业成长过程中无法规避的外界条件，这些因素与其创立和成长等阶段联系密切。在这种情况下，为了给创业过程提供最大化的保障，创业主体需要有能力充分认识和适应其所处的创业环境，并应对可能出现的环境变化。当前创业环境领域的研究对国外关注较多，相比之下针对中国转型经济这一背景下展现出的创业环境特征的研究较少，有必要关注有中国特色的创业环境对创业实践的影响，以及现有理论成果对中国特色情境的适用性。

第三节　本章小结

在这一章，本书在充分梳理与研究主题相关的理论基础和有关文献的基础上进行理论分析，从而为后续的案例和实证研究打下基础。在理论根基方面，本书对公司创业、知识管理和社会认知这三大理论的主要内容和发展脉络进行了梳理。首先，本书关注的跨界创业就是公司创业行为，公司创业理论正是合适的理论基础，通过梳理该理论经典论述为本书后续深入分析跨界创业活动奠定了基础。此外，本书中的知识共享和整合均在知识管理范畴内，对该理论的关注是深入研究不可规避的内容。最后，社会认知理论则为本书提供了了解交互记忆系统运作方式的途径，为本书挖掘跨界创业团队这一主体的交互记忆系统的作用机理奠定了理论基础。而且，文献综述中对本书重点关注的跨界创业、交互记忆系统、知识共享、知识整合、团队创造力和创业环境等研究脉络和现状的梳理也有助于后续研究。

总的来说，当下跨界创业活动随处发生，但直接关注此现象的理论研究有待丰富，且目前对跨界创业团队等主体的理论认识也有一定发展空间。因此，为了提升该领域的理论发展以求更好地指导现实，应当从中国转型经济实际情况出发，对当前的跨界创业活动深入挖掘。本书正是从中国的跨界创业团队这一主体入手，从知识视角探究其交互记忆系统发挥作用的机理，从而形成对跨界创业更深层的认识。

第 三 章

基于案例研究的模型构建

目前,案例研究已经成为组织管理研究领域的重要研究方法之一。为了深入探索和挖掘跨界创业团队交互记忆系统、知识共享、知识整合与团队创造力之间的关系,本书通过探索性多案例研究范式对北京、上海、珠海、长春的四个跨界企业的创业团队进行了追踪观察。在数据收集途径方面,本书通过对创业团队的负责人和团队成员进行面对面访谈、电话和邮件访谈、跟踪具体业务等方式收集一手数据,并通过互联网等途径收集相关二手数据,以确保所收集数据之间能够相互印证。在对案例研究和相应理论分析交互验证的基础上,本书结合案例内分析和跨案例分析,对交互记忆系统、知识共享、知识整合与跨界创业团队创造力之间的关系进行了归纳和梳理,并结合现有的相关领域理论成果,构建出本书的研究模型,为后续研究假设的提出及进一步的实证研究奠定基础。

第一节 研究设计

一 研究问题的提出

从目前看,对跨界创业的研究较少,跨界创业团队的交互记忆系统的作用机理及其对知识共享和整合的影响,以及对团队创造力的影响有待探究。管理学的研究重视理论与实践相结合，因此，在应对理论问题时应当结合实践得出结论（买忆媛等，2015）。根据李飞等（2010）对经验主义学派研究的总结，该学派的研究通常遵循两种逻辑进行：其中一些研究不遵循固定的理论框架，而是根据对案例样本的调查研究所得到的结果归纳出结论，再通过罗列或进一步归纳出其中涉及的影响因素来构建理论框架并得出更深层结论；另一种逻辑的研究则是先建立理论框架或根据已有框架来对案例样本进行调查研究，并在此基础上得出结论。本书遵循第二种逻辑进行研究，即先在已有研究基础上初步确定研究思路，再通过案例研究来修改、补充和完善理论框架并得到相应结论。

（一）交互记忆系统对团队内知识的影响

良好的交互记忆系统能够为团队成员提供必要的元知识，使其能够有效地进行交流（Yoo，2010；Simeonova，2017）。且对于团队来说，交互记忆系统能够使其成员之间的沟通质量提升，从而促进成员之间在知识层面的互动（陈晓刚等，2014）。此外，创业团队不同成员所具备的可靠的专业知识，以及对这些知识的有效检索有助于团队对其知识库的整理和使用，即通过交互记忆系统的交互式作用过程，使团队的知识管理水平得到提升（Dai等，2016）。在已有研究中，学者们对交互记忆系统与知识之间的关系有所研究，这些研究涉及知识管理的不同方面，多认为交互记忆系统能够为组织和团队的知识管理提供帮助，但这些研究结论在跨界创业的团队中是否仍然适用？跨界创业团队成员构成相对复杂，团队内存在不同行业领域的知识，并涉及综合利用不同领域的知识以获取独特优势和实现业务领域的跨越。在此情境下，对这一问题有必要进一步探讨。

（二）交互记忆系统、团队内知识对跨界创业团队创造力的影响

团队创造力对竞争优势和可持续发展的实现起到关键作用，而在此过程中知识的作用不可忽视，交互记忆系统为团队提供了知识

积累，从而激发了团队的创造力（王端旭和薛会娟，2013）。对于跨界创业团队来说，其交互记忆系统是如何发挥作用的，是否同样能够起到激发团队创造力的作用？对于知识结构复杂的跨界创业团队，知识共享和知识整合在此过程中是否能够顺利实现并带来团队创造力水平的提升？有必要对这些问题进行进一步探究。

这些问题是跨界创业实践活动中亟待解决的问题，对于这些问题的揭示有利于深入理解跨界创业现象，从而为跨界创业的实践活动提供更具针对性的理论解释与更坚实的理论支撑。因此，本书的研究遵循"交互记忆系统→对团队知识管理的影响→对团队创造力的影响"的思路进行。在这一思路下，通过对案例的研究构建和完善本书的理论框架。

二 研究方法选择

案例研究是目前管理领域常用的研究方法，通过对典型案例的研究可以归纳和推导出一些命题和研究结论。即在案例研究中，在对案例企业进行深入了解的基础上，通过对其进行描述和分析，能够有效地揭示和解释创业实践的过程和其中所蕴含的机理以及在案例企业背后存在的一些隐患。从类型角度区分，案例研究通常可以分为探索性案例、验证性案例和描述性案例三种类型（Eisenhardt，1989）。其中，探索性案例主要关注新理论的挖掘和构建；描述性案例主要是对新问题或新现象做出准确的描述，通常适用于教学型案例；验证性案例则主要是对研究中所提出的命题进行验证、补充及修正（苏敬勤等，2010）。本书聚焦于探索跨界创业团队交互记忆系统的作用机理，通过探索性案例研究有利于探索跨界创业现象中所涉及的管理理论。

案例研究可以分为单案例研究和多案例研究，单案例研究通常是对一个具备典型性、极端性或独特性的案例样本进行细致分析，并在分析结果的基础上验证和批判现有理论或发现新理论（Siggelkow，2007）。而多案例研究则具备比单案例研究更高的稳健性和普适性，也会耗费研究者更多的时间、精力和资源。在多案例的研究方法中，通过案例中所蕴含的"复制逻辑"来进行案例内与案例间分析可以实现多案例结论之间的相互验证，从而最大限度地保障研究结论与所得理论成果的可靠性和有效性（Eisenhardt 和 Graebner，2007；Yin，2014）。此外，在多案例研究中，通过案例分析识别理论框架中所涉变量，并通过识别关键事件的因果关系来解释研究模型中各变量之间的逻辑关系，有助于内部效度的提高（Santos 和 Eisenhardt，2009）。考虑到跨界创业团队人员构成复杂、不同团队所涉及领域各有不同，且创业活动在中国不同地区的发展水平也不均衡，单一案例的研究可能缺乏足够的代表性。因此，本书选择通过多案例研究方法进行，在收集和分析多方面案例材料的基础上对本书所涉及的变量及其因果逻辑关系进行识别和解释，进而构建本书的研究模型。

三 案例选择

根据 Yin（2014）所给出的多案例研究方法，本书通过理论抽样的方式进行案例样本选取，当案例的增加不会带来新的证据时结束抽样。在获取案例样本数据时，为了保障数据获取的便利性以及所获取数据的丰富性和真实性，除了以往研究所关注过的企业，笔者还借助家庭与导师的社会关系进行联系，并从所能联系到的企业中筛选出有本书所涉及的跨界创业经历的企业。在与这些企业建立联系的过程中，笔者承诺对受访人及受访企业的信息保密，并将所获数据用于正当研究。最终，六家企业许可作者对其进行调研。在对案例样本进行调研的过程中，为了避免个人偏见所带来的影响，笔者导师组织包括笔者在内的数名博士研究生共同组成调研小组。在 2018 年 4—6 月，调研小组先后联系和访问北京、上海各一家以及珠海和长春各两家跨界创业企业，对每家企业创业团队的受访者进行两小时以上的面对面访谈，并通过企业网站和媒体报道等途径获取二手数据。考虑到案例的典型性以及案例研究的"复制逻辑"

(Yin，2014），本书在上述企业中最终选取了北京、上海、珠海和长春企业各一家作为研究对象，对其创业团队进行分析。本书所选样本数量为 4 个，符合 Berg（2005）所提出的多案例研究的最优案例数量（3—7 个）。为了避免对创业团队成员隐私和创业企业信息造成泄露，本书中所涉及的团队成员与企业名称均以 A、B、C、D 等英文字母表示，基本情况见表 3-1。

表 3-1　　　　　　　案例企业创业团队基本情况描述

案例团队	企业成立时间	跨界创业时间	团队规模	地区	企业原有主营业务	新业务	受访者
A	2013 年	2017 年	16 人	北京	生物质能源及其副产品制造	建筑装修材料制造	团队负责人
B	2010 年	2015 年	9 人	上海	家用五金制造	智能安防产品制造	团队负责人
C	2000 年	2012 年	13 人	珠海	阀门制造	污水处理设备制造	团队负责人
D	2007 年	2013 年	7 人	长春	门窗装饰制造	幕墙制造及安装	团队负责人

A 团队所属的 A 企业位于北京市，受访者为创业团队负责人（企业董事长）。该企业成立于 2013 年，主要从事新能源行业，以生产和销售生物乙醇、生物丁醇、生物质然气等生物质能源产品为主。A 企业是一家高新技术企业，其主要事业是对秸秆等农业废弃物进行深加工，通过对其中富含的纤维素进行处理来生产生物质能源产品。随着在利用秸秆生产生物质燃料方面的研究越发深入，A 企业逐渐发现此过程中所产出的木质素是一种优秀的材料，具备强稳定性和抗老化性。而在注意到室内空气污染造成的损害越发严重的现状，以及国家为应对甲醛等装修污染的危害提高了对建筑装修材料质量方面的规制后（如制定《室内空气质量标准》等），企业董事长开始考虑利用木质素的优良特性制造建筑装修材料。通过反复研究和试验发现，利用木质素制作的木质素材料具备阻燃、防水、不

变形、抗老化、高抗压性和无甲醛的特点，是一般木材难以匹敌的。而且，近年来中国针对建筑行业资源利用低效等问题出台了一系列鼓励装配式建筑的政策，为其对木质素材料的应用打开了一道大门，如 2015 年住建部出台的《建筑产业现代化发展纲要》、2016 年国务院专门出台的《关于大力发展装配式建筑的指导意见》等。为了将木质素材料的优势发挥到最大，董事长带领企业高管与技术骨干组成团队，与中科院、中国林科院等多家科研机构深入合作，对木质素材料的利用进行研究。2017 年 5 月，针对国家大力推动的装配式建筑的良好前景，A 企业成立子公司专门从事木质素材料的生产和应用，进行相应的创新研发，以求进一步完善利用木质素材料生产建筑装修材料的过程并实现产业化，并探究利用这些新型的环保材料实现装配式建筑建造和装配式装修的方式。目前，该子公司与美国艺王等大型企业合作，从事基于木质素材料的建筑材料和装修材料，如门、窗、地板、内外墙板、楼板、家具、生物聚氨酯、木质素改性发泡混凝土等的生产。在原有玉米秸秆处理技术的基础上，经过持续的设计、研发等创新活动，A 企业的产品系列基本完备，初步形成自己的产品和技术体系，核心技术有 20 多项专利支撑，主要包括对秸秆等农业废弃物三组分分离和定向转化、无污染气爆技术、生物质高分子板材制造技术等，其中部分技术达到国际或国内先进水平。目前已基本形成了稳定生产的能力，下一步发展目标是实现产品产业化。

　　B 团队所属的 B 企业位于上海市，受访者为创业团队负责人（企业总经理）。B 企业成立于 2010 年，主要从事家用五金电商业务，以设计、生产和在电商平台销售门锁、厨卫五金、家具五金配件等产品为主。随着 2014 年国内房地产行业"存量时代"的到来，作为低需求频次产品的家用五金产品行业也受到了巨大冲击，B 企业的发展受到影响。但天无绝人之路，与此同时，智能家居热潮的到来也给 B 企业带来了新的发展方向，即高端化、智能化的五金产品的生产和销售。B 企业总经理看到了这一趋势，决定在保留原有指纹密码锁等产品的基础上，带领一些企业高层和技术骨干组成团队，为企业开发具有高附加值的高端智能化产品,并将发展目标定位在智能安防产品上。2015 年,企业投资建造了研发制造基地,以智能家居安防系统为研发目标,投入了大量人力物力。目前,通过积极学习国内外先进技术并与当地科研院所合作研发,团队已经陆续开发出基于 Z-Wave 协议的智能门锁、监控、烟雾报警、紧急呼救等产品并投入市场,逐渐形成了自己的智能家居安防产品体系。从目前情况看,B 企业的销售收入仍主要来自家用五金产品,而在智能安防产品方面的销售和利润水平有待提升。接下来,B 团队的主要目标是综合利用人工智能、大数据、云计算、移动互联网等技术,开发更符合用户需求和使用习惯的新产品,并探索更加适应智能安防产品的商业模式。

  C 团队所属的 C 企业位于广东省珠海市,受访者为创业团队负责人(企业副总经理)。C 企业成立于 2000 年,主要从事阀门制造业务,以给排水阀门的生产制造和销售为主。2003 年,国家在水务行业进行市场机制改革,将给排水阀门制造与环保水务行业联系在了一起。C 企业抓住这一时机,着力于大口径阀门制造技术的发展和创新,并将其作为企业核心产品和核心竞争力的来源。但由于阀门行业门槛并不高,国内有大量阀门制造企业成立,业内竞争越发激烈,单一的阀门制造业务难以满足 C 企业进一步发展的需求。而近年来,随着国家政策对节能环保方向的倾斜,污水处理行业越来越受到重视,《国家环境保护"十二五"规划》等政策相应出台,促使相关企业飞速发展。C 企业在与这些企业的合作中感受到污水处理行业的前景,决定将业务向污水处理领域拓展。于是,在 2012 年 10 月,由副总经理带领一些企业员工,与当地高校和科研院所建立联系,在当地政府的支持下共同建立起产学研合作创新团队,着手进行污水处理设备的研发。凭借企业原有技术与污水处理领域专家的技术支持,经过数年的研发和摸索,C 团队通过技术改造、工艺改进以及自主研发等方式实现了多项技术创新,成功开发出企业自己的滑阀、压滤机、滗水器、除污机等污水处理设备,并形成了水处理设备集成能力。目前,C 企业已经围绕 C 团队成立专门的污水处理业务部门，所研发的部分产品已经投入市场，并受到客户的好评。除此之外，该部门凭借企业自身所生产的污水处理设备以及集成能力，还开始承接污水处理系统的搭建以及后续维护服务工作。目前，国内污水处理行业正处于快速成长阶段，C 企业决心大力发展相关业务，进一步完善相应产品体系和服务，以求在下一步的发展中实现污水处理体系的一体化。

D 团队所属的 D 企业位于吉林省长春市，受访者为创业团队负责人（企业总经理）。该企业成立于 2007 年，成立之初主要从事门窗装饰制造行业，制造和销售塑料门窗、塑钢门窗、铝合金门窗等。"十二五"期间，随着国家对环境保护重视程度的提高，国内节能环保型塑料建材的市场得到巨大拓展，塑钢门窗的普及程度迅速提高，带动了大批门窗行业企业的发展。但同时，门窗行业的资金门槛、技术门槛较低，导致业内竞争日益激烈，也使钢铁、铝材、玻璃、塑料（PVC、U-PVC 等）原材料的价格呈现不同幅度的上涨，提高了门窗的生产成本。这为 D 企业的发展带来了挑战。为了追求成长，D 企业开始寻求其他的发展方向。企业总经理发现，当地幕墙行业市场还存在一定空缺，且幕墙与门窗业务之间存在一定的共通之处，进入该业务领域所需投入较低。于是，D 企业决定在继续发展门窗领域主业务的同时进军幕墙行业。2013 年 4 月，由总经理牵头组建了创业团队，并在企业内成立了专门的幕墙事业部。虽然 D 企业在门窗制造和安装方面的技术能够起到一定的借鉴作用，却难以充分支持其进行建筑幕墙工程设计、幕墙安装等业务。为了尽快掌握幕墙业务所需技术，除企业技术部原有技术人员外，D 团队还从外部聘请了有幕墙行业从业经验的管理技术复合型人才。通过学习国内外先进技术以及自行摸索，D 团队逐渐掌握了幕墙业务的工程设计、面板制造、支撑结构搭建、施工等一系列技术，于 2013 年 9 月承接并顺利完成了第一单幕墙业务。目前，D 企业幕墙事业部的产品品类从最开始单一的构件式玻璃幕墙逐渐拓展到涵盖构件式、单元式和点支式等多种结构形式，以及玻璃幕墙、铝板幕墙、石板幕墙等多种材料的复杂产品系列。除此之外，还承接写字楼、办公楼等建筑幕墙设计与安装业务，并培养了多支具有高素质的专业施工队伍，业务发展稳定。在未来，D 团队的目标是顺应当前节能环保趋势和智能化趋势，探索光电幕墙、智能型呼吸式幕墙等技术，以寻求进一步发展。

四 数据收集

Munafò 和 Smith（2018）认为，在研究中，仅仅依赖可重复性不足以证明问题，需要经过"三角验证"的考验。因此，为了保障本书所得出的构念与研究模型更加符合现实情况，本书选择通过整合多渠道来源的数据进行"三角验证"，从而确保研究数据的信度水平（Eisenhardt，1989；Eisenhardt 和 Graebner，2007）。本书所收集的数据主要包含一手数据与二手数据。首先，本书案例研究所收集的一手数据主要来源于调研小组的实地调研，包括对案例所涉及企业与创业团队的考察，以及对受访者所进行的面对面深度访谈，访谈时间为 120—180 分钟，主要关注创业团队的基本情况、发展历程，并将访谈重点放在创业团队成员之间在知识层面的互动表现、交流效率和效果，以及团队在创新研发等方面的表现等。在征得受访者同意后，对其团队成员进行访谈和问卷调查，了解成员间对彼此专长的了解、信任、交流与合作情况。在访谈过程中，将所有访谈内容录音并做笔录。在二手数据方面，主要通过企业官网公布的信息，或通过百度、企查查等以企业名为关键词进行搜索，并在调研过程中向受访者索取企业的宣传手册、内部文献等。所获取的信息包括企业的经营和存续情况，以及创业团队、企业和行业的相关新闻和分析报告等。在实地调研过程中，对每个跨界创业团队进行调研的调研小组都由 1 名教授或副教授带领包括笔者在内的至少 2 名博士研究生组成。访谈内容围绕所要研究的问题进行，访谈和提问过程由带队老师和笔者进行，其他成员主要负责记录，所获信息在承诺正当使用并征得受访者及受访企业同意后用于本书研究。在对每个案例样本调研结束后，调研小组内部就所收集的信息进行分析讨论，整理录音和笔录内容，并对讨论内容进行记录（Yin，2014）。对于调研所收集到的大量一手和二手数据，在整理过程中以一手数据为主，按照关键事件发生顺序进行梳理，在梳理过程中结合二手数据对资料的缺失部分进行弥补和互相验证，从而避免一手数据中由印象管理与回溯性释义所导致的偏差，从而保障资料的翔实可信（江诗松等，2011）。在调研工作结束后，将所获取的资料整理为本书的案例资料库，以用于下一步研究。

第二节 案例分析

一 信度和效度

为了保障本书所进行的案例研究的科学性和规范性，本书的数据收集和案例分析过程遵循陈晓萍等（2012）和 Yin（2014）在书中所提出的案例研究方法进行，通过严格把控案例研究过程来最大限度确保研究的信度和效度水平。

(一) 信度

在本书的研究中，信度指的是研究过程的可靠性，即所有的过程应当可复制。因此，为了保障信度水平，本书是基于周详的研究计划和研究数据库进行的。

1. 周详的研究计划

周详的研究计划包括研究目标、问题、场所、程序等。形成抽象的研究计划能够帮助研究问题进一步聚焦，有利于研究者的深入思考。在对相关理论和文献进行梳理和回顾的基础上，结合 Yin（2014）的案例研究设计的建议，作者初步构建了本书的研究计划。为了进一步完善此研究计划，作者与导师、相关领域专家、调研小组成员多次商讨并对研究计划进行了完善。

2. 建立研究数据库

将调研过程中所收集的一手、二手数据进行整理，形成数据库，用于后续研究。

(二) 效度

在本书的研究中，效度方面主要涉及构念效度、内部效度和外部效度三个方面，所探究的是研究过程的准确性，即所得的结果与考察的内容之间是否吻合。

1. 构念效度

在本书的构念效度方面，为了保障本书所要研究的构念能够进行准确的操作性测量，本书在案例研究中通过三角验证、建立证据链和"魔鬼辩护师"这三种途径来确保构念效度水平。

首先，本书采用三角验证，即在数据收集过程中通过多种方法和渠道收集研究所需的数据。除了在导师的领导下成立调研小组对创业团队负责人和成员进行面对面访谈和问卷调查所收集到的一手数据之外，还向受访者收集企业内部文件，并通过互联网等渠道获取企业基本信息、报道和档案等二手数据资料，从而将多种渠道获取的数据进行相互印证，以避免主观因素等方面的偏差。

其次，本书在明确可靠的连贯逻辑的基础上建立证据链。本书的数据收集过程主要依据跨界创业团队交互记忆系统及其对团队内知识管理和团队创造力的影响进行。在调研的访谈过程中，主要通过半结构化访谈进行，即围绕提前拟定的访谈提纲，仅在一定程度上控制受访者的发言方向，引导受访者积极描述其创业团队内部互信、交流等情况与相应表现，避免受访者的发言因过度约束产生偏差。在数据整理阶段，对所收集数据进行分析、讨论和甄别，从而保留更具针对性的重要数据，从而形成缜密、连贯的证据链条。

最后，本书通过"魔鬼辩护师"对案例研究过程中收集到的数据及分析结论等进行批评，从而寻找到研究过程中的盲点。从研究设计阶段开始，笔者就多次向导师进行汇报和商议，并听取导师的建议。在后续研究过程中，笔者就调研所收集到的信息、分析结果等各方面研究进展在多名教授和副教授及其所带领的博士研究生组成的课题组的会议上进行多次阶段性汇报，听取老师和同学们所提出的意见和建议并做出改进。

2. 内部效度

在本书案例研究的内部效度方面，为了确保本书变量之间的因果关系，降低因果关系外部其他因素的影响，即不受到无关因素影响，本书主要通过建构性解释、时间序列设计以及分析与之相对应的竞争性假设，来保证内部效度。

首先，本书采用建构性解释的方式，在对所获数据进行分析之前，提出可能存在的因果关系，即观点或命题。并在数据分析过程中比较分析结果与这些观点和命题，并在此基础上对所提出的观点或命题进行检查和修正。通过此过程的反复循环至彼此相互趋近，从而寻找到更符合事实的因果关系。

其次，本书在处理资料的过程中采用时间序列设计，即按照关键事件发生的先后顺序，采用编制大事年表的方式对所得数据进行梳理，分析跨界创业过程中各事件的顺序和事件之间可能存在的关系，从而推导出变量之间的因果关系。

最后，为了保障内部效度水平，本书在案例研究中分析与之相对应的竞争性假设，即在研究对象之间进行对比，并将所进行的案例研究的分析结果与交互记忆系统、知识管理等相关方面的现有研究结论进行比较。

3. 外部效度

本书的外部效度是指本书案例研究的结果是否也适用于其他案例的可类推性。本书的外部效度主要通过跨案例比较的方法进行。即在研究过程中，遵循"复制逻辑"，比较从本书的四个案例中所产生的结论，从而对其进行检验和修正。

二 数据处理和呈现

（一）数据处理

根据 Eisenhardt（1989）与毛基业和陈诚（2017）的研究，案例研究的目的在于构建理论，而这里的理论包含构念、构念间关系所形成的命题与命题背后的理论依据三方面，前两者应当从数据中得来。因此，作为数据载体的案例至关重要，案例研究中对繁杂数据的处理也成为研究的关键。所以，在本书所进行的多案例研究中，除了对每个案例进行深入分析，还应兼顾对各案例进行比较分析，从而清晰地了解案例间的异同，对本书案例研究所产生的结论进行完善（Eisenhardt 和 Graebner，2007；陈晓萍等，2012；陈阳阳，2018）。Eisenhardt 等（2016）认为，文献回顾在数据分析过程中对解释数据中所蕴含的规律起到重要作用。因此，由于多案例研究存在更高的难度和复杂性，本书通过回顾和梳理已有研究明晰了本书构念的内涵和维度，在此基础上通过编码对案例调研过程所收集到的数据进行概念化、范畴化，从而完善构念并进行进一步案例分析（Yin，2014）。在此过程中，为了减少主观因素带来的偏差和片面性，笔者与调研小组另一名成员对案例数据独立编码，并对所提炼出的构念与构念间关系进行比较和验证。当存在不一致等问题时，向导师和其他专家进行汇报并反复讨论，直至达成统一为止，从而形成最终结论。

基于 Miles 和 Huberman（1994）与李飞等（2010）的研究，本书根据研究目的和问题对调研过程中所收集到的一手数据和二手数据进行编码。其中，一手数据部分，将四个跨界创业团队受访者的访谈资料编码为 E1、E2、E3、E4，将创业团队成员的访谈资料编码为 T1、T2、T3、T4。而二手数据来源相对复杂，将其编码为 S1、S2、S3、S4。对于相同来源的数据，若意思相同或相近，则相应表述仅记录为 1 条编码条目（云乐鑫等，2014）。经过对一手、二手数据材料的一级编码，共得到一级条目 289 条。接下来，通过渐进性的数据编码来挖掘和提炼构念、构念性质和构念间的关系，其中构念、维度、相应的关键词和有效编码条目数量见表3-2。根据 Miles 和 Huberman（1994）以及李圭泉等（2014）的研究，在编码过程中应当撰写备忘录，对备忘录的整理和分析有利于深刻理解编码之间的关系以及形成逻辑链条，从而为理论框架的搭建做出贡献。此外，对质性资料进行研究需要不断进行重复,通过对资料的反复分析和解读形成更深入的见解,所以在实践研究中,各步骤可能会反复交替出现。

表3-2　　　　　　　　　　构念相关编码条目分布

构念	变量测度	典型关键词举例	案例团队编码条目				合计
			A	B	C	D	
交互记忆系统	专长度	擅长、特长、了解、专家、专业方向、工作经验等	10	6	13	8	37
交互记忆系统	信任度	相信、质疑、信赖、可靠、优先询问同事、坦诚接受建议等	12	7	10	6	35
交互记忆系统	协调度	合作、摩擦、摸索、任务分配、顺利完成工作等	9	7	9	11	36
知识共享	知识共享	请教、讨论、咨询、沟通、分享经验、分享诀窍等	11	9	15	10	45
知识整合	知识整合	碰撞、综合、融合、整理、惯例化、形成规范、集体智慧等	10	8	14	9	41
创业环境	环境动态性	资源、政策、市场、大环境、大趋势、竞争压力等	15	10	12	11	48
团队创造力	团队创造力	创意、新方式、新方法、新技术、新颖性、实用性、新产品开发等	16	12	10	9	47

(二) 案例分析与呈现

每种案例研究方式都有其所适合的研究范畴,单案例研究方法强调故事性,适用于极端情况或独特样本数据获取途径的情况(毛基业和陈诚,2017)。此类研究需要对案例样本资料中的现象进行详细的描述并在此基础上通过分析来解释现象。其中,描述过程是为了简化复杂事物,说明实际现象;解释过程则是为了说明事物和现象背后的原理,帮助读者理解(Bernard,2017)。这一过程是抽象化的过程,通过讲故事的方式将案例中的现象转化为文本,并通过分析找出主体、关键变量、发展趋势等，从而建立起更深层次的理论框架并形成理论（Carney 和 Watts，1990）。

而相比之下，多案例研究则更适用于构建具有普适性的理论。虽然理论构建的难度比单案例研究更高且故事性较低，但多案例分析同时讨论多个案例中的相似现象并排除其他因素的干扰，所构建的理论也更加精确和简约（Eisenhardt 等，2016；毛基业和陈诚，2017）。因此，从实际角度出发，本书通过多案例研究来得出和展现理论成果。与此同时，本书在案例分析过程中也对每个案例进行了描述，从而把握每个案例的发展脉络，作为从中得出理论观点的基础（Gersick，1988）。

据此，本书在录入和分析单个案例样本资料并从中获得相应结论后，再对另外三个案例分别重复进行此工作。比较各案例结论，若各案例中所构建的理论之间存在矛盾，则需要对案例资料进行检查并做更深层的分析。对案例资料进行整理和分析后，通过案例之间的比较分析来寻找各案例之间存在的共性，并通过编码等手段从中提取构念和识别构念之间存在的关系，作为本书理论框架的基础。在保障案例研究过程的规范性和科学性的同时，由于篇幅有限，本书重点关注构念、数据与文献之间的结合，而在具体数据处理过程方面不予赘述。结合本书研究主题，从知识视角探索跨界创业团队的交互记忆系统及其对团队创造力的作用，通过多案例研究的方式提炼出构念及构念间的内在逻辑关系，并与现有理论研究成果进行对比，从而完善本书的案例研究理论成果。通过反复进行这样的构念、数据与文献间的匹配过程构建本书的研究模型，从而在理论与实际之间建立联系，为后续研究提供支撑。

第三节 分析结果

在这一部分，本书在前文理论回顾与案例资料分析的基础上对本书研究的核心构念做出界定并对其维度进行划分，通过案例分析进行相应描述，见表3-3。通过结合理论与实际数据，对本书所提炼构念之间的内在逻辑关系进行描述，将其作为本书研究模型构建的基础。

一 基于理论回顾和案例的核心构念界定

（一）交互记忆系统

团队的有效工作需要对成员们的知识进行复杂、有效的管理，使其检索、共享和配置能够无缝进行，这一过程需要一个有效系统的支持，即交互记忆系统（He 和 Hu，2021）。交互记忆系统是一种在群体、团队中的专门化认知劳动分工所产生的社会认知结构，涉及成员对不同领域的任务相关知识的编码、储存和检索，使团队成员之间形成对彼此所具备的知识的有效认知，从而形成充分获取和利用不同领域知识的合作性分工系统（Lewis，2003；Lewis 和 Herndon，2011）。由于涉及成员间的互动和交流，交互记忆系统常被描述为交互性的，并被认为能够提升信息和知识得获取、检索和利用的效率，促进团队内更专业化、更实用的集体知识的产生（Bachrach 和 Mullins，2019）。对于团队来说，交互记忆系统的作用就是其成员基于交互过程形成对彼此的了解，从而使团队在面临不同的任务时能够通过更加有效的知识记忆和利用的分工来提升工作效率和减轻工作负担（Wegner，1986；Peltokorpi 和 Hasu，2016）。交互记忆系统是一项核心的团队过程，团队凭借交互记忆系统能够实现对于成员认知资源的有效管理，从而影响团队的行为与产出（Chen 等，2020）。因此，在团队层面，成熟的创业团队交互记忆系统常常作为团队层面的认知机制分布在团队内部，将团队的成员联系在一起，为团队内多样化知识储备的提升、维护、协调和利用做出贡献（Dai 等，2016）。已有研究显示，交互记忆系统内部通常涉及多个领域的专业知识，根据 Lewis（2004）与 Spraggon 和 Bodolica（2017）的研究，具备分布式专长的团队成员之间更容易形成交互记忆系统，而分布式知识、知识分工与知识相关活动的协调则能够影响团队的集体绩效。跨界创业团队所面临的正是这样的情况，跨界创业的业务涉及不同行业领域的知识的综合利用，在这样的团队中，原领域知识的掌握者与新领域知识的掌握者在共同完成工作任务的过程中通过互动建立起彼此之间的信任和了解。当从事集体任务的个体之间建立起相互依赖和彼此了解的关系时，交互记忆系统也就在团队中形成并开始发展（Martin 和 Bachrach，2018）。而在创业的过程中，交互记忆系统的存在使一个成员在需要其他成员所擅长领域的专业知识时，倾向于将其他成员作为外部记忆支持并向那些成员请教这些信息，而避免浪费时间自行搜索和学习这些知识，既减少了知识重叠、提高了团队总体的信息储备量，又实现了更高的效率（Whelan 和 Teigland，2013；Peltokorpi 和 Hood，2019）。事实上，对于组织来说，选择掌握不同经验、技能和知识的成员组建团队并共同完成一项任务的形式越发常见，在工作的过程中成员之间会逐渐建立起一套交互记忆系统来协调他们所具备的多样化知识，而企业的跨界创业活动常常也是如此（Zhang 和 Guo，2019）。但是在此过程中团队的知识多样性可能是一把"双刃剑"，即多样化的异质性知识能够给团队带来更多与任务相关的认知资源，提升团队处理信息方面的动力，刺激团队的学习，但也可能导致成员将自己和他人归入不同群体的社会分类现象，有损团队的凝聚力，提高认知活动复杂性，导致社会交互过程的失调，降低团队的效率。因此，考虑到跨界创业团队的特点，研究其交互记忆系统有利于了解跨界创业过程中不同领域知识的综合利用以及其独特优势是如何实现的，同时也为揭示现实中频繁出现的跨界创业现象的本质提供了新思路。

基于前文对以往研究的梳理，交互记忆系统的维度划分方式多种多样，如 Wegner 等（1991）和 Oshri 等（2007）从两个个体之间记忆回顾方面进行测量。Moreland 和 Myaskovsky（2000）在交互记忆系统的测量中将其与绩效表现联系起来。Lewis（2003）将交互记忆系统划分为专长度、信任度和协调度三个维度，这种维度划分方式应用广泛，能较好地反映交互记忆系统的特点，是一种有效的测量方式（张钢和熊立，2009）。因此，本书在交互记忆系统的维度划分方面借鉴 Lewis（2003）的研究。

根据表 3-3，在案例团队 A、B、C、D 中都体现了交互记忆系统的存在，所述内容也涉及交互记忆系统的不同方面。如 A 团队受访者所谈道的"到底对业务了不了解、了解多少，一起工作一段时间之后就看出来了"和 B 团队受访者所谈道的"把事情交给专业的人负责"，主要与交互记忆系统中的专长度有关。而 B 团队受访者所谈道的"工作中遇到不了解的问题也可以去请教"和 C 团队受访者所谈道的"大家一起工作这么多年了，他们的水平我心里还是有底的"反映了交互记忆系统中的信任度。C 团队受访者所谈道的"业务方面已经有固定流程了，按着流程做工作基本上都能顺利完成"和 D 团队受访者所谈道的"现在做得还不错，从设计、制造到安装，整个业务链条运转得很好"，则涉及交互记忆系统的协调度方面。

表 3-3　　　　　　　　　案例团队的核心构念描述

团队		A 团队	B 团队	C 团队	D 团队
构念的代表性描述	交互记忆系统	"到底对业务了不了解、了解多少，一起工作一段时间之后就看出来了" "既然去问对方，肯定是因为相信他明白这个问题，不然还不如自己上网去查" "有的时候需要磨合，毕竟木质素材料方面的技术这么新，谁也不敢说自己就是对的"	"把事情交给专业的人负责" "工作中遇到不了解的问题也可以去请教，但如果是比较重要的地方还是会慎重考虑以防万一" "每个人都有各自的任务，毕竟现在这块业务还需要发展"	"设备设计、制造和维护都有专人负责" "大家一起工作这么多年了，他们的水平我心里还是有底的" "我们部门在污水处理业务方面已经有固定流程了，按着流程做工作基本上都能顺利完成"	"想要做好幕墙业务可不太容易，虽然做门窗行业积攒了一些经验，但是光靠我们原来的人还不行，又请了专家才敢做这行的" "大家都是老手了，互相也了解" "现在做得还不错，从设计、制造到安装，整个业务链条运转得很好"

续表

团队		A 团队	B 团队	C 团队	D 团队
构念的代表性描述	知识共享	"开发新技术就是需要相互讨论，除了平常开会之外，我们还经常私下研究怎么把这项技术做得更好""我们建了个微信群，大家会在群里转发自己看到的新技术、新政策的文章，也会在里面随时讨论最新的进展"	"智能家居这行需要时刻关注最新的信息技术，我们鼓励大家看到新的技术出现的时候相互分享和讨论""有专门的休息室，大家在休息的时候有什么想法了可以在里面讨论"	"经常会开例会或者研讨会，安排接下来的任务或者听大家汇报工作进度""部门里的很多信息基本上都是共享的，有什么问题大家也可以一起商量"	"一般业务来了之后会组织会议讨论应该怎么做才能做得更好""主要是由师傅带徒弟，有经验的带没经验的，手把手地教学得扎实"
	知识整合	"我们每次做实验之后，都会把实验记录整理好，方便进一步研究""越做研究，我们对木质素材料了解就越多，也越来越明白该怎么用它"	"设计新产品需要多方面合作，除了具备基本功能，还要能融入智能体系""对用户需求和技术了解越来越多，我们有时候发现我们现在的有些产品还不太成熟，然后就开始琢磨怎么改进"	"有专门的资料室保存一些学习资料，新人来了之后可以直接从里面学习一些标准流程""我们做污水处理的技术和经验也是靠咨询专家和在做的时候一点一点积累起来的"	"幕墙业务接得越来越多，我们也越来越了解这行的规矩，熟悉之后就好做多了""我们承接的项目里，做得效果特别好的我们会留档做成样板，组织培训的时候当作教材"
	团队创造力	"我们的木质素材料还是比较先进的，其中应用的一些技术甚至在国际和国内处于先进水平。"	"现在多数智能家居产品都是围绕 Z-Wave 协议开发的，我们的新产品研发也是这样"	"我们的污水处理设备做得很好，在其中也有一些自主知识产权"	"幕墙业务尤其是幕墙设计是需要艺术感的，为了追求更好，我们都会参与其中"

续表

团队		A 团队	B 团队	C 团队	D 团队
构念的代表性描述	团队创造力	"在工作中，我们经常会有新点子，这些点子给我们带来了很多帮助"	"我们开发了很多类智能安防产品，基本上能涵盖一个家庭所需"	"我们掌握和改造污水处理系统技术花了好几年时间，终于有了收获"	"每个项目都是大家共同努力的成果，有几个项目做得特别出彩，甚至可以拿来当样板"
	环境动态性	"国家最近几年特别重视环保，我们加工秸秆也是为了响应国家号召""现在的消费者特别重视装修材料是不是无污染，木质素材料不含甲醛，正符合他们的需要"	"之所以要做这一行，是因为看到智能家居热潮，觉得有利可图""现在信息技术日新月异，我们在做研发的时候还得关注先进技术，不然就会落后，落后就要挨打"	"国内的同行太多、竞争太大了，光靠做阀门，路可能会越走越窄""现在国内环保行业发展很快，毕竟谁都想要一个好的环境，污水处理市场还有很大空间"	"国内生产门窗的企业太多，原材料价格还在上涨，想要发展就得换个思路""现在什么都跟节能环保挂钩，简单的玻璃、铝板、石板的幕墙早晚会过时，还是不能放弃学习新技术"

（二）知识共享

知识常被描述为创新的源泉，是企业成功的基础，是使企业与众不同的资源，但是仅仅拥有知识资源却不能为企业带来竞争优势或维持长期的成功，而有效的知识管理能够将企业的知识资源转化为新想法，是企业进行创新创造活动的动力（Markovic 等，2020；Feng 等，2022；Forliano 等，2022）。因此，需要对企业的知识进行妥善的管理，确保其最大限度地发挥作用。知识共享使组织能够通过个体的学习提升能力，也使个体能在彼此共享经验和知识的过程中学习提升，是知识管理中的重要部分，也是企业竞争优势的重要前提（Matsuo 和 Aihara，2022）。但学者们对知识共享的定义尚未达成统一意见（Nielsen 和 Cappelen，2014）。如 Yi（2009）将工作中的知识共享描述为以实现组织目标为目的，将一名员工的工作相关知识与另一名员工分享的一组行为。De Vries 等（2006）与 Wang 和 Noe（2010）则将知识共享描述为在个体或群体员工之间交流或传播显性或隐性的数据、想法、经验或技术的行为。Mustika 等（2022）认为，知识共享行为是知识管理的重要组成部分，指的是团队中成员所采取的使他们能够提供或从其他成员处接受知识、经验、资源等的一种行为，其前提是成员间的互惠互利或外部利益，当成员们认为知识共享能够改善他们的工作时，这种行为可能会稳定发生。而且，相同背景主体的知识储备之间更为相似，其知识共享和整合与不同背景主体相比更为容易（Markovic 等，2020）。相反，由于不同学科和领域的知识之间存在无形的边界，在涉及多领域知识的多元化组织中，知识的转移和共享等会面临阻碍，因此如何实现有效的知识共享机制也是相关研究想要解决的问题（Matsuo 和 Aihara，2022）。借鉴他们的成果，本书研究中的知识共享主要关注的是团队成员之间知识的交流和传递。在跨界创业团队中，团队成员所掌握的知识涵盖不同的专业领域，在相互交流和分享知识的过程中可能存在一定的障碍，有必要关注知识共享过程是如何实现的。

根据表 3-3，在案例团队 A、B、C、D 中都体现了知识共享过程的存在。如 A 团队"我们建了个微信群，大家会在群里转发自己看到的新技术、新政策的文章"，B 团队"智能家居这行需要时刻关注最新的信息技术，我们鼓励大家看到新的技术出现的时候相互分享"，C 团队"部门里的很多信息基本上都是共享的"，D 团队"主要是由师傅带徒弟，有经验的带没经验的，手把手地教学得扎实"等。在案例团队中，通过各种正式和非正式的途径，团队成员之间实现了隐性和显性知识的共享，这为团队成员们共同实现跨界创业目标奠定了基础。

（三）知识整合

创业离不开知识，而知识存在于组织的团队和个体中，多样化的知识基础能够为组织带来益处。学者们认为，擅长不同领域的专家组成团队的知识专业化有利于创业活动，但仅仅拥有知识还不够，还需要对这些知识进行整合以用于创业（Kollmann 等，2020）。学者们对知识整合有不同的定义，这一概念最初是由 Grant（1996）提出的，他认为知识整合是组织成员所掌握的专业化知识的组合过程。Zahra 等（1999）也对知识整合做出了界定，他们认为新知识通常是碎片化的、模糊的，知识整合就是将获取的新知识与原有技术、想法和知识进行整合，从而将这些新知识转化到企业的文化、系统和运营中。Bao 和 Wang（2022）观察了主体间知识要素传递和整合的过程，他们将主体视作节点，观察信息流对其的输入和输出，发现节点整合和输出信息流的过程是以创造性知识成分转化连接为基础的，而且在此过程中，节点的知识空白也通过获取到的新知识得到填补。且有学者认为，在当前以高度竞争为特征的商业环境下，企业通过员工引入外部知识，并在内部整合的创新方式有利于企业创新活动（Markovic 等，2020）。企业通过不断获取和吸收外部知识，并将之与其原有的内部知识相结合，来进行产品、技术等方面的创新，在此过程中既实现了新知识的学习，也有助于问题的解决，同时为其知识库的扩张、核心竞争力的形成以及对市场做出快速反应的能力做出贡献（葛宝山和赵丽仪，2022）。而且，企业的跨界不仅涉及从外部领域获取和利用新知识，也涵盖将本领域知识应用于新的领域，而通过团队跨领域获取、吸收异质性知识，并与原有知识深度融合，有利于提升知识储备和认知水平（荣帅等，2018；陶小龙等，2018）。根据上述研究以及 Zollo 和 Winter（2002）与 Enberg（2012）等的研究成果，在本书的研究中，知识整合主要关注跨界创业团队内知识的重构、编码和转化过程。虽然较高水平的知识整合可能有助于发现新颖的知识重组机会并带来创新和竞争优势，但由于隐性知识等复杂的、特异性的、经验性的信息和知识的存在，整合知识并非易事（Parente 等，2022）。而且，已有研究表明，虽然异质专业化能够创造知识，但是在团队中组合多个学科却未必能带来想要的结果（Canonico 等，2017）。正如 Dougherty（1992）指出，不同领域的专家可能在建立有效合作中面临问题，因为知识差异性为他们理解彼此造成了沟通障碍。因此，有必要探究在涵盖不同领域知识的跨界创业团队中，知识整合是如何实现的。

根据表3-3，在案例团队A、B、C、D中都体现了知识整合的存在。如A团队"我们每次做实验之后，都会把实验记录整理好，方便进一步研究"，B团队"设计新产品需要多方面合作，除了具备基本功能，还要能融入智能体系"，C团队"我们做污水处理的技术和经验也是靠咨询专家和在做的时候一点一点积累起来的"，D团队"幕墙业务接得越来越多，我们也越来越了解这行的规矩，熟悉之后就好做多了"，等等。在这些团队中，不同来源和领域的知识形成了团队的知识储备，而知识整合使团队得以将知识储备转化为对工作有所帮助的知识，为团队完成任务和完善知识储备做出了贡献。

（四）团队创造力

在实现组织目标、促进组织成长、助力组织成功等方面，团队起到重要的作用（Muskat等，2022）。代表产品、服务、流程等方面新颖有用想法的创造力成为商业成功的基本条件，更是企业在快速变化的环境中维持竞争力的关键要素（Aissa等，2022）。目前，越来越多的组织依赖团队创造力来为他们带来新的想法（Lorenzen和Frederiksen，2005；Miron-Spektor等，2012）。对于团队创造力的内涵，一些学者认为对团队创造力的界定不能忽视团队的社会属性和整体属性，即团队创造力是团队成员互动的群体产物（赵卓嘉，2009）。如Barlow（2000）认为，团队创造力是团队全体成员思考方式和角度的"顿悟式转换"。Montag等（2012）将团队创造力定义为，那些能够在复杂的社会或商业环境中产生新颖有用的想法的各种团队行为。Ali等（2019）则认为，团队创造力反映了通过团队成员间的合作以及知识和信息的交流来创造新想法的过程，个体之间的互动、协调和共同努力在其中起到了重要作用。通过改变原有的、过时的思维模式和行为方式，建立新的信念和惯例，组织和团队可以摆脱路径依赖，变得更加灵活，从更广阔的视角评估市场、寻找机会，并产生创造性的想法（Lyu 等，2022）。而且，拥有不同领域专家的团队通常比知识重叠的个体组成的团队更具创造力，在环境日益复杂的当下，团队层面的工作常需要结合多个领域专家的共同努力来确保多样化、高质量的知识储备，通过成员间的信任和协调将他们分散的知识和经验用于团队的创造性突破（Aissa 等，2022）。基于上述研究，本书中的团队创造力所关注的也是团队成员通过共同努力所产生的有关产品、服务、流程、技术等方面的想法。对于跨界创业团队来说，团队创造力能够衡量其是否有潜力成功和有效进行跨界过程，团队创造力越高，也就越有潜力。

根据表 3-3，可以发现案例团队 A、B、C、D 在团队创造力方面的表现。如 A 团队"我们的木质素材料还是比较先进的，其中应用的一些技术甚至在国际和国内处于先进水平"，B 团队"现在多数智能家居产品都是围绕 Z-Wave 协议开发的，我们的新产品研发也是这样"，C 团队"我们的污水处理设备做得很好，在其中也有一些自主知识产权"，D 团队的工作过程中"设计是需要艺术感的，为了追求更好，我们都会参与其中"，等等。在这些团队中，团队创造力表现在多个方面，既存在于新产品、新技术的开发过程中，也体现在实际的任务完成过程中。

（五）环境动态性

在当前新兴经济中，环境常表现出高度动态的特征，这种动态的环境常具备技术快速发展、市场波动和制度变化的特征，如何做出应对关乎企业能否生存发展（马鸿佳等，2020；Forliano 等，2022）。具体来说，由于企业所面对的环境往往是难以预料又在控制之外的，这种不确定性会影响管理者对未来可能发生的事情的推断，还会影响他们对企业发展的掌控，这种环境的动态性是其所面对的环境的重要特征，也是影响企业发展的重要因素（Lumpkin 和 Dess，2001）。在创业研究中，界定创业环境是探索环境对创业活动的影响的关键步骤（Dess 等，1997）。目前，对于创业环境，学者们给出了各自的定义，一些学者认为创业环境涵盖企业的内外部环境

（Duncan，1972；Aldrich 和 Pfeffer，1976），而另一些学者则主要考虑企业的外部环境特征（Nwachukwu 和 Tsalikis，1991；Tang，2008；赵观兵等，2010；Adomako，2016）。本书中的创业环境主要考虑外部环境，如蔡莉等（2007）将创业环境定义为，涵盖企业创立全程所涉及的影响企业的外部因素以及这些因素所构成的有机整体。在转型经济背景下，中国的市场环境和制度环境都在不断地完善和调整（单标安，2013）。但在此过程中，变化的速度、方向和程度都难以确定，创业环境面临巨大的不确定性（阮丽旸等，2017）。因此，随着创业研究逐渐发展，环境的重要性受到越来越多学者的关注，有学者认为成功的跨界创业需要适应所处的环境（王侃和孙会中，2021）。环境动态性所体现的就是企业所面临的市场需求、竞争对手、技术水平等客观的外部环境的持续变化及企业对其感知，这种动态的、不确定的环境变化使企业需要灵活应对（彭花等，2022）。根据 Dess 和 Beard（1984）的研究，环境动态性既涵盖时间上的不确定、不可预测性，也涉及内容上的宽泛和快速性。Jaworski 和 Kohli（1993）认为，环境动态性所考虑的是外部环境的变化，表现为技术不可预测、顾客偏好变化、需求波动、进入壁垒降低等方面。环境的快速变化和不确定性为企业预测市场和技术未来的变化趋势带来困难，同时也使其面临现有知识缺口。在此情况下，高水平的知识管理能力能够为企业带来更多收益，所以为了确保其创新创造活动顺利进行并获取可持续的竞争优势，企业需要从外部获取知识资源并进行高效的知识管理（Feng 等，2022）。基于上述研究，本书中的环境动态性所关注的是创业环境在速度、方向和程度上不确定和难以预测的变化状态。对于跨界创业团队来说，环境动态性既可能是其进行跨界创业的外因之一，也在不断地影响其创业的整个过程。

根据表 3-3，案例团队 A、B、C、D 的跨界创业受到其所处创业环境的影响。如 A 团队"国家最近几年特别重视环保，我们加工秸秆也是为了响应国家号召"，B 团队"现在信息技术日新月异，我们在做研发的时候还得关注先进技术，不然就会落后"，C 团队"现在国内环保行业发展很快，毕竟谁都想要一个好的环境，污水处理市场还有很大空间"，D团队"现在什么都跟节能环保挂钩，简单的玻璃、铝板、石板的幕墙早晚会过时，还是不能放弃学习新技术"，等等。创业环境的不断变化给这些团队带来了巨大的影响，对这些团队来说，无论是维持日常运转还是确定未来发展方向，都要慎重考虑自身所处的环境条件。

二 基于案例研究的模型构建

（一）交互记忆系统对知识共享和知识整合的影响

从已有研究看，交互记忆系统对团队的知识共享（Yoo，2010；Chen等，2013；Simeonova，2018）和知识整合产生积极的影响（Dai等，2016；宋春华等，2016；Heavey和Simsek，2017）。从团队层面看，团队成员间的联系、纽带和共识有助于团队集体知识结构的建立，从而为成员间知识的分享和流动提供助力，有助于个体知识的统合（He和Hu，2021）。而从个体层面看，个体是否愿意克服障碍与他人分享知识受到他们之间关系等因素的影响，且对于具备多样性知识的团队，交互记忆系统也能够在无形中起到整合分布式知识资源的作用，并有助于多样化知识的协调、转化和利用，在更大程度上发挥知识多样性这把"双刃剑"的积极作用（Zhang和Guo，2019；Mustika等，2022）。为了探究在跨界创业情境下，交互记忆系统是否仍起到这样的作用，本书对四个跨界创业团队案例中交互记忆系统对知识共享和知识整合的作用进行了分析。

跨界创业过程中涉及不同行业领域的知识，从团队层面看，交互记忆系统能够解释这一知识综合利用过程是如何实现的，即团队成员所掌握的不同领域知识是如何在交互记忆系统的作用下被综合利用于跨界创业过程，并带来独特优势的。如从A团队的跨界创业过程看，木质素建筑装修材料的研发和制造是基于对木质素这种材料的了解而进行的，而这一了解最初来自企业原有的生物质燃料生产过程，即木质素是秸秆加工过程中所产生的副产品。当然，只靠这种理解还不足以将之利用于建筑装修材料的生产，还需要对建材行业有所了解，并掌握相应的知识。正如 A 团队受访者所述："需要磨合，毕竟木质素材料方面的技术这么新，谁也不敢说自己就是对的"，"大家都关注了一些'木屋设计建造''预制建筑网''中国木业联盟'这样的公众号，从里面学些东西，然后分享到群里"。B、C、D 三个案例团队所面临的也是类似的情况，所采用的解决方法也有所相似，如 B 团队"我们专门建立了一个研发基地，与本地高校和科研院所合作，一边学习和引进国外技术，一边研发我们自己的特色产品"。C 团队"我们本来是做阀门的，跟污水处理厂合作几次之后对这行有了一些了解……虽然做的都跟水有关，但我们还是花了好几年时间，投入了大量的人力物力才有了自己的技术"。D 团队"想要做好幕墙业务可不太容易，虽然做门窗行业积攒了一些经验，但是光靠我们原来的人还不行，又请了专家才敢做这行的"。

而将这些不同行业领域知识在团队内进行共享和整合，则是通过团队成员的共同努力实现的。根据表 3-3 和表 3-4，A 团队中成员"到底对业务了不了解、了解多少，一起工作一段时间之后就看出来了""去问对方，肯定是因为相信他明白这个问题"，而当彼此之间形成了解和信任后，"除了平常开会，我们还经常私下研究怎么把这项技术做得更好"，并在共同努力中逐渐加深对相关领域知识的掌握，"有时候为了统一意见都能吵起来，当然了，大家都是好心""越做研究，我们对木质素材料了解就越多，也越来越明白该怎么用它"。B 团队在工作中"把事情交给专业的人负责，毕竟专家比外行的效率高得多"，成员之间"工作中遇到不了解的问题也可以去请教"，使成员们对于工作中"看到新的技术出现的时候相互分享和讨论"，并不断将所拥有的知识进行整合。"设计新产品需要多方面合作，除了具备基本功能，还要能融入智能体系，这个过程很复杂，我们团队也是磨合了一段时间才开始走上正轨的"。在 C 团队中，"设备设计、制造和维护都有专人负责"，成员们对彼此了解，"他们的水平我心里还是有底的",也有基本成型的工作流程,团队内的"合作氛围特别好,讨论的时候,大家都非常积极,有什么想法都愿意主动提出来",也在工作过程中"一点一点积累"起了自己的污水处理技术和经验,"整个流程我们都了如指掌,可能出现的问题都能找到办法解决"。D团队也是如此,团队成员合作多年,如其所述,"大家都是老手了,互相也了解",而且"从设计、制造到安装,整个业务链条运转得很好",这使成员们在面对问题时会通过正式途径"组织会议讨论应该怎么做才能做得更好"和非正式途径"大多数时候碰到问题都可以问同事"来分享知识,同时,在共同工作的过程中也逐渐将知识整合在一起以满足团队的需求,"幕墙业务接得越来越多,我们也越来越了解这行的规矩,熟悉之后就好做多了""时间长了也积累了很多经验,很多复杂问题也都能及时找到解决方案"。从这四个团队的表现看,在跨界创业过程中,交互记忆系统在一定程度上促进了团队内的知识共享和知识整合,即团队成员之间了解彼此的特长、信任彼此,及其在工作之间的协调,使知识在团队内更容易传播和组合,为不同行业领域知识的综合利用创造了条件。

表3-4 案例企业创业团队交互记忆系统与知识共享和整合关系

案例团队	典型语句示例	
	知识共享	知识整合
A	"都想把这个东西做出来,除了平常开会,我们还经常私下研究怎么把这项技术做得更好。" "我们建了个微信群……比如大家都关注了一些'木屋设计建造''预制建筑网''中国木业联盟'这样的公众号,从里面学些东西,然后分享到群里。"	"需要磨合,毕竟木质素材料方面的技术这么新,谁也不敢说自己就是对的,有时候为了统一意见都能吵起来,当然了,大家都是好心。" "成果肯定不是一个人做出来的,这项技术这么复杂,团队里每个人都有贡献,是大家通力合作出来的。"

续表

案例团队	典型语句示例	
	知识共享	知识整合
B	"把事情交给专业的人负责,毕竟专家比外行的效率高得多……工作中遇到不了解的问题也可以去请教。""想要搞好研发,团队合作很重要……我们鼓励大家看到新的技术出现的时候相互分享和讨论。"	"设计新产品需要多方面合作,除了具备基本功能,还要能融入智能体系,这个过程很复杂,我们团队也是磨合了一段时间才开始走上正轨的。""每个人都有各自的任务……毕竟任务完成得不好,就容易拖累研发进度。"
C	"我们部门在污水处理业务方面已经有固定流程了……而且,我们内部经常会开例会或者研讨会。""我们团队的合作氛围特别好,讨论的时候,大家都非常积极,有什么想法都愿意主动提出来。"	"设备设计、制造和维护都有专人负责……整个流程我们都了如指掌,可能出现的问题都能找到办法解决。""大家一起工作这么多年了……技术和经验也是靠咨询专家和在做的时候一点一点积累的。"
D	"我们这边还是挺民主的,一般业务来了之后会组织会议讨论应该怎么做才能做得更好。""现在已经形成了一套比较稳定的模式,主要是由师傅带徒弟,有经验的带没经验的。"	"从设计、制造到安装,整个业务链条运转得很好,而且,幕墙业务接得越来越多,我们也越来越了解这行的规矩,熟悉之后就好做多了。""大多数时候碰到问题都可以问同事……时间长了也积累了很多经验,很多复杂问题也都能及时找到解决方案。"

(二) 交互记忆系统对团队创造力的影响

有学者探究了交互记忆系统(Gino 等,2010;Huang 和 Hsieh,2017;王端旭和薛会娟,2013)、知识共享(Carmeli 和 Paulus,2014;Gu 等,2016)和知识整合(Tiwana 和 McLean,2005;Leung 和 Wang,2015)对团队创造力的影响。结合现有文献,为了探究交互记忆系统对跨界创业团队创造力造成了怎样的影响,以及知识共享和知识整合在其中起到的作用,本书对四个跨界创业团队的案例进行了分析。

通过对案例团队的访谈，我们发现交互记忆系统通过知识对团队的创造力产生了影响。在四个团队中，虽然并非每个团队的成果都已经成功转化并带来经济效益，但从其当前状况看，各团队的创造力已经有所体现。根据表3-3和表3-5，在A团队中，团队成员在"一起工作"和不断"磨合"中，逐渐形成了"相互讨论"和"在群里转发自己看到的新技术、新政策的文章"的习惯，也对"木质素材料了解就越多"，这样的集体智慧使他们在工作中经常产生新点子，这些点子给他们带来了很多帮助，也为他们带来了相应的成果，正如他们所述："我们的木质素材料还是比较先进的，其中应用的一些技术甚至在国际和国内处于先进水平。"对于B团队，其成员"各有所长"，"工作中遇到不了解的问题也可以去请教，但如果是比较重要的地方还是会慎重考虑以防万一"，使团队内部能够"相互分享和讨论"新出现的技术和行业信息，并逐渐"对用户需求和技术了解越来越多"。虽然受限于行业发展水平和当前通用的通信协议，其智能安防产品并未能为其带来可观的收益，但B团队已经"开发了很多类智能安防产品，基本上能涵盖一个家庭所需"，并仍在"琢磨怎么改进"他们的未成熟产品。C团队成员共事多年，对彼此的能力有所了解和信任，"大家一起工作这么多年了，他们的水平我心里还是有底的，合作起来也比较默契"，并在"业务方面已经有固定流程了，按着流程做工作基本上都能顺利完成"，这使他们内部"很多信息基本上都是共享的，有什么问题大家也可以一起商量"，并逐渐积累起"做污水处理的技术和经验"，而这些知识则成为他们"掌握和改造污水处理系统技术"的基础。对于D团队来说，虽然涉足幕墙业务之初在"做门窗行业积攒了一些经验，但是光靠我们原来的人还不行，又请了专家才敢做这行的"，但随着团队成员之间彼此了解加深，和对幕墙的生产、设计和安装过程逐渐熟悉，"开始的时候也磨合了一段时间，后来就渐入佳境了"，团队成员在"业务来了之后会组织会议讨论"并"越来越了解这行的规矩",从而通过集体努力承接并完成了一些项目,且其中"有几个项目做得特别出彩,甚至可以拿来当样板","也开始有余力再进一步了"。从四个跨界创业团队的表现看,成员之间彼此了解、信任和协调给团队带来了创造力,帮助团队在研发、设计、生产等方面实现了改进和创新,而这一过程中也体现出了知识的作用,团队成员之间知识的碰撞和融合为其创新成果的产生奠定了知识基础,即跨界创业团队的交互记忆系统对其团队创造力产生影响,而这一影响是通过团队内的知识共享和知识整合实现的。

表3-5 案例企业创业团队交互记忆系统与团队创造力的关系

案例团队	典型语句示例
A	"虽然每个人都有自己的任务,但我们还是鼓励大家集思广益的,俗话说三个臭皮匠能顶一个诸葛亮,在工作中,我们经常会有新点子,这些点子给我们带来了很多帮助" "一个人的力量是有限的,想要把木质素材料做好可不是一件容易的事,终归还是要靠整个团队一起努力"
B	"把事情交给专业的人负责,毕竟专家比外行的效率高得多,就像我们的产品,不引进精通信息技术、自动化的人才,就没办法做到智能化" "物联网技术还不成熟,想要做出成绩很不容易,我们大家一起熬了不知道多少夜、争论了不知道多少次,才搞出了一些成果……开发了很多类智能安防产品,基本上能涵盖一个家庭所需"
C	"大家一起工作这么多年了,他们的水平我心里还是有底的,合作起来也比较默契。开始的时候对这行了解不多,为了尽快熟悉业务,我们经常会开例会或者研讨会……掌握和改造污水处理系统技术花了好几年时间,终于有了收获" "时间久了,我们部门在污水处理业务方面已经有固定流程了……学习新技术和搞研发方面也比以前顺利多了"
D	"光靠我们原来的人还不行,又请了专家才敢做这行的,开始的时候也磨合了一段时间,后来就渐入佳境了……有几个项目做得特别出彩" "现在做得还不错,从设计、制造到安装,整个业务链条运转得很好……也开始有余力再进一步了,所以我们打算跟上环保和智能化这波潮流,做一些更先进的产品出来"

（三）环境动态性对跨界创业的影响

中国企业所面临的环境往往是高度动态的，这使企业需要高度关注知识管理以应对环境变化（彭花等，2022）。知识是竞争优势的来源，面对动态环境，组织需要关注知识管理，才能凭借独特的专业知识介入激烈的竞争（Mustika等，2022）。虽然很多研究关注了创业环境对创业企业的影响，但鲜有研究涉及环境因素在交互记忆系统的作用过程中所产生的影响。为了探究跨界创业情境中环境动态性是如何发挥作用的，本书对四个跨界创业团队案例中环境动态性的作用进行了分析。

在转型经济背景下，环境的影响是不可小觑的。访谈过程中，受访者的反馈内容里普遍涉及外界环境所造成的影响，这些影响既包括促使他们所在的企业进行跨界创业的因素，也涉及对他们跨界创业过程产生影响的因素。根据表3-3和表3-6，A团队的跨界创业是在国家开始推行装配式建筑、室内空气质量标准等相关政策以及消费者对室内环境健康越来越重视的情况下开始的，如其所述："国家最近几年特别重视环保，我们加工秸秆也是为了响应国家号召，趁着现在政策利好，越快做出成果来越好。""现在的消费者特别重视装修材料是不是无污染，木质素材料不含甲醛，正符合他们的需要。"这方面需求的不断增长导致越来越多的企业投身装配式建筑、绿色建筑领域，为创业团队带来了更大的压力，"全世界都要做环保材料，再不抓紧做就来不及了。大家都知道事情紧迫，也都特别努力，经常加班，都想着尽早把产品做好"，促使团队成员之间进行更深入的交流与合作。B团队所处的智能家居行业正处于热潮，他们正是因此才涉足这一领域，"之所以要做这一行是因为看到智能家居热潮，觉得有利可图"，但是"现在信息技术日新月异，我们在做研发的时候还得关注先进技术，不然就会落后，落后就要挨打""业内竞争这么激烈，要是不尽快掌握新技术、开发新产品，我们就要被同行落在后边了"。竞争加剧、技术进步与消费者需求升级的压力促使团队成员不断合作改进和研发新产品，"5G时代要到了，智能化技术肯定也要大跨步发展，所以我们都在认真学习和研究，争取能成功赶上5G这班车"。C团队则是在原行业竞争压力——"国内的同行太多、竞争太大了,光靠做阀门可能会越走越窄",以及看到了国家对环保事业越发重视和环保行业的广阔前景——"现在国内环保行业发展很快……污水处理市场还有很大空间"两方面因素的共同推动下进入了污水处理行业。为了尽快掌握相关技术并进行应用,团队内经常通过"开例会或者研讨会",以及咨询专家等方式寻求问题解决方案。D团队也是如此,由于当时国内门窗生产企业竞争激烈、原材料与人力成本上升等问题的出现,迫使他们进入了对于他们来说门槛相对不高的幕墙行业发展,但仅仅"靠我们原来的人还不行,又请了专家才敢做这行",为了顺利发展幕墙业务,他们只能通过"师傅带徒弟,有经验的带没经验的",以及边做业务边积攒经验的方式进行知识积累。除此之外,国民对环保方面的重视水平日渐提升,也促使他们积极做出应对,"现在什么都跟节能环保挂钩……我们打算跟上环保和智能化这波潮流,做一些更先进的产品出来,还专门安排了人手学习新技术,做这方面的研发"。从案例团队的表现中可以看出,在中国转型经济背景下,竞争、政策、需求、技术等一系列条件的快速变化对企业造成了影响,使他们不得不通过对产品、服务与技术等进行改进和研发来维持生存,并寻求进一步的发展。这就给跨界创业团队带来了压力,迫使他们充分利用其交互记忆系统来追求更有效的知识共享和整合,从而为其研发、生产等活动提供支持。即环境动态性影响了跨界创业团队的交互记忆系统与知识共享、知识整合之间的关系。

表3-6　　　　　环境动态性对案例企业创业团队的影响

案例团队	典型语句示例
A	"国家最近几年特别重视环保,我们加工秸秆也是为了响应国家号召,趁着现在政策利好,越快做出成果来越好" "现在的消费者特别重视装修材料是不是无污染……全世界都要做环保材料,再不抓紧做就来不及了。大家都知道事情紧迫,也都特别努力,经常加班,都想着尽早把产品做好"

续表

案例团队	典型语句示例
B	"现在信息技术日新月异,我们在做研发的时候还得关注先进技术,不然就会落后,落后就要挨打。而且业内竞争这么激烈,要是不尽快掌握新技术、开发新产品,我们就要被同行落在后边了" "5G时代要到了,智能化技术肯定也要大跨步发展,所以我们都在认真学习和研究,争取能成功赶上5G这班车"
C	"国内的同行太多、竞争太大了……技术还不成熟,所以我们在做业务的同时也一直没放弃学习新技术,还经常请专家来指导,大家的学习劲头也很足" "现在国内环保行业发展很快……我们想要趁着这个机会在污水处理行业站稳脚跟,所以一直督促员工们尽快熟悉和强化这方面的知识"
D	"现在什么都跟节能环保挂钩……我们打算跟上环保和智能化这波潮流,做一些更先进的产品出来,还专门安排了人手学习新技术,做这方面的研发" "现在做幕墙的企业也越来越多,想要取胜就只能靠提高效率……熟手还好说,来新人的时候就主要是由师傅带徒弟,有经验的带没经验的"

(四) 研究模型

遵循多案例研究的"复制逻辑",在对四个案例团队资料进行分析后可以发现,跨界创业团队的交互记忆系统、知识共享、知识整合与团队创造力之间存在内在联系,而环境动态性对这一关系有所影响。

具体来说,根据本书的案例分析,在跨界创业团队中,团队成员对彼此的了解、信任与工作中的相互协调使他们能更好地彼此分享知识,并使他们的知识更好地整合在一起,进而使团队拥有更强的创新和创造能力。目前中国处于转型经济时期,在频繁变动的环境中,为了降低外界压力带来的影响,创业团队需要充分利用其交互记忆系统来更有效地学习和创造知识,从而不断开发新的技术和产品满足企业生存和发展的需求。即跨界创业团队的交互记忆系统能够影响团队内的知识共享和知识整合,进而作用于团队创造力,而环境动态性对交互记忆系统与知识共享和知识整合之间的关系起到调节作用。在此基础上，形成了本书的研究模型，如图 3-1 所示。

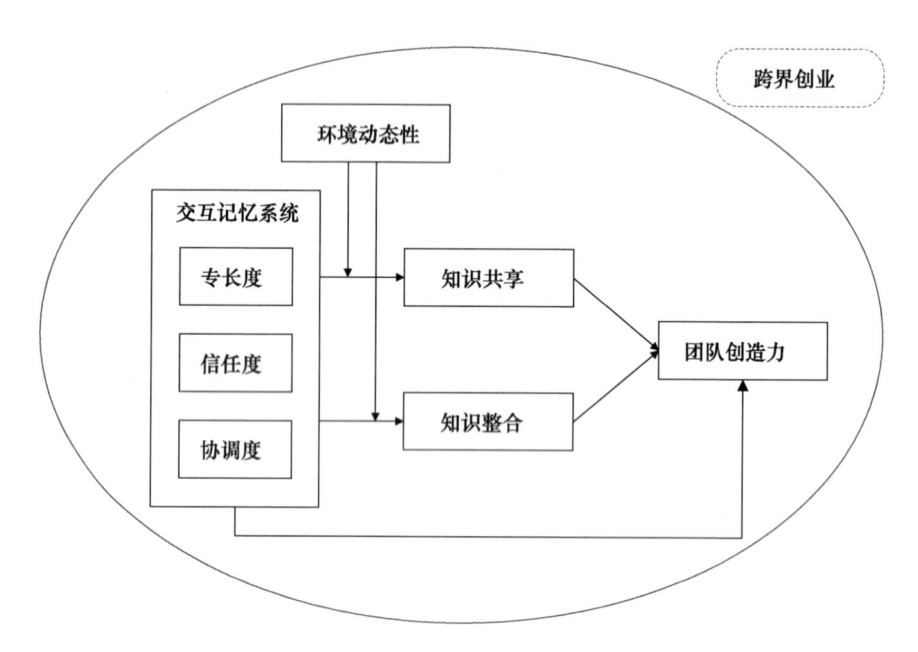

图 3-1　交互记忆系统、知识共享和整合与跨界创业团队创造力关系模型

第四节　本章小结

本章主要是提出了本书的研究问题，通过多案例研究的方法对此问题进行初步探索。基于本书的研究目的，选择了北京、上海、珠海和长春的四个跨界创业团队作为研究对象。为了保障研究科学合理，在回顾案例研究方法之后，明确了所要采用的数据收集方法以及案例分析方法。在对所收集资料的分析过程中，本书遵循案例研究范式以保障信度和效度，并遵循"复制逻辑"进行多案例研究，

从而得到研究结果。在此过程中，本书通过对案例资料的分析以及对相关理论的回顾，对研究中涉及的交互记忆系统、知识共享、知识整合、团队创造力和环境动态性这五个构念进行界定，并在此基础上探究了构念之间的关系。基于此，本书构建了相应的研究模型，为后续的研究假设提出和实证分析奠定了基础。

第 四 章

研究假设的提出

在这一章，本书将以上一章所构建的研究模型为基础，对本书所关注的各变量间作用进行讨论，从而针对跨界创业团队的创造力受其交互记忆系统的影响，以及知识共享和整合在这一关系中发挥的作用和环境动态性对此关系的作用进行分析，并得出对应的假设。本章将梳理交互记忆系统三个维度分别对跨界创业团队创造力之间的作用、交互记忆系统三个维度分别对知识共享与整合的作用、知识共享和整合分别对团队创造力的作用、知识共享与整合分别在交互记忆系统三个维度与团队创造力间关系中发挥的中介作用，以及环境动态性分别对交互记忆系统三个维度与知识共享和整合间关系所起到的调节作用。本章旨在通过理论推导探究交互记忆系统对跨界创业团队的创造力产生影响的机理。

第一节 交互记忆系统与团队创造力

"威胁—僵化"效应表明，受到环境方面因素威胁的企业在信息处理中常常会产生受限或控制集中等方面问题，这可能导致企业由于过度僵化而无法充分寻求问题解决方法（Staw 等，1981）。而采取相对开放的方式来从不同领域寻求出路则可能收获更加有效的解决思路。而且，基于同质性原则，人们在交流中倾向于被具备相同特征、态度、背景的其他个体吸引，但是这种同质性主导下的交流会限制人们的社交，影响他们所接收的信息、态度和他们经历的互动（Mcpherson 等，2001）。基于此，将不同领域专家和专业知识聚合在一起的跨界创业可能更有利于个体认知水平的提升和团队的发展。这可能也是转型经济背景下，国内很多企业进行跨界创业以打破瓶颈谋求发展的原因。

在任务和决策问题日益复杂的当下，团队协作有利于拓展组织应对动态挑战所需的知识资源库，因此，组织更倾向于利用团队而非个人努力来完成复杂任务。他们寻求改变或创造新市场机会以获取利益的过程的核心可以视为处理知识和学习的过程，而这一过程的成功与否不仅取决于他们是否能够采取有效的管理措施，还取决于他们能否克服市场和行业的壁垒（Tiberius 等，2021）。在此过程中，除了需要充分关注其现在的竞争结构和拥有的知识之外，更要充分关注外部知识并提升创造力以寻求创新和突破。但由于对分布式知识难以充分进行共享和整合，团队往往难以对自身的知识资源进行最大化利用（Mell 等，2014）。交互记忆系统为了完成集体任务而在团队成员彼此依赖并协调的基础上，进行差异化知识的编码、储存、检索、传播等。相关研究显示，交互记忆系统可以解释成员个体间的交流和学习对整体创新活动具有积极作用的机理（Lewis 和 Herndon，2011）。而且，Wegner（1986）关注了交互记忆系统通过促进交流使团队内个体掌握的差异化知识相互组合，从而为团队产出具有创造性的集体成果做出贡献。但交互记忆系统在学者们的研究中所扮演的角色并非千篇一律。在越完善的交互记忆系统的作用下，团队的成员间就越容易建立起对彼此专长的了解，他们的分工合作也越发协调，这有利于团队更全面地把握整个团队的知识，从而有利于团队完成任务。但对于成员之间的交互结构、知识结构、团队氛围等有所不同的团队来说，其交互记忆系统的作用则未必相同（曲刚等，2020）。如一些研究认为，团队成员可能会为了协调彼此的行为、良好的表现或是追求认可，而采取去人格化过程，即刻意提供和分享一些重复的知识或与其他成员观点相契合的知识，从而确保自身与多数成员立场相一致，这种从众的心理不利于创新想法的产生，会降低团队的效率（Lewis，2003；Peltokorpi 和 Manka，2008；栾琨和谢小云，2014）。除此之外，也有学者表示发达的交互记忆系统反而可能给团队中的成员带来超过实际能力的自信，这种自信可能给他们的创新活动或决策过程带来负面影响，或在创造活动中引导他们创造出不能满足外部需求的成果（Kozlowski 和 Bell，2003）。

总的来说，多数学者还是在研究中肯定了交互记忆系统对团队发展及其创造力等方面的积极影响。如 Aissa 等（2022）认为，使用交互记忆系统作为管理知识的工具，可能为团队成员提供更多与任务相关的知识作为团队创造力的源泉。而且，对于团队来说，当其具备发达的交互记忆系统，识别和获取团队所需知识和信息的成员就更容易获取面对任务风险和不确定性等情况所需的信心和柔性，从而使他们在创新创造活动中表现出更高水平的自我效能感，和更强的创造力（Fan 等，2016）。张学艳等（2020）则表示，当团队成员个体所掌握的知识难以满足任务对知识逐渐提高的需求时，创业团队为了完成任务就需要凭借交互记忆系统把掌握不同领域专业知识的成员联系在一起，实现他们之间的知识互补，为他们分配各自专长方向的知识劳动，并建立起可以为团队成员所用的丰富知识储备。团队中的个体能够在交互记忆系统的作用下建立起与其他背景、生活经历天差地别的成员间的联系，这种机制的作用对团队的内部沟通和创造力能够起到促进作用（Mell 等，2014；Dau，2016）。此外，团队的交互记忆系统的顺利运行还依赖于其内部个体间的相互学习，这一过程是通过彼此观察、交流和协调实现的（Liao 等，2012）。如 Heavey 和 Simsek（2017）将交互记忆系统对个体间非冗余知识的交流过程描述为创造性摩擦和反思框架，认为该过程能够为新知识和创意的产生做出贡献。薛会娟（2014）、Huang 和 Hsieh

(2017)等也认为,成熟度较高的交互记忆系统能够帮助团队成员了解彼此的特长,使他们在面对不熟悉的信息时,可以更容易地找到对应的专家求助,从而更积极有效地参与团队的创新创造活动。在这种情况下,交互记忆系统的作用表现为团队中个体在工作中跨界获取不熟悉的领域的知识提供帮助,从而助力团队创造更多有意义的新想法。除此之外,发达的交互记忆系统也能够帮助团队更有效率地检索信息,并使与完成任务有关的关键信息能更精准有效地分配到对应领域的成员处,这能够最大限度避免这些知识的遗忘,同时,这种专业知识在团队内不连续、不重叠的分布有利于团队知识的储备,这也为其创造力的提升做出贡献(Lee等,2014;Bachrach等,2017)。

交互记忆系统涉及专业知识及其协调两部分,前者储存在团队成员的头脑中,而后者则要依赖成员间的交互,通过这种机制,工作任务能够匹配到擅长的成员手上,成员也能够了解对于特定问题,哪位团队成员更加在行,这无疑能够为解决工作中的问题做出贡献(Argote 和 Guo,2016)。对于团队来说,这种"谁知道什么"的认识是在任务中预先配置成员能力以解决问题的关键,能够助力创新创造活动。团队在这方面的任务,正需要将个体的知识创造性地组合,来作为解决问题和创新成果产出的基础(Shin等,2012)。由于成员们专精的领域有所不同,在团队中找到创新创造活动所需的各领域知识、专业技能、思路和观点的可能性也就更大,这对于驱动团队完成创造方面的认知活动有所裨益(Hülsheger等,2009)。作为整体的团队在交互记忆系统的作用下能够更好地把握内部成员们的特长,这使团队在创造性地整合个体知识的过程中能够更加得心应手,而且当成员们各自专精不同领域时,专精带来的效率提升使他们更容易掌握更多知识,这无疑能够为团队创造新想法、新思路和找到新的问题解决方案提供支持,使团队整体的创造力有所提升(Gino等,2010;Ren 和 Argote,2011)。综上所述,专长度作为衡量团队中个体对任务所需的各领域知识在团队内归属认识水平的指标，其水平关乎任务完成过程中对其他成员所掌握知识的依赖的作用效果（Zhong 等，2012；Heavey 和 Simsek，2017）。而且，团队内的知识专业化能够起到降低个体认知负荷的作用，并建立起跨领域的知识储备，这种多样化的知识、技术之间的结合能够帮助团队创造新颖的想法（Aissa 等，2022）。但 Peltokorpi 和 Manka（2008）却发现，当团队过度关注内部知识的专门化而忽视成员间各领域知识的互补时，可能形成"知识孤岛"并阻碍团队的创造活动。当然，也有学者的观点相对折中，如 Peltokorpi 和 Hasu（2014）认为在团队的创新方面，交互记忆系统可能起到先扬后抑的作用，即知识专门化较弱的团队可能需要凭借完善交互记忆系统来帮助团队进行创新，而当团队内的知识过度分化时，团队的创新创造活动却可能受到阻碍，影响其有效成果的产出，在这种情况下，可能不高不低的专长度对团队来说更加有益。对于本书关注的跨界创业团队来说，为了将跨界过程所涉及的多领域知识充分利用来寻求优势叠加，有必要提升成员们对各自特长的了解，从而确保团队的认知劳动分工顺利进行，为创造力的提升做出贡献。但过度的专长度也可能产生负面作用，使成员们难以在工作中充分交流和相互理解，这无疑会阻碍团队对个体知识的统合和应用。

  成员们多样化的知识无疑为团队创新创造活动做出了重要贡献，但这尚不足以充分满足这些任务的需求，除此之外还要能够充分协调成员，在他们之间建立起对彼此业务能力的信任，从而使团队的创造力能够在成员共同努力下有所提升（Zhu，2009）。考虑到团队所面临的任务存在一定的复杂性和模糊性，只有相互信任的团队成员才能够在共同工作和交流中充分组合各自知识以用于任务，从而降低潜在的不确定性和检索成本，使创新活动顺利进行（Fan 等，2016）。而且，对于团队成员来说，知识源的可信度能够体现从中获取的知识的价值、质量和有用性，彼此间的信任也能提升成员们的开放性和互动性，这能够促进他们作为积极的参与者共同参与创新创造活动，为创造力提供认知资源（Aissa 等，2022）。因此，当团队成员之间联系密切并能够对彼此和整个团队予以信任时，团队内部交流更加充分，也更容易形成较为统一且有效的团队认知（曲刚等，2020）。较高的信任度也能够激励团队成员更多地依赖彼此并进行合作，从而发挥出更多的能力（Lyndon，2022）。Mostert（2007）与 Ren 和 Argote（2011）也认为，当成员们能够信任各自的专长时，他们将对对方的能力感到欣赏，并不吝将自己的大胆创意充分表达，这有利于提升团队整体的创造力水平。在本书关注的跨界创业团队方面，交互记忆系统的信任度水平的提升也表现为成员对彼此贡献的不同领域知识和能力的信任，这能够降低他们之间跨领域交流和合作的阻碍，为创意的诞生奠定基础。

交互记忆系统还具有协调团队个体间知识的作用，在较高水平的协调下，团队中的个体能够更精准地被划分任务并从事自己擅长的特定领域，这有利于他们在共同完成任务的过程中实现优势互补，并使他们的交流合作效率更高、认知负担更低，从而使新想法、新思路的创造过程中的投入更有效率（Pulles 等，2017；张鸿萍和赵惠，2017）。在打破了沟通和合作的阻碍后，运转良好的交互记忆系统能够有效地把团队内多样化的知识转化，使其为团队任务做出贡献（Zhang 和 Guo，2019）。Bolinger 等（2009）则表示，高度协调有助于团队在整合知识的过程中顺利推进，这有利于成员共同努力下新想法和新创意的形成，能够体现为团队创造力的提升。在王端旭和薛会娟（2013）的研究中，交互记忆系统也有利于成员们相互协作和互动，并以促进他们交流和探讨的方式为创造力提升做出贡献。而且，团队也需要通过认知和行为上的内部协调来促进成员间的相互理解并减少冲突，以实现成员间知识的互补和观点的协同，从而减少创造活动的阻碍并提高创造过程的效率（Aissa 等，2022）。相反，当团队成员不能在合作中将他们的集体努力充分协调，其对于知识的利用反而可能带来负面的影响（Reagans 等，2016）。对于跨界创业的团队，其整体工作效率同样受益于成员间的协调，这种协调的工作方式从整体上看能够为多领域知识的消化和吸收提供条件，进而促进有价值的创意的产生。基于前述分析，本书做出下列假设。

H1a：交互记忆系统的专长度与跨界创业团队创造力之间存在倒"U"形关系。

H1b：交互记忆系统的信任度积极影响跨界创业团队创造力。

H1c：交互记忆系统的协调度积极影响跨界创业团队创造力。

第二节 交互记忆系统与知识共享

Sparrow 等（2011）强调，人们一直在寻求不通过完全记忆和掌握就能对自身需要的知识进行充分利用的途径，他们在针对记忆系统所进行的研究中观察到，与完全掌握所有所需知识和信息相比，人们更倾向于掌握能够在有需要时及时获取相关信息的手段和途径。在这种情况下，知识共享就在个体和掌握其所需知识的其他个体之间相互联系并积极沟通的基础上形成（Kwahk 和 Park，2018）。但是团队内单纯的知识共享并非只有益处，反而可能会为成员们带来较大的认知负担和时间成本，而且由于知识能够为个体带来竞争优势，使个体在团队工作中有动机隐藏自己的知识以维持优势，这种个体利益的动机可能会削减其沟通欲望，并致使团队内能够获取到的知识的价值变低，交互记忆系统的作用就是解决这些问题（Bachrach 和 Mullins，2019；Zhang 和 Guo，2019）。

学者们认同交互记忆系统在知识管理方面所表现出的内在本质，将其核心职能划定为对多领域知识进行的充分整合和利用，充当成员知识的储存库，以及作为知识网络为任务所需信息的检索服务等（Akgün 等，2005；Argote 和 Ren，2012；Argote 和 Guo，2016）。团队能够依赖此机制及时对所处环境变化与所需完成任务的要求做出应对，通过建立成员间的相互了解、快速检索团队成员专长、帮助成员获取彼此任务所需知识等，完成其认知劳动的合作性分工，从而对知识进行充分的共享、整合与利用，为团队效率做出贡献（王学东等，2011）。因此，对交互记忆系统的研究中往往也关注知识管理的相关要素。考虑到交互记忆系统常常作为学习机制被关注（Argote 和 Miron-Spektor，2011），且有研究表明，团队学习反映了团队利用交互记忆系统使团队中所嵌入的集体知识在成员之间转移，通过交互记忆系统的编码、储存和检索过程，知识结构不同、专长不同、所处环境各异的成员之间的知识转移得以进行，从而为团队做出贡献（Oshri 等，2010；Argote 和 Guo，2016）。Tsai 等（2016）同样关注了知识共享在交互记忆系统为团队做出贡献的过程中所发挥的作用。

通常，个体在工作中受到不安全感、不信任感等因素的影响，更倾向于独立工作而不是与他人合作或分享知识（Razmerita 等，2016）。而且，相比之下个体更愿意向他们比较熟悉或共同专业领域的人分享知识，当个体面对不熟悉的对象、担心受到批评或跨越知识边界时，他们的知识共享意愿可能受到阻碍（Matsuo 和 Aihara，2022）。相反，当成员对其所在团队有所认同时，他们会更愿意与其他成员合作完成任务，也更容易接受其他成员的不同知识，并有助于减少团队内由于学科背景、专长领域、工作经历等不同导致的认知差异、信息处理方式差异等引发的矛盾，从而促进团队内知识的有效流动（曲刚等，2020）。可以说，知识共享中必要的环节是找到那些充分掌握并愿意向外贡献所需知识的个体，凭借交互记忆系统在促进知识处理方面的作用，能够为组织和团队高效识别内部零散分布的有用知识提供帮助（Choi 等，2010）。且考虑到其对于团队中个体的作用，还能够为团队建立内部知识目录提供助力，并能够提升个体在知识分析方面的意愿，缓解潜在的知识源化和冲突等问题，使团队运行中的无意义浪费有所减少（Obayi 等，2017）。如交互记忆系统能够为个体提供元记忆，使其掌握团队中可能有用的知识或技能等的相关信息，如位置、相关人员等（Akgün 等，2005；Cao 和 Ali，2018），这使团队内的个体能够找到求助的目标，为团队内的充分知识共享奠定基础。而且，这种机制也能够有效地激励成员间的沟通，常作为促进知识共享和辅助员工日常工作的手段（Shi 和 Weber，2018）。通过交互记忆系统，团队成员也更容易获取完成任务所需的知识资源并加以利用（Chiang 等，2014）。可以说，在这一机制下形成的共享记忆为团队成员间相互沟通以及知识传播扩散提供了条件，这能够最大化团队中人力资源的效率，并将个体在工作中所需承担的认知压力减轻，对于其整体的创新创造活动十分关键（Cabeza-Pullés 等，2018）。相反，如果成员间未能形成高水平的交互记忆系统，团队成员的目标未能与团队目标相一致，而是更注重于自身目标的实现，他们可能不会倾向于积极参与协作和充分分享自身所具备的专业知识（Majchrzak，2014）。

交互记忆系统常被用于降低组织和团队知识管理中的困难，如通过建立专业知识目录来使成员专注于自己的专长领域，从而减轻成员的认知负荷，或通过专业知识目录的不断更新和完善促进成员们的专业知识在组织或团队内的快速传播（王馨悦等，2020）。而且，由于团队中个体在专长和知识结构等方面的差异，在团队多元化的知识储备和需求等方面，成员们往往只需要着重关注与自己最相关的领域（Dai 等，2016），使他们在共同工作中更加依赖彼此。此时，团队内个体知识专门化程度的提升，同样会使其在进行共享、转移知识等过程中的重要性有所提升（Zhang 等，2007）。这就更需要团队建立起了解个体所掌握知识领域的共同意识，使需要支持的成员能够充分明晰其他个体的特长并及时确定自身应该求助的对象；反过来，对知识提供方来说，对团队成员知识缺口的了解也有助于他们确定自身需要伸出援手的时机和提供帮助的方式（Argote 和 Ren，2012），这能够帮助成员在分工合作中对知识共享的时机和方式做出精准判断（Wang 等，2018）。与自己费时费力寻找答案相比，向他人求助更加容易，且交互记忆系统能够帮助团队中的个体了解"谁知道什么"，因此被很多学者当成促进交互式和非正式知识共享的机制，这无疑使成员更倾向于在共同工作的过程中通过求助队内专家寻找问题解决方案（Davison等，2013；陈晓刚等，2014）。考虑到该系统需要在团队中建立起有关其内部知识的共同意识，使整个团队能够作为知识库为个体完成任务的过程服务，这就体现了其在促进成员为完成任务贡献知识方面的作用（Kanawattanachai和Yoo，2007；Simeonova，2017）。考虑到本书关注的跨界创业相关知识涵盖多个领域，且单个个体的知识储备通常难以满足该过程对知识的需求，因此有必要发挥交互记忆系统的作用帮助个体找到求助对象，从而助力其间的知识共享。

信任度所关注的是团队成员之间对彼此知识、技能等方面是否信任及是否愿意开展相关活动，在彼此信任的基础上，成员们能够接受对方的建议并愿意进行分享（Zhong等，2012）。而且团队内个体间关系的发展是建立在充分互动的基础上的，通过他们之间的互动，个体会分享自己的知识（Hsu等，2012）。而且，知识共享并非简单地提供知识和接受知识，知识的接受方需要对其来源的可信度、声誉等方面做出评估以确定这次知识获取是否有意义，而知识提供方贡献知识的意愿也是建立在信任的基础上的（Ko等，2005；王端旭和薛会娟，2011）。在这种情况下，成员们的求助会更多面向对应领域能够信任的专家，而对感觉不可信的知识来源不加关注（Huang等，2013；Chen等，2014）。从这一点看，信任对知识共享是有影响的，即个体能够信任彼此提供的知识时，这种信任成为促进团队内个体建立进一步联系和相互在对方需求知识时提供支持的基础，而当团队成员能够相互信任时，他们之间更容易坦率地交流和分享自己的宝贵经验和重要信息（Balkundi和Harrison，2006；Zhong等，2012；Hsu和Chang，2014）。相反，当信任因素出现问题，个体共享知识的意愿降低时，就容易导致知识隐藏、知识扣留等行为（Matsuo和Aihara，2022）。且如果团队成员间的信任不能对等，可能有损彼此之间的分享行为，使具备更多信息的优势方倾向于隐藏知识，选择不共享、少共享或是共享虚假信息，导致知识共享的效率降低（Graebner，2009）。而在需要综合发挥多领域知识的跨界创业情境中，成员们在自己的专长领域都是信息优势方，出现严重的信任不对称的情况会对知识共享的效率产生更多负面作用。因此，在本书关注的跨界创业团队中，个体之间的相互信任为他们之间进一步相互沟通提供了条件，使他们在工作中发现不了解的问题时，能够找到可以信赖的专家进行咨询，这为他们的知识共享提供了动力。

协调度所关注的是团队为了充分将成员的知识和行为融入团队目标和任务完成过程中，而基于个人特长进行的工作分配（Rico 等，2008）。自我归类理论的观点表明，人们倾向于与想法相近的个体交流（Eric 和 Terri，2000）。而团队成员间在个人特质、知识结构等方面的差异会削弱他们之间的感知相似性和认知共性，这不利于团队内的知识共享（Yu 等，2013）。此时，在他们之间充分协调有助于成员间在术语、价值观等方面共同理解的建立，这能够削弱个体间的认知偏差，并降低知识共享所面临的障碍（Nahapiet 和 Ghoshal，1998；王端旭和薛会娟，2011；Li 和 Huang，2013）。而且，对于团队来说，交互记忆系统根据互补知识所进行的分工能够促进知识的溢出，为团队成员之间在知识和技术方面的交流共享提供帮助（曲刚等，2022）。当团队能够通过社会认知和技术路线等机制有效地进行协调时，协调能力的提升使问题能够更有效地分配到对应的个体手中，也会使成员不健康的竞争动机有所削弱，令他们倾向于积极贡献自己的专业知识，这有利于任务及时有效地完成（Zhang 和 Guo，2019）。相反，如果在团队频繁的互动中加深了成员间的冲突和摩擦，交互记忆系统可能会产生有损于创造性表现的作用，这就需要团队充分鼓励成员们将知识分享出来并相互学习提升，而不是进行知识隐藏。因此，对于跨界创业来说，当团队能够充分协调其成员的分工合作时，所涉及的各领域知识间的边界造成的交流困难减弱，成员间得以进行更有效、更充分的知识共享来助力任务完成。本书从这些分析出发得到以下假设。

H2a：交互记忆系统的专长度积极影响跨界创业团队知识共享。

H2b：交互记忆系统的信任度积极影响跨界创业团队知识共享。

H2c：交互记忆系统的协调度积极影响跨界创业团队知识共享。

第三节　交互记忆系统与知识整合

在面对不同领域的知识时，团队成员倾向于结合其他成员的专长来学习和利用自己的知识，跨越既定的专业、技术、认知等边界进行不同知识流的整合能够创造新的产品和服务，但多样化知识的整合对于企业和团队来说也并非易事，擅长不同领域的专家们在共同工作中可能面临沟通受阻、资源竞争、过度关注自己专业领域等问题所带来的冲突。这种紧张关系可能源于不同知识领域之间对于信息处理、工作方式等认知和理解的模式的区别，即在这种情况下个体进行多领域知识整合，特别是利用新知识进行创新活动的过程中可能缺少必要的共同基础（Majchrzak 等，2011；Tang，2016；Pershina 等，2019；Zhang 和 Guo，2019）。因此，本书所关注的跨界创业团队的知识整合，有必要关注交互记忆系统所发挥的作用，并探究该系统对跨界创业活动的重要作用。

相比有形资源，作为无形资源的知识的管理活动比较复杂，它们零散分布在内部个体及相关任务和惯例等中，对这些知识进行充分管理需要借助交互记忆系统的作用（Yuan 等，2010）。交互记忆系统这一机制主要面向的是团队通过成员间的合作和互助来将个体的零散记忆进行扩展，相关研究常将注意力放在其作为群体认知的机制方面的有效性上，如探究其如何将个体的知识和专业技能等进行整合（Liao 等，2015；Jin 等，2015）。而对于具备掌握不同领域知识和技能的成员的跨界创业团队来说，对其内部成员专长的充分利用能够有利于其创造力的提升并助力其成果的产出，但此过程所必需的知识管理的效率却通常不高，因此团队需要完善其交互记忆系统并充分发挥该系统在促进分工合作和有效知识管理方面的积极作用（Chatterjee，2016）。有研究认同发达的交互记忆系统对团队在促进整合或重新配置知识方面所发挥的作用比不发达的交互记忆系统更大（Argote 和 Ren，2012；宋春华等，2016）。究其原因，该系统能够为个体提供帮助，支持其充分获取内部知识，这能够为团队内的知识共享和整合服务，从而助力新知识的创造（Smith 等，2005；Cao 和 Ali，2018）。而且学者们的研究也认同了交互记忆系统在利用团队知识储备助力成员共同进行知识整合方面的作用（Heavey 和 Simsek，2017；Dai 等，2017）。虽然此系统有这样的积极作用，通过知识的专门化帮助个体专精于其负责的特定领域，使他们的认知负担降低并对队内知识资源优化利用，但团队还是不可避免地要对多领域的差异化知识充分整合，这带来了亟待解决的差异—整合二元困境（Martin 和 Bachrach，2018）。

Argote 和 Ren（2012）发现，个体对"谁知道什么"的了解，有助于团队内部知识资源的重新配置。通常，发达的交互记忆系统能够促进个体所掌握的零散知识之间的相互联系，并能够协调个体在工作过程中的互动，这无疑有利于团队整合内部知识资源并为完成创造有用的知识做出贡献（Hsu 等，2012）。在交互记忆系统构建的过程中，成员们也会逐渐形成对于其他成员擅长领域的了解，从而为成员多样化知识的整合提供条件，而且在交互记忆系统基础上形成的记忆多重存储模型也能够在知识整合过程中发挥作用，使零散的个体知识整合到组织记忆中（潘陆山和孟晓斌，2010；王馨悦等，2020）。且掌握的知识存在互通的个体能够在工作中对对方所提供的知识进行验证，这会导致团队内出现对知识进行相互验证的情况，这并非坏事。如果个体能够通过验证了解彼此所提供的知识是准确并有价值的，团队内部在完成任务的过程中会在更大程度上对个体所给出的被验证过的知识和问题解决思路加以信任和采纳，这无疑能够帮助团队有效整合知识并为解决问题和完成任务提供支持（Wittenbaum 等，1999）。而且知识整合发生于成员找到各自领域间的关联并将其在新知识的创造过程中加以利用之时（Lewis 等，

2005）。Hong 和 Zhang（2017）则探究了交互记忆系统对个体行为意愿的影响，发现该系统的专长度和协调度等方面对于知识整合的贡献更多是凭借引发个人意愿的方式进行的。但交互记忆系统也可能出现故障，导致团队的工作效率不能达到最优（Yan 等，2020）。而当存在专门化程度过高的情况时，将个体的知识联系起来并相互补充可能就会受到影响，这提高了整合知识的难度。如 Lewis 和 Herndon（2011）所述，差异过大的知识在团队中的知识整合可能会面临困境。这种困难可能源于个体对知识在团队成员间分布的认识对其自身任务认知有所影响，而较高的专长度可能使特定的知识或能力仅为个别个体所有，这导致这些知识在个体没有及时提供的情况下可能无法参与知识整合的过程。且如果专长度过高，当团队任务所涉及的专业知识领域较多时，可能出现任务相关知识分散在很多成员处或成员所掌握的专业知识之间共通性较弱、契合度较低的情况，这就需要多名成员密切合作，且每名成员可能要同时接触多领域、多方面知识，既可能加大知识整合的复杂度，也容易导致成员个体认知负荷的提升（曲刚等，2020）。因为跨越知识边界进行整合需要成员们的相互理解，对于从事相同或相近专业领域的个体，他们对于在该领域进行的活动具备共同或相通的理解，他们的思想世界是连贯的，但擅长不同专业领域的个体之间存在认知差距和知识断层，他们的信念、价值观和意义系统有所不同，且专家们所拥有的复杂、模糊的隐性知识往往难以被轻易传递和转化，这使他们在将不同领域知识进行统合时面临很大挑战（Pershina 等，2019）。因此，对于本书关注的跨界创业团队，由于其中个体擅长领域往往各异，对于知识或技能等方面专门化的过度追求，可能会形成更复杂的知识边界或造成更大的个别领域知识无法充分发挥作用的风险，不利于整体知识的整合。

资源约束下的团队具有更强的整合知识方面的需求，这一过程的顺利完成有赖于通过交互记忆系统这一机制在管理有价值的稀缺知识和资源等方面的作用，通过在个体间建立信任和协调关系，团队得以充分规划其知识资源和任务分配等，以实现在资源限制之下的发展（Hood 等，2016）。团队中的个体间的相互认知和评价可能受到他们自身固有性格、价值观等方面的作用，但他们对彼此的信任和可靠性的认知以及成员之间的协调能够促进团队内不同领域知识的互补，带来更深层次的经验和认识，从而改善知识整合的过程（Zhang 等，2020）。基于对其他个体知识和技能的信任，成员将有意愿吸收对方提供的知识，从而实现对自身知识储备的扩充，这一过程的顺利进行有利于优化他们在面对问题时的表现。这使团队有动力引导成员进行知识整合行为，Okhuysen 和 Eisenhardt（2002）表示，作为领导的个体为了保障团队更具创造性，有必要通过质疑其他成员、鼓励辩论以及整合个体观点等直接干预的方式来加强内部知识整合的活力。此外，个体通常能够了解自己所掌握知识的重要性，特别是在涵盖多领域知识的团队中，而在这种情况下向他人贡献自己的知识可能就需要个体间相互信任作为支持的动力，而知识整合的实施更要以此为基础（Fraidin，2004；Mell 等，2014）。对于本书所关注的跨界创业团队，其知识整合也需要建立在个体间在知识和能力方面相互信任的基础上，这种信任使他们不必特地检索对方的观点，有利于知识整合顺利进行。

对于一项团队任务，成员间知识领域和深度的差异所带来的知识边界可能会影响其共同理解的形成，而调和其中的矛盾就需要团队领导的支持或成员们的共同努力（Zhang 和 Guo，2019）。这种跨越不同领域知识之间的边界，学习和整合其他领域知识的活动，为成员带来了高额的认知成本，也是团队协调不同专业背景的成员的专业知识所要面临的主要阻碍（Kwon，2022）。同时，协调度的高低也代表个体间沟通是否顺利，只有通过顺利有效的沟通才能在团队中建立起相互理解，使他人能够发挥外部知识库的作用，为个体提供帮助，实现工作中和谐的共同努力和高效的知识调动（Kwahk 和 Park，2018）。在协调的团队中，个体间也能表现出更顺畅的沟通交流和更一致的努力方向，这使团队整体运行良好，表现为对知识和资源等更有效的管理，以及在共同完成任务或面对挑战的过程中更充分地整合个体差异化知识和技能（Hsu等，2012）。而且，个体间的协调也有利于团队通过无缝的信息处理来整合个体的不同能力（Lyndon，2022）。这一系统机制还能够协调团队个体的知识行为，在不同个体的知识储备之间搭建起联系，从而为团队将个体零散知识充分整合并用于产出新知识打下基础（Lewis和Herndon，2011）。不止于此，史丽萍等（2013）也关注了成员个体间的相互协调在他们共同工作中的作用，认为这种协调的关系能够带动他们相互协作，这助推了团队内知识整合的有效进行。在本书关注的跨界创业团队中，协调的作用与其他情境相似，也能够起到促进个体高效工作和削弱潜在矛盾冲突的作用，这种作用对于其整体的知识整合过程来说应当能起到积极作用。综合前面的讨论，本书提出以下假设。

H3a：交互记忆系统的专长度与跨界创业团队知识整合之间存在倒"U"形关系。

H3b：交互记忆系统的信任度积极影响跨界创业团队知识整合。

H3c：交互记忆系统的协调度积极影响跨界创业团队知识整合。

第四节　知识共享、知识整合与团队创造力

面对动态、不确定的环境，组织往往需要充分利用其员工的智慧，通过激发他们的创意来帮助自身发展，这种情境下的创造力是为组织完善自身技术水平、提高在市场中的地位、占据先动优势等方面的动力，从而帮助组织发展并获取和维持竞争优势（Kessler和Chakrabarti，1996；Perry-Smith和Shalley，2014）。企业的创造性活动所必不可少的知识资源常分布于其内外部单位中，促进其创新的关键在于企业如何将其内外部知识应用于其创造性活动，这一过程成功与否往往高度依赖创业者或创业团队对于独特的关键知识的获

取和充分利用（Eslami 等，2018；张学艳等，2020）。而作为当下组织创业行为常见的关键主体，团队的表现关乎组织能否取得竞争优势。与企业相似，团队创造新想法的潜力也受到成员间能否有效进行知识交流和整合个体想法的影响（Aissa 等，2022）。因此，如何通过对于知识的管理充分激发团队创造力成为组织和学者们的关注点。

对于个体所创造或获取的知识进行识别和配置能够将其转化为组织知识，通过对内外部知识的获取、配置和解释所积累的知识能够用于其新想法的创造，并反映组织的创新能力，因此有必要明晰其分散的内外部知识是如何结合并转化，最终为组织所用的（Oh 和 Kim，2022）。而由于其组成个体各自的特质、专长、价值观等各种因素存在差异，团队将他们的知识转化为创造力的过程就难以避免知识共享与整合的环节。且有学者认为，在团队将多领域的差异化知识和新消息进行获取和聚集这一行为的刺激下，远距离联想和发散思维的机制能够作用于其成员，使他们的创造力被激发出来（Perry-Smith 和 Shalley，2003；Han 等，2014）。从这一点出发，在成员间的差异性，以及跨界创业对充分发挥各领域叠加优势的需求的共同作用下，通过知识共享和整合服务创新创造活动成为团队的重要任务（Dahlin 等，2005；Shin 等，2012）。虽然学者们关注了团队个体相互分享知识以及整合多样化知识的过程及其对整体创造力的影响，但从当前的理论进展来看，这一过程中最本质的机理尚未被清晰地呈现出来（Men 等，2017）。同时，考虑到对于一个正常运行的团队，在完成任务的过程中，由于成员们各有所长且大多数是各司其职的，这种情况下共同努力的个体间难免要进行知识的共享与整合（Argote 和 Miron-Spektor，2011）。这种在知识上的共享和整合无疑能够提高个体在工作中进行决策和应对问题的能力，从而避免可能出现的反复试错所带来的高成本，这提高了团队的工作效率（Li 和 Huang，2013；Tsai 等，2016）。此外，在共同的经验和语言，以及充分沟通交流信息的基础上，个体所掌握的不同的知识和想法能够打破障碍、共同作用于问题的解决，从而呈现出更新的思维模式、更多的新想法、更强的创造性和更高的创新能力（Lyu 等，2022）。

当团队成员认同知识共享能够带来和维护他们之间互惠互利的关系时，可能对他们学习和工作起到帮助作用的知识共享将更受他们的关注，这有利于成员个人和团队专业能力和解决问题能力的提升（Mustika 等，2022）。且对于跨领域的创新创造活动来说，想要将不同领域的知识充分吸收和利用以获得成果，就不能忽视内部成员间知识共享的作用，个体间的知识共享使他们能够互通有无，也能帮助他们加深对完成整体目标的知识需求的理解（Bagherzadeh 等，2020）。而当他们所掌握的知识之间能够形成互通时，其现有的知识储备的利用率也能更高，这有利于其进行创新、研发等活动（王侃等，2021）。基于个体间互动的过程，个体的知识、技能以及他们关于工作的不同看法能够相互碰撞，并更容易摩擦出火花，得到新的创意（Bodla 等，2016）。这是团队在共同工作中必不可少的环节，学者们发现知识共享在帮助个体理解彼此并获取对方所提供的知识和技能等方面发挥积极作用，为个体提供获取彼此创意和想法的机会，使他们能够在必要的情境下发挥自身的创造力来得到自己的新观点和新创意，也为整体的创造力提升奠定基础（Shin 等，2012；Huang 等，2014）。而且，知识共享还能够将交互记忆系统的效果传导出来，成为其影响团队创造力的重要途径（薛会娟，2014）。且知识共享机制除帮助有用知识在队内传播外，也能够削减虚假信息所起到的消极作用，在这种情况下团队的知识储备将更能够为其整体的创造力提升奠定良好基础（耿紫珍等，2012）。本书所关注的跨界创业关乎多领域的知识，如前所述，对于这样的团队中的个体，当其有贡献自身知识的想法时，差异化知识的摩擦可能产出叠加了多领域特色的成果，并为他们充分理解和完成任务提供助力。

为了有新成果产出，团队需要重新搭建其知识体系，而此过程能否顺利实施取决于其能否基于实际情况对所拥有的各类知识进行有效配置和利用，其中可能造成集体知识和能力等方面的变化，还可能导致其结构和惯例发生转变（Camison 和 Villar-López，2014）。协作的团队中有一种机制能够将不同背景的成员的差异化知识重新组合，形成集体知识，进而使成员们能够共同为提升团队表现而努力（Wu 和 Deng，2019）。学者们多认可知识整合在创造知识方面的积极作用，通过整合零散分布的知识，团队中的个体能够识别到更多支持其创造新知识的信息和技能（Cremades 等，2015；李家俊和李晏墅，2017）。同时，个体对于新观点和新知识的关注能够刺激他们创意的产生，而个体创造力的提升又能为团队获取更高水平的创造力提供条件（Jia 等，2014）。经过协作过程中反复的沟通和交流，他们之间的创意和新想法等能够建立起联系，这能够为他们找到各自想法的优势和劣势奠定基础，从而通过共同努力将想法完善，有助于推动问题解决方案的产生（Acharya 等，2022）。本书关注的跨界创业过程中，由于涵盖的差异化知识直接利用成效偏低，只有将这些知识有效整合才能更容易得到更有价值的知识，从而获取更高的创造力水平并产生更多叠加多领域特色的成果。基于此，本书提出以下假设。

H4a：知识共享积极影响跨界创业团队创造力。

H4b：知识整合积极影响跨界创业团队创造力。

第五节　知识共享与知识整合的中介作用

为了获取成功，团队通常需要在成员间建立良好的关系，提升他们的心理安全感，并将不同的知识和信息分享和整合到他们的工作中。在此过程中，成员之间对彼此的了解的程度、合作的深度、共享的经验和知识、沟通的质量、团队的凝聚力等因素都可能影响整个团队的成果（Muskat 等，2022）。而且，组织对于知识的积累和学习是在组织成员创造、获取、分享和积累新知识的基础上实现的，在此过程中，个体间通常通过相互合作或讨价还价等非正式方式来进行知识的创造或转移，个体的认知最终将在很大程度上影响组织（Oh 和 Kim，2022）。事实上，由于个体并非绝对理性的，面对非自身领域的知识，个体往往难以充分认识、理解并进行评价，而在此情况下，如果不能充分协调，过高的认知成本使不同领域的成员在评价知识的过程中难以得出一致结论（Kwon，2022）。通过观察和分析团队中具备不同特长的个体在作为彼此外部知识库方面的作用，很多学者探讨了交互记忆系统在提升团队整体创造力水平上的积极影响（Gino 等，2010；Peltokorpi 和 Hasu，2014，2016；Fan 等，2016）。在学者们关注的团队中，多领域的工作知识的充分流动和利用等过程通常是在某些独特的流程和状态下实现的，交互记忆系统这种机制就是如此，团队通常凭借此机制来助力内部的知识共享和整合，从而保障其内部知识在完成任务的过程中被充分地协调和利用（Anderson 等，2014；Peltokorpi 和 Hasu，2016）。对于创业团队的行为，很多学者从认知角度进行解释，他们认为，交互记忆系统作为团队的集体认知系统能够使团队成员倾向于与其他成员进行沟通交流，从而更精确地获取不同领域的多样化知识并进行处理，从而提升团队处理信息的能力，实现团队内知识的动态整合，为团队的创造性活动做出贡献（叶竹馨和买忆媛，2016）。也有学者认为，交互记忆系统这种认知劳动分工机制能够帮助团队成员对于团队的知识进行编码、储存和检索，这有利于团队创造力的提升（曲刚等，2022）。而且，交互记忆系统还有助于团队内开放式交流氛围的形成，使团队成员能够了解哪些信息有助于他人、应该向哪些成员寻求帮助、愿意对他人询问做出回应、减少互动中的不安全感等，从而提升沟通中的响应性和接受性（Chen 等，2020）。从总体上看，多数学者认可交互记忆系统在知识管理方面发挥作用，从而对团队创造力产生影响（Gino 等，2010；Zheng，2012）。

社会认知理论表明，个体行为常受到其所处的环境的影响，当个体主动进行知识共享时，他们脑内的知识能够向他人传播，这种行为不是自动出现的，而是需要被激励的，社会因素如个体间的信任关系和社会互动等就是知识共享行为的重要驱动力（Nguyen等，2022）。团队中的个体在交互记忆系统的作用下能够更容易地识别到自身所需的知识的位置，并通过与对方的沟通交流帮助自己完善创意或找到应对挑战的方法（Cordery和Soo，2008）。由于团队面临的工作任务或挑战大多并不简单，这通常需要成员们的共同努力而非个体的单打独斗，而这种在协作方面的必要性和需求能够激励他们相互交流讨论，使个体的零散知识为任务服务（Huang和Chen，2018）。而且，个体专长的多样化也为满足任务或挑战在知识方面的需求提供了条件，在交互记忆系统等团队流程的作用下，个体之间知识的交流更加顺利，同时Sung和Choi（2012）也表示，其专长度也有利于团队知识储备的作用发挥，使创造力进一步提升。团队成员知识的专业化能够丰富团队的认知资源库，帮助成员发现自己对知识的需求并加强成员间知识的相互依赖性，这能促进他们之间不同来源和领域的知识的交换、阐述和整合，并推动创造性想法的产生（Aissa等，2022）。除此之外，在该系统的作用下，个体在工作分配中将更多得到自己擅长或是熟悉的特定领域的任务，从而通过这种认知劳动方面的专精降低认知负担，使团队面向问题解决的知识获取和创造更加顺利。而对彼此的信任则推动了个体在协作过程中建立密切的联系，为他们在创新创造活动中分享彼此的知识做出贡献（Ren和Argote，2011；Hsu等，2012）。在信任度较高的团队中，团队成员更容易形成安全感，更愿意与他人讨论问题、接受他人的想法或他人所施加的影响（Lyndon，2022）。而在工作中对于成员的有效协调能够创造鼓励他们分享知识的环境，促进个体间的合作和交流（Perotti等，2022）。相反，当协调失败时，部分个体可能会出于报复或追求个人利益等动机采取知识破坏行为，如提供不正确的知识或隐瞒关键信息，导致组织或团队的运作受到影响。且通过该系统能够为个体带来有效的交流和沟通的渠道，使他们之间得以充分分享并协调各自的知识，从而助力团队的创造活动（Mell 等，2014）。在相对发达的交互记忆系统的作用下，成员们各有所长并更趋向于彼此交流，通过彼此充分共享知识强化认知的契合度，从而使他们在协同合作完成任务的过程中对于问题掌握的一致性得到提升，降低认知冲突对于任务完成效率的负面影响（曲刚等，2020）。且该系统在帮助个体间充分分享知识的同时，也帮助个体建立起对其他领域知识的了解，这为个体站在不同视角思考问题提供帮助，也能够促进整体创造力的提升（王端旭和薛会娟，2011）。在本书关注的跨界创业团队中，个体在协作探索新产品/服务、新技术和解决问题的思路等方面，无法避免交流沟通的环节，这种个体间的沟通也是他们将自身的独特知识贡献于构思新成果的新知识创造中的过程，而知识共享的作用就在其中得以展现。因此，本书提出以下假设。

H5a：知识共享在交互记忆系统的专长度与跨界创业团队创造力之间起到中介作用。

H5b：知识共享在交互记忆系统的信任度与跨界创业团队创造力之间起到中介作用。

H5c：知识共享在交互记忆系统的协调度与跨界创业团队创造力之间起到中介作用。

作为嵌入成员间的知识结构形式，如果团队不能凭借交互记忆系统充分整合其个体的独特知识，可能就无法对这些知识进行有效利用。从这一角度看，团队充分发挥其内部知识的作用的前提是能够将这些知识有效整合。正如 Acharya 等（2022）所述，不同的知识往往位于知识网络的不同位置，通过知识行动者之间的合作克服个体认知的限制进行知识整合，将这些互补的知识结合在一起，能够帮助解决复杂的问题，为创新活动做出贡献。在团队中，各有所长的成员们在各自擅长的领域所具备的知识的差异化使他们成为特定领域的专家，这使团队看好他们在各自领域工作中的能力，并倾向于让他们在合作中更专注于特定领域的任务，但这可能不足以确保任务顺利完成（Peltokorpi 和 Manka，2008；Huang 和 Chen，2018）。有研究显示，将不同领域的知识结合在一起是创造新知识的重要基础，能够为新技术的开发等创造性活动提供机会和做出贡献（Kwon，2022）。而在团队中将个体间差异化的知识进行重组的过程也有条件，如需要凭借交互记忆系统的作用获取对团队内零散分布的知识的了解，并找到新颖有效的方式来支持这些知识的组合（Gino 等，2010）。事实上，个体在共同努力的过程中对其各自知识和技能的整合效果还能够影响团队整体在新成果开发等方面的表现水平（Lewis 等，2005）。这表明，个体共同创造新成果方面的创意的产生，需要有效的知识整合作为支撑。与此相反，团队内专家们的各司其职虽然可能有积极作用，但他们之间知识差异过大等因素为个体共同努力过程所带来的知识边界、认知冲突等问题，却可能造成负面的影响（Gupta 和 Hollingshead，2010；Lewis 和 Herndon，2011）。即当团队内成员所掌握的知识领域差异过多时，具备不同专业背景的成员之间在目标、工作风格等方面的差异所造成的沟通不畅可能使他们难以充分有效地将不同领域的知识整合到一起并为团队任务服务（Wu 和 Deng，2019）。那么，基于上述分析可以发现，在专长度与团队创造力的关系中，知识整合发挥的是中介传导的作用。至于信任度和协调度所发挥的作用，个体间相互对知识和能力的信心以及他们在共同努力过程中的协调能够减少他们在自行检索信息方面的投入以及出现冲突时的损失，从而为团队充分整合知识创造新想法服务（Ren 和 Argote，2011；Fan 等，2016；张鸿萍和赵惠，2017）。Wegner（1987）也关注了交互记忆系统所发挥的作用，认为个体通常会选择通过利用相对高阶的话题来替换那些关联不大的、相对低阶的信息，并在此过程中获取对相应主题的新理解，而知识整合就体现在此过程中。除此之外，整体差异化的知识结构，可以作为多领域相关信息的来源。只有通过有效的知识整合，才能在这些来自不同个体的零散知识中建立起充分联系，成为新创意的基础（Huang 和 Chen，2018）。当团队能够在成员间建立共同目标，并激励他们克服认知偏差，积极参与互动和共同努力时，成员们的专长更能够与组织共同目标结合在一起（Aissa 等，2022）。在本书关注的跨界创业团队中，个体在共同追求新成果时，通常更需要将其各自差异化的知识进行充分组合，才更有可能在创新创造活动中充分发挥各领域的专长，得到具备多领域叠加优势的最终成果。从前述讨论出发，本书提出以下假设。

H5d：知识整合在交互记忆系统的专长度与跨界创业团队创造力之间起到中介作用。

H5e：知识整合在交互记忆系统的信任度与跨界创业团队创造力之间起到中介作用。

H5f：知识整合在交互记忆系统的协调度与跨界创业团队创造力之间起到中介作用。

第六节　环境动态性的调节作用

学者们认为组织所处的环境呈现出技术变革和竞争激烈的态势（Farh 等，2010）。这种动荡可能源自市场需求不确定、行业结构变动及潜在环境冲击等因素（Jansen 等，2005）。这种环境的动荡往往使企业选择将产品的生命周期缩短、开发新产品、使产品持续迭代以满足客户快速变化的需求（葛宝山和赵丽仪，2022）。环境的这种表现加剧了组织的焦虑，决策过程中的信息不足也提高了组织需要面对的风险（Luo 和 Men，2017）。而且，不确定的环境会使企业更容易受到信息不对称带来的负面影响，使其获取信息变得更加困难，这就提高了企业对于获取外部信息能力的需求（王侃和孙会中，2021）。当企业处于高环境动态性的情境中，更需要主动加强对于知识的管理如知识获取、共享、吸收、整合等，以寻求通过不断创新满足市场需求的变化（彭花等，2022）。这种动态环境所带来的挑战能够激励企业进行学习，将外部知识转移到内部并进行组织内知识的流动，如为了创新探索新知识或对已有知识重新解读，且随着不确定性的加剧，企业需要更多地将个体获取和创造的知识配置并转化为组织知识储备以满足应对环境变化所需，这对企业维持自身竞争力十分重要（Oh 和 Kim，2022）。

此外，环境的动态变化可能会导致组织原有知识的贬值，而知识的快速贬值使组织所拥有的知识不断变化，特别是在数字化程度越来越高的当下，知识的半衰期大大缩短，在快速变化的环境中的发展可能会遇到很多未在原有经验中锚定过的情形，而这就对学习和适应方面提出了更高的要求（Wehrle 等，2020）。在这种情况下，组织现有的知识将迅速失效，同时导致其在追求竞争优势的过程中需要更多依赖反复进行的忘却和重新学习的过程（Zhao 等，2013）。具体来说，外部环境的快速变化所造成的市场知识的快速过时使企业原本的知识、流程和范式等难以产生应有的效果，这迫使企业打破部分原有的、不合时宜的惯例来克服僵化、获取新知、自我迭代，从而对市场动荡做出灵活的应对（Lyu 等，2022）。而且，环境的动态性会影响知识管理和创新创造活动的走向，在高动态环境中，顾客偏好快速变化、竞争对手行为难以预测以及技术快速变革迭代也为企业的灵活应对造成困难，且企业原有的知识优势可能减弱或丧失，仅凭借其现有的知识储备和技术架构可能不足以做出应对，此时企业更有动力有效地更新知识，来维持自身知识储备在后续发展中的有效性（Feng 等，2022）。

而且动态的环境也对团队发展提出了要求，使他们在面对自身知识快速过时和难以凭借自身知识储备充分应对外界变化的情况下，要快速对自身知识储备重新配置（Cruz-González 等，2015）。这种压力作用在团队及其中个体认知劳动方面中，使他们没有余裕来处理这些变动，在这种对认知能力的挑战中，需要通过交互记忆系统的作用来使知识管理有效进行，从而通过保障团队内充分的知识共享和整合来助力信息的处理（Kwon 和 Cho，2016）。团队的交互记忆系统等结构与其所处的环境之间契合与否关乎团队能否获得有效的成果，因此团队的交互记忆系统在动态环境中的表现受到学者们的关注，如 Yan 等（2020）表示环境因素对交互记忆系统的运作有很大的影响。Bachrach 和 Mullins（2019）也认为，在面对客户偏好和竞争环境等快速变化的动态市场时，整合和协调不同的专业知识并迅速做出决策是至关重要的，而交互记忆系统有助于团队更快速地做出应对以定位和有针对性地即时利用专业知识来产生创造性的想法和解决方案。且在动态的环境中，团队更容易面临涉及多领域异质知识共同发挥作用才能加以解决的模糊问题（Heyden 等，2013）。那么交互记忆系统的作用就能够在环境动荡变化所带来的知识失效、信息繁杂且模糊的情况下呈现出来，这一机制使团队成员更容易适应与以往不同的任务，从而为帮助整个团队适应环境变化的影响并持续进行更有效的创造性活动做出贡献（Lewis，2003；曲刚等，2020）。

从这一点出发，交互记忆系统在动态环境中所发挥的作用不容忽视。考虑到该系统发达的团队中不同个体所专精的领域有所区别，这使团队的知识储备呈现出多样化、冗余性较低的状态，能够对外界的变化更敏锐（Kraaijenbrink 和 Wijnhoven，2008）。同时，技术和市场等因素的变化加大了团队任务的复杂程度，使他们为了充分应对外界刺激和获取充足信息而不断进行学习，这一学习过程是通过个体间的不断协作实现的（Akgün 等，2005）。同时，这种环境的动态变化还提高了知识储备的更新和优化对于团队的重要性，而这种完善的过程需要充分发挥交互记忆系统的作用，通过该系统发现现有知识体系的缺陷并对认知劳动分工进行协调，从而保障知识共享和整合过程顺利进行，为其基于自身情况更快速地应对环境动荡做出贡献（Dess 和 Origer，1987；Martin 和 Bachrach，2018）。相反，在比较稳定的环境中，知识的复杂程度和不确定性比动态环境更低，这种情况下个体已有的知识更容易满足其任务所需，对于新知识的需求比动态的、新颖的环境更小（Acharya 等，2022）。而考虑到本书所关注的跨界创业团队特点，对于其多领域知识的有效共享和整合的探讨，还应该充分关注中国现实创业环境因素所起到的作用（Dai 等，2017）。

Ren 等（2006）对任务和知识方面的波动性所起到的作用进行了分析，发现团队在动态环境中的表现可能较差，但面对动态环境下较高水平的任务或知识方面的波动所造成的知识失效的风险，个体更倾向于向其他个体求助，这种情况下能够在更大程度上体现交互记忆系统的作用。且在环境动荡导致团队的技术和知识储备迅速贬值的情况下，团队及其成员所面临的压力会迫使他们产生更多分享知识的需求，交互记忆系统在此过程中所发挥的就是促进个体间知识快速流动的作用（Akgün 等，2006；Ren 和 Argote，2011）。胡皓等（2022）认为，当成员之间能够形成对彼此的相互理解、建立共享的认知时，他们之间的知识共享更为顺畅、更有能力抓住商业机会和应对环境动荡，而在环境动态性加剧的刺激下，这种联系可能会进一步加强。此外，环境的压力能够带来一种紧张的氛围，使个体更愿意积极、有效地相互沟通和了解，从而削弱了知识所有者隐藏知识的想法，打破了个体间不愿共享知识的窘境（Lyu 等，2022）。Argote（2015）也认为，交互记忆系统的作用在动态的环境中更加突出。面对环境的动态变化所导致的任务改变，成员可能并不了解他们应当如何应对并及时完成任务，此时就产生了与其他成员沟通并寻求对方的专业建议的需求。而在这种情况下，专长度的作用能够帮助个体了解所需知识的位置，信任度和协调度能够帮助他们更加顺利地得到有效的帮助反馈，这能够使他们在应对环境动荡变化所引起的问题的过程中减少时间和精力的消耗（王端旭和薛会娟，2011；Davison 等，2013；Kwon 和 Cho，2016；Dai 等，2016）。而且，对于在高风险、高压力、时间紧迫条件下工作的团队，特别是涉及多学科、多领域的团队来说，成员间对彼此的熟悉和了解能够帮助他们在面对压力时加强协调，促进团队知识共享和协作，提升他们对集体能力、知识和技能的信心，从而有利于他们完成任务（Muskat 等，2022）。因此，对于本书关注的跨界创业团队，如果处于动态的环境中，交互记忆系统所能发挥的作用应当被充分关注，环境动态变化的压力可能会迫使团队更依赖交互记忆系统，并使其中个体在共同工作的过程中更倾向于相互分享知识，以求找到完成任务的更高效的途径。从这些分析出发，本书提出以下假设。

H6a：环境动态性会增强跨界创业团队交互记忆系统的专长度与知识共享之间的正向关系。

H6b：环境动态性会增强跨界创业团队交互记忆系统的信任度与知识共享之间的正向关系。

H6c：环境动态性会增强跨界创业团队交互记忆系统的协调度与知识共享之间的正向关系。

企业在动态环境中生存和发展需要具备将内外部的专业知识和技能整合，以有针对性地扩张和完善自身知识资源储备的能力，面对动态环境中快速的行业变动和客户需求变化的压力，企业需要通过快速学习和跨界知识管理来做出灵活应对，从而确保其竞争地位（Parente 等，2022）。且由于团队成员各有所长，在共同完成任务的过程中他们可能更专注于探索和解释专注范畴内的信号，而对于其所属团队和组织本身面临的大环境难以整体把握，动荡环境的复杂情境进一步加大了其中难度，而交互记忆系统所发挥的作用就是通过促进他们侧面观点的整合来实现对所处环境整体的把握（Chen 和 Liu，2018）。且在环境变化带来的知识失效的威胁下，组织需要持续开发新的成果来取代即将过时的现有成果，而团队在这种创造性需求的压力下，就有动力加大交互记忆系统在学习和知识创造等方面作用的发挥（Argote 等，2003）。这使面临动态环境的团队更愿意通过充分发挥交互记忆系统的作用保障知识整合的顺利进行（Dai 等，2016）。还有学者认为，知识整合是基于个体的承诺和信念实现的，当面对环境所带来的巨大压力时，个体之间更容易团结起来并相互沟通，从而增强对彼此的了解，也更容易形成共同理解、共同信念和共同愿景，这有助于他们的知识整合（Lyu 等，2022）。而且这种压力转化成的动力还有助于个体间的进一步合作，使交互记忆系统能够在知识整合方面起到更多作用，帮助个体进一步掌握组织中的知识分布，同时也鼓励和协调信任对方特长和能力的个体间的协作，使他们零散的差异化知识得到有效整合，以共同完成任务（Hsu 等，2012；Hood 等，2016）。而且，这种外部压力还能提高团队对新知识和新技术的关注程度，使他们有意愿整合和运用其知识储备来创造新的知识，减少知识过时所带来的伤害（Kessler 和 Chakrabarti，1996；孙彪等，2012）。而且，随着环境越发动荡和新颖，也更需要通过建立起共同的理解和利益取向为多领域知识主体提供跨界合作的平台，来协调他们之间的关系并提升他们处理信息和整合知识的能力，从而促进他们将分散的知识进行整合（Acharya，2022）。但也要考虑到，过度专门化的知识在个体间形成的知识边界可能给团队的知识整合与利用造成不利影响，且知识惯性也使他们在惯性思维的作用下抗拒不熟悉的知识，从而对知识整合过程造成不利影响（Peltokorpi 和 Hasu，2014；周健明等，2014）。且当处于动荡和模糊的环境中时，成员间对于彼此专长的过多了解可能导致团队沟通交流和工作流程的僵化，也可能导致成员倾向于顺从和同质化，团队趋向于群体思维，从而不利于团队知识和经验的多样性，进而降低团队合作的效率，减少创新想法和创造性表现的产生（Muskat 等，2022）。从这一点出发，专长度过高的团队可能并不能将其内部多领域知识及时有效地整合在一起以应对环境变化的挑战。总的来说，在环境动态水平较高的情况下，专长度对知识整合先扬后抑的影响有所强化。所以对于本书关注的跨界创业团队，在动态环境中所承受的压力可能迫使其对自身的交互记忆系统更充分地利用，以求充分整合内部多领域的知识，从而为创意的产生奠定基础。综合前述分析，本书提出以下假设。

H6d：环境动态性会增强跨界创业团队交互记忆系统的专长度与知识整合之间的倒"U"形关系。

H6e：环境动态性会增强跨界创业团队交互记忆系统的信任度与知识整合之间的正向关系。

H6f：环境动态性会增强跨界创业团队交互记忆系统的协调度与知识整合之间的正向关系。

第七节　本章小结

本章旨在从理论上分析跨界创业团队的交互记忆系统对其创造力的影响机理，以及知识管理在其中的作用和环境动态性对上述关系的影响，从前文的研究模型和相关理论成果出发，本书提出了23条理论假设。首先，本章对交互记忆系统与跨界创业团队创造力之间的关系进行了分析。其次，本章关注了交互记忆系统分别对知识共享和整合的影响，以及跨界创业团队的知识共享和整合分别对其团队创造力的作用。此后，本章在上述讨论的基础上关注了知识共享和整合分别在交互记忆系统的三个维度与跨界创业团队创造力的关系中所发挥的中介作用。最后，本章还关注了跨界创业团队所面临的环境动态性因素分别对交互记忆系统的三个维度与知识共享、知识整合间关系所产生的影响。

第五章

实证研究设计

基于案例分析，本书明晰了研究的核心构念，并依据相关理论和案例研究的结果构建了本书的研究模型，提出了本书的研究假设。为了验证本书模型和假设与跨界创业团队的实际表现的匹配性及适用性，本书选择通过大样本问卷调查的方式获取实证研究所需数据来验证本书所提出的假设。而为了进行实证研究，本书需要选择合适的样本并向其发放问卷，并对其进行分析。本章的内容主要是阐述和说明本书实证研究的研究设计，主要包括设计问卷、调研样本选择、变量测量以及通过预调研修正问卷，以形成最终的调查问卷。

第一节　问卷设计

目前，在管理学的定量研究中，问卷调查法是比较普遍的一种收集数据的方法，依据标准化的程序，研究者对研究事项的相关人员发放、回收和整理问卷，并在所获数据基础之上分析和得到研究结果（郑晶晶，2014）。其优点在于容易量化，效率较高，可行性较高，操作性较强，通过设计合理的问卷所获得的样本量足够大的研究数据的质量也能得到保障（陶永明，2011）。为了获得验证本书所提出的假设所需要的数据，本书通过标准化的数据收集程序收取大样本数据。而为了保障所获得数据的真实有效性，并尽量避免数据的缺失和错误，首先要设计合理的问卷，以获得高质量的数据。因此，本书的问卷设计遵循以下原则：第一，必要性，调查问卷中所涉及的问题必须围绕研究主题，以满足研究所需；第二，可能性，问卷中所涉及的问题应为受访者所能回答且自愿真实回答的问题，从而避免所得信息有误；第三，客观性，问卷中的问题表述应当态度客观，避免带有诱导性和主观倾向性的问题对受访者的回答造成诱导；第四，明确性，问卷中的问题内容应当具体、单一，问题的语言表述应当准确、简明，从而避免问题过于抽象、模糊以及多重问题造成的歧义；第五，通俗性，为了确保受访者能够准确理解问题，问卷中问题的表述应当通俗易懂，避免出现专业术语、陌生语言等；第六，便利性，为了进行实证研究，被调研者的回答需要被量化处理，所以调研问卷的设计应当保障后续整理分析工作能够顺利进行（李怀祖，2004；陈晓萍等，2012）。

基于上述问卷设计的原则，本书的问卷设计可分为以下步骤。

第一，确定问卷调查内容。问卷的设计是为了针对所要探究的问题获取相应的大样本数据，并对所获数据进行统计分析，以验证研究问题。基于本书所构建的模型与提出的假设，本书的问卷设计应当围绕跨界创业团队的交互记忆系统、知识共享、知识整合、团队创造力以及环境动态性的相关问题进行。

第二，量表的收集和筛选。量表所反映的是变量的测量情况，因此，调查问卷中的问题设计应当以量表题项的内容为基础，从而保障通过问卷所收集的数据能用于且适用本书研究。本书在对国内外相关研究进行梳理的基础上整理了有关交互记忆系统、知识共享、知识整合、团队创造力和环境动态性的相关实证研究。通过对其中所涉及的量表进行提取和比较，筛选出研究背景和变量内涵相似，且使用频率和被认可度较高的成熟量表作为本书问卷设计的依据。这些成熟量表的信度和效度较高，且在质量上为学者们所认可，在其基础上设计的调查问卷有利于提高所收集数据的质量和实证分析结果的可靠性。

第三，量表的翻译与回译。由于学术论文中涉及的部分专业术语对受访者来说可能难以理解，为了确保问卷通俗易懂，需要将这些术语转化为通俗用语，使受访者更容易理解并避免产生歧义。此外，本书的调查问卷所涉及的量表大多来自国内外的高水平期刊，为了保障内容的准确性，避免因翻译问题带来的歧义，本书的量表翻译和专业术语转化工作由笔者本人以及两名熟悉相关研究且精通英语的博士生同时进行。通过对比三者所翻译的中文量表，对有差异处进行讨论和修正，并进行翻译和回译，以保障中文量表表述通顺、通俗易懂且表达的内容与原文中的意义相符。在统一意见之后，将形成的中文量表交给创业研究领域专家审阅，并根据他们所提出的意见进行调整，从而确保量表题项精确、可靠和有效。

第四，问卷初稿。在量表内容确定后，可以编制本书的调查问卷。本书的调查问卷涵盖三部分内容：一是标题和说明性内容，主要涉及调研者的身份、研究目的、研究内容、填写方式等，并说明本书将用于学术用途以及对受访者隐私的保密性等，以便于受访者了解本书的基本情况；二是相关变量的题项，这是问卷的主体部分，包含受访者对本书所涉的跨界创业团队的交互记忆系统、知识共享、知识整合、团队创造力和环境动态性等变量问题的评价；三是基本情况，涉及受访者、受访者所在团队和企业的基本信息，包括性别、学历、年龄、受教育程度、团队规模、企业规模、业务所属行业、成立年限等方面。在变量题项部分，问卷中采用选择打分的方式，通过Likert 5点记分法进行测量，其中，1分表示"完全不符合"，2分表示"较不符合"，3分表示"一般"，4分表示"比较符合"，5分表示"完全符合"，受访者根据实际情况和感受选择合适的评分。

第五，预调研与修正。为了保障受访者能够充分理解调查问卷内容，笔者联系了一个跨界创业团队，向其成员发放了调查问卷，并在问卷填写过程中与受访团队随时联系，根据所得到的反馈对问卷的表述和结构进行修正，从而确保问卷的质量，并在此基础之上形成最终的正式调查问卷。

第六,正式调研。利用经过预调研后修正的问卷在国内进行数据调研。

第二节 调研样本选择

创业团队能否充分利用各类多样化的知识储备,以关乎其创业过程能否顺利进行以及新创企业能否应对动荡环境中的各种挑战(叶竹馨和买忆媛,2016)。本书关注的核心问题是跨界创业团队的交互记忆系统如何通过团队内部知识管理影响团队的创造力,因此,本书的研究对象应为企业为了进行跨界创业活动而抽调或招募人员组成的创业团队。因此,本书在选取调研对象时应当先确定对方企业是否符合本书对跨界创业团队的界定,当团队所从事的业务与团队成立前企业主营业务属于不同行业领域时,才将其作为进行了跨界创业的企业。当确定对方为跨界创业企业后,才能将其作为备选样本,并向其跨界创业团队发起联系,以征得对方同意。此外,在分析团队层面变量关系时,应调查团队内多个成员,而非仅获取一个成员的问卷信息(林晓敏等,2014)。因此,为了深入探究本书的核心问题,在调研过程中应向团队内多个成员发放问卷,获取多个团队成员所给出的信息以更充分地体现团队的真实情况。

本书的调研地域主要选取北京、上海、珠海、长春和呼和浩特。全国 CPEA 指数显示,北京、上海和珠海分别属于京津冀地区、长三角地区和珠三角地区,是中国创业的高活跃地区(CPEA 指数为 10.43 以上),而长春和呼和浩特则处于中国创业的不活跃地区(CPEA 指数高于 2.5 但不高于 5)。其中,不同地区的创业活跃度情况是根据中华职业家企业家协会(CPEA)所提出的中国创业活动指数来衡量的。在样本所处地域范围的选取方面,考虑到中国不同地区的创业活跃度具有明显差异,为了降低不同地区创业态势差异带来的偏差，使研究样本更具代表性，并综合考虑样本数据的可得性，本书选择从这几个城市选取研究样本。

在调研数据获取方面，本书综合采用多种途径发放和回收调查问卷。首先，通过电话预约的方式征得企业认可，并在对受访企业和受访团队进行实地调研和面对面访谈的过程中，向受访团队成员发放纸质问卷，恳请他们现场填写问卷并回收。其次，笔者的亲人、同学、朋友、导师等在多年的商业活动或学术生涯中与为数众多的企业建立了良好的社会关系，本书通过借助他们的人际关系，以"滚雪球"的方式，与他们的人脉所能拓展到的跨界创业企业和团队取得联系，并在征得对方同意后，以电子邮件、微信、QQ等方式向对方发放电子版调查问卷以收集数据。

第三节 变量测量

一 交互记忆系统的测量

对于交互记忆系统，依据 Lewis（2003）的研究，可以从专长度、信任度和协调度三个维度进行划分，这种方式也是目前相关研究中广泛使用的维度划分方式。对于本书所关注的跨界创业团队来说，由于可能涉及不同行业领域的知识，需要面对知识边界的问题。根据 Kotlarsky 等（2015）的研究，在这种情况下，采用 Lewis（2003）对交互记忆系统的维度划分方式是可行的。故本书中也从这三个维度对交互记忆系统进行测量，对已有研究中的成熟量表简单进行调整和改写，并结合问卷开发过程中的讨论结果、专家建议等确定了测量量表，见表5-1。交互记忆系统的测量量表共包含三个维度、十三个题项。

具体来说，本书中专长度所要测量的是团队成员所具备知识的专门化、区别化以及对彼此专长的了解程度。借鉴 Lewis（2003）、Zhang 等（2007）与林晓敏等（2014）的研究中的测量量表，在本书中采用四个题项来测量专长度。信任度所要测量的是团队成员对彼此所掌握和提供的知识的信赖程度。借鉴 Lewis（2003）、张志学等（2006）和 Kotlarsky 等（2015）研究中的测量量表，在本书中采用四个题项来测量信任度。而协调度所要测量的则是团队能否顺利、有效地在工作中将成员所具备的知识组织起来。借鉴 Lewis（2003）、张志学等（2006）、熊立（2008）和 Kotlarsky 等（2015）的研究成果，在本书中采用五个题项来测量协调度。

表 5-1　　　　　　　　交互记忆系统的测量量表

变量		题项
交互记忆系统	专长度	SP1：每个团队成员都拥有与任务中某些方面有关的专业知识
		SP2：团队成员分别负责提供不同领域的专业知识
		SP3：任务的完成需要团队中几个不同成员的专业知识
		SP4：我知道团队成员各自在哪个领域拥有专业知识
	信任度	CR1：我愿意接受其他成员的建议
		CR2：我相信其他成员所掌握的有关任务的知识是可信的
		CR3：我有信心依赖其他成员在讨论中提出的信息
		CR4：我对其他成员的专业知识很有信心
	协调度	CO1：我们的团队在共同工作时协调良好
		CO2：我们团队对于该做什么很少产生误解
		CO3：我们团队很少需要放弃已经完成的工作并返工
		CO4：我们能够顺利有效地完成任务
		CO5：对于需要如何完成任务，我们很少感到疑惑

资料来源：笔者根据相关研究整理。

二　知识共享的测量

对于团队来说，知识共享是一种交流的活动，是创造和利用知识的基础（李卫东和刘洪，2014）。从前文对知识共享的相关研究的梳理可以看出，不同的学者对知识共享的理解有所不同，有些学者认为知识共享主要涉及知识和信息的分享行为（如 Lee，2001），而在另一些学者的研究中，知识共享还应包括知识的吸收和利用（如 Reinholt 等，2011）。而从本书中知识共享构念的内涵看，更为接近前者，主要考虑的是知识在团队中的交流和传播。因此，在知识共享的测量上也以这方面为主。借鉴 Lee（2001）、Huang（2009）、文鹏和廖建桥（2010）以及耿紫珍等（2012）的研究成果，本书最终确定了知识共享的测量量表，量表共包含五个题项，见表 5-2。

表 5-2 知识共享的测量量表

变量	题项
知识共享	KS1：我经常与团队成员分享工作报告和正式文件
	KS2：我经常向团队成员分享我的工作手册、方法和模板
	KS3：我经常向团队成员分享我的工作经验或诀窍
	KS4：当团队成员提出请求时，我会告诉他们知识的来源和所有者
	KS5：我尝试以更有效率的方式向团队成员分享我所学到的专业知识

资料来源：笔者根据相关研究整理。

三 知识整合的测量

在本书中，知识整合所关注的是碎片化的、模糊的知识在团队中的组合、重构和融合。对于团队来说，让成员个体掌握其他所有成员的知识是低效率的任务完成方式，最高效率的方式是通过整合机制将各成员所掌握的相关知识整合起来（Grant，1996）。结合 Tiwana 和 Mclean（2005）、Knudsen（2010）以及陈伟等（2014）的研究成果，本书最终确定了知识整合的测量量表，量表共包含四个题项，见表 5-3。

表 5-3　　　　　　　　　　知识整合的测量量表

变量	题项
知识整合	*KI*1：团队成员在任务过程中整合他们的知识
	*KI*2：团队成员跨越多个专业领域建立共同概念和共同理解
	*KI*3：团队成员能清晰地知道如何将任务相关的不同知识组合在一起
	*KI*4：团队成员能够将任务相关的新知识与自己已有的知识融为一体

资料来源：笔者根据相关研究整理。

四　团队创造力的测量

在本书中，团队创造力是团队整体的产物，是全体团队成员思考方式和思考角度的转换（Barlow，2000；赵卓嘉，2009）。因此，本书的团队创造力关注的是团队成员通过共同努力所产生的有关产品、服务和流程等方面的创意和想法。借鉴 Amabile 等（1996）、Anderson 和 West（1998）、Chen（2006）、杨志蓉（2006）以及王端旭和薛会娟（2011）的研究成果，本书最终确定了团队创造力的测量量表，量表共包含六个题项，见表 5-4。

表 5-4　　　　　　　　　　团队创造力的测量量表

变量	题项
团队创造力	*TC*1：我们团队经常提出与任务有关的新想法
	*TC*2：我们团队经常能开发出与任务有关的新知识或新技术
	*TC*3：我们团队经常采用新方式完成任务
	*TC*4：我们团队经常以全新的视角重新审视问题
	*TC*5：我们团队经常提出具有原创性的解决方案
	*TC*6：我们团队能够创造性地将不同来源的零散信息和知识融合

资料来源：笔者根据相关研究整理。

五　环境动态性的测量

创业环境是创业企业所面临的外部因素及这些因素所构成的有机整体（蔡莉等，2007）。创业环境对于创业企业和创业团队起到重要的作用，这一作用贯穿创业过程的始终，而创业环境在其中既可能起到正面的支撑作用，也可能成为创业所必须克服的障碍（Fogel，2001）。在创业研究中，环境动态性所体现的是创业企业或创业团队所面临的外部环境在时间上的不确定性和不可预测性，以及内容上的宽泛性和快速性（Dess 和 Beard，1984；Jaworski 和 Kohli，1993）。在转型经济背景下，中国的创业环境正体现出其动态性（单标安，2013）。因此，借鉴 Miller 和 Friesen（1982）、Miller（1987）、Lumpkin 和 Dess（2001）以及余绍忠（2013）的研究成果，本书最终确定了环境动态性的测量量表，量表共包含四个题项，见表5-5。

表5-5　　　　　　　　　环境动态性的测量量表

变量	题项
环境动态性	ED1：我们业务范围内的技术发展变化速度很快
	ED2：行业内产品和服务更新速度很快
	ED3：竞争对手的行动难以预测
	ED4：客户的需求偏好经常发生变化，不断提出新的要求

资料来源：笔者根据相关研究整理。

第四节　控制变量的选取

本书所探究的是跨界创业团队的表现，为了减少团队特征以及企业特征因素对实证分析结果造成的干扰并提高结果的可靠度，本书选择将团队的成立年限、团队规模、团队业务所属行业以及企业所在区域、企业规模、企业年龄作为控制变量，从而降低这些因素对分析结果的影响。

在团队方面，本书选取了团队的成立年限、团队规模以及团队业务所属行业作为控制变量。Wegner（1987）认为，团队的柔性和处理问题的能力会随着团队成立时间的推移而变得更强,这种变化可能体现在团队的交互记忆系统上。对于那些成立时间较短的团队来说,成员们对彼此的了解更多地建立在对彼此的刻板印象基础上,可能会存在偏差。而在成立时间较长的团队中,成员之间相互比较熟悉,在交流和合作中也更为顺利。基于此,本书将团队的成立年限作为控制变量之一。根据 Jackson 等(2003)与吕洁和张钢(2015)的研究,团队层面的指标如团队的成立年限与团队规模能够对团队沟通、团队冲突、团队效率与团队的创造力产生影响。此外,与规模较小的团队相比,规模较大的团队需要花费更多的时间和精力才能将团队内的交互记忆系统发展好(熊立,2008)。而且,杨金华(2009)发现团队规模会影响团队成员的知识分布及其共享认知。因此,应当考虑团队规模对跨界创业活动的影响,并将团队规模作为控制变量之一。团队业务所属行业方面,不同类型行业的技术发展水平、竞争程度等有所不同,在其中所面临的压力,以及所能实现的收益水平和发展速度也有所不同(于晓宇等,2013;余森杰和李晋,2015)。当跨界创业团队的目标领域不同时,其创新和发展所面临的需求与所能得到的成果也相应地有所区别,而团队在此过程中也应采取不同的方式来实现知识的获取和利用。因此,跨界创业团队业务所属行业可能对团队知识管理过程造成影响,有必要将其作为控制变量之一。

在企业方面,本书选取了企业的年龄、所在区域和企业规模作为控制变量。年龄方面,不同发展阶段的企业所面临的环境、目标、能力与关注点等有所不同(Hambrick 和 Mason,1984)。而且,随着企业年龄的逐渐增加,其组织结构、资源和能力等方面日益完善,在决策制定、发展方向选择等方面的表现也逐渐成熟,这可能会影响其在跨界创业活动中的表现。因此,本书将企业年龄作为控制变量之一。所在区域方面,不同区域的经济发展水平、创业文化、市场活跃度等有所区别,这对企业的创业活动有所影响(Wuebker 等,2015)。而在不同区域的跨界创业企业所受到的影响也会作用于其创业团队，进而使团队在知识管理、团队合作和创新等方面受到影响。因此，本书将跨界创业企业所在的区域作为控制变量之一。规模方面，大型企业的员工人数通常较多，在产品和服务开发所需成本方面拥有更大的自由空间（Atuahene-Gima 和 Murray，2007）。而且，大型企业具备资源优势，在产品和流程创新方面有能力投入更多，从而表现出更高的创新水平（叶林，2014）。而中小型企业虽然员工较少、实力较弱，但其比大型企业更加灵活，更容易转变发展方向。因此，企业规模对跨界创业企业的影响是复杂的，为了降低这方面的影响，本书将企业规模作为控制变量之一。

第五节　预调研与问卷修正

在结合已有研究中的测量量表进行本书问卷的初步设计后，形成了包含32个题项的量表。内容效度体现的是量表题项对于测量所要研究的内容的适当性，为了保障问卷的内容效度，本书的初始量表是在国内外已有成熟研究量表的基础上，通过与相关领域专家和创业团队成员讨论、咨询并反复修正而形成的。而为了确保量表适用于本书，还需要通过预调研等方式来对量表进行检验并净化题项，从而形成最终的正式量表。在预调研过程中，本书选择了北京、上海和长春等地的20家跨界创业企业，对其跨界创业团队进行预调研，发放问卷138份，回收有效问卷102份。

对量表的评价主要是通过衡量其信度与效度进行的。信度所衡量的是量表中测量题项的稳定性和一致性，信度越高，表明量表对变量的测量结果越可靠。在信度方面，当前常用的衡量指标是Cronbach所提出的Cronbach's Alpha系数，该系数越大，表明量表的信度越高，具体判别标准见表5－6。利用SPSS 22.0对调研数据进行分析的结果见表5－9，各变量的Cronbach's Alpha系数值为0.757—0.915，表明本书的调研问卷具备比较高的内部一致性信度。

表5-6　　　　　　　　Cronbach's Alpha 系数判别标准

Cronbach's Alpha 系数	判断结果
Alpha 系数≥0.9	信度非常高
0.8≤Alpha 系数<0.9	信度很高
0.7≤Alpha 系数<0.8	信度比较高
0.6≤Alpha 系数<0.7	信度一般，勉强可以接受
0.5≤Alpha 系数<0.6	信度水平较低，需要调整题项
Alpha 系数<0.5	信度不理想，舍弃不用

资料来源：根据吴明隆（2010a）的研究整理。

效度所反映的是问卷量表在测量研究问题方面的有效性，即所收集数据能否充分反映测量指标。根据吴明隆（2010a）的研究，在预调研过程中所得到的数据通常利用探索性因子分析来进行处理，以检验量表的效度水平。而在通过探索性因子分析检测预调研所得数据之前，应当通过 KMO 和 Bartlett 球形检验，以判断量表变量是否适合进行因子分析。KMO 值介于 0 和 1 之间，KMO 值越接近 1 表示量表题项越适合做因子分析，具体判别标准见表 5-7（吴明隆，2010a）。

表5-7　　　　　　　　　　KMO 值判别标准

KMO 值	判断结果
Alpha 系数≥0.9	非常适合进行因子分析
0.8≤Alpha 系数<0.9	适合进行因子分析
0.7≤Alpha 系数<0.8	比较适合进行因子分析
0.6≤Alpha 系数<0.7	勉强适合进行因子分析
0.5≤Alpha 系数<0.6	不适合进行因子分析
Alpha 系数<0.5	非常不适合进行因子分析

资料来源：根据吴明隆（2010a）的研究整理。

利用SPSS 22.0对预调研所得数据进行KMO和Bartlett球形检验，见表5-8，结果显示，KMO值为0.709，介于0.7和0.8之间，表明题项之间关系较好，比较适合进行因子分析。且Bartlett球形检验的显著性水平为p=0.000<0.05，表明研究量表能够满足因子分析的需求。

表5-8　　　　　　　　　KMO和Bartlett球形检验

KMO测量取样适当性	度量	0.709
Bartlett球形检验	近似卡方	2317.672
	df	496
	显著性	0.000

资料来源：根据吴明隆（2010a）的研究整理。

本书的探索性因子分析是通过SPSS 22.0软件，进行主成分分析法提取因子与最大方差法旋转来实现的，结果见表5-9。结果显示，共提取出7个共同因子，分别为专长度、信任度、协调度、知识共享、知识整合、团队创造力与环境动态性，累计解释方差73.278%，超过50%，表明本书所采用的量表具备较好的解释能力。此外，本书量表中各题项在其相应的构念上的因子载荷均超过0.6，而在其他因子上的载荷均小于0.5的临界值，表明这些题项能够有效收敛于其所属的共同因子，并区别于其他共同因子。

通过SPSS 22.0软件对预调研所得数据进行分析，本书对量表信度和效度进行了初步检验，并根据检验结果对题项顺序、表述等方面进行了适当调整，最终形成了正式的调查问卷，使本书通过问卷调查所收集的数据更加真实、完整、可靠。

表 5-9　　探索性因子分析结果

变量名称	题项	因子 1	2	3	4	5	6	7	累计解释方差（%）	Cronbach's Alpha 系数
团队创造力 TC	TC1	**0.690**	0.229	0.172	-0.050	0.158	-0.028	-0.320	13.134	0.901
	TC2	**0.861**	-0.071	-0.048	-0.051	-0.148	0.076	-0.030		
	TC3	**0.912**	-0.039	-0.027	-0.047	-0.035	0.023	0.065		
	TC4	**0.718**	-0.253	-0.138	0.065	-0.209	-0.008	0.202		
	TC5	**0.855**	0.018	-0.169	0.092	-0.046	-0.008	-0.081		
	TC6	**0.883**	0.025	0.079	0.051	0.020	-0.028	0.020		
协调度 CO	CO1	0.014	**0.940**	0.031	0.033	-0.027	-0.063	0.179	26.044	0.915
	CO2	-0.090	**0.792**	0.039	-0.037	-0.002	-0.082	0.339		
	CO3	0.024	**0.830**	-0.033	0.055	-0.075	-0.027	0.111		
	CO4	-0.051	**0.793**	0.023	0.008	-0.001	-0.073	0.189		
	CO5	-0.003	**0.861**	-0.032	0.007	0.040	-0.067	0.066		
信任度 CR	CR1	-0.004	-0.004	**0.939**	-0.015	0.100	-0.079	0.083	36.399	0.897
	CR2	-0.004	-0.087	**0.827**	0.043	-0.014	-0.118	0.206		
	CR3	-0.075	0.180	**0.820**	-0.035	0.129	-0.020	0.077		
	CR4	-0.050	-0.055	**0.878**	-0.023	0.171	-0.022	-0.010		
知识共享 KS	KS1	0.086	0.056	-0.131	**0.689**	0.136	0.004	-0.071	46.683	0.854
	KS2	-0.015	0.051	-0.038	**0.877**	0.083	0.150	-0.056		
	KS3	0.046	-0.046	-0.040	**0.866**	0.043	-0.010	0.015		
	KS4	-0.007	0.019	0.038	**0.846**	-0.068	0.013	-0.054		
	KS5	-0.056	-0.018	0.125	**0.702**	-0.107	0.063	0.029		
专长度 SP	SP1	-0.086	-0.032	0.147	0.043	**0.931**	-0.023	-0.043	56.755	0.885
	SP2	-0.060	0.016	0.096	-0.005	**0.829**	-0.061	-0.034		
	SP3	-0.149	-0.125	0.117	0.057	**0.831**	0.035	0.086		
	SP4	0.061	0.083	0.015	-0.016	**0.833**	0.194	0.096		
环境动态性 ED	ED1	0.019	-0.055	-0.056	0.095	0.074	**0.913**	0.102	65.287	0.808
	ED2	-0.018	-0.117	-0.218	0.055	0.159	**0.757**	0.090		
	ED3	0.057	0.015	0.013	-0.021	-0.094	**0.824**	-0.230		
	ED4	-0.035	-0.170	0.012	0.127	-0.003	**0.714**	0.378		

续表

变量名称	题项	因子 1	2	3	4	5	6	7	累计解释方差（%）	Cronbach's Alpha 系数
知识整合 *KI*	*KI*1	-0.073	0.339	0.237	-0.115	0.014	0.049	**0.681**	73.278	0.757
	*KI*2	0.080	0.325	0.144	-0.016	0.118	0.063	**0.709**		
	*KI*4	0.091	0.128	0.032	-0.086	-0.100	0.024	**0.741**		
	*KI*5	-0.183	0.280	0.048	0.039	0.142	0.086	**0.621**		

第六节 本章小结

本章通过对实证研究过程进行设计，为接下来本书的理论模型与假设的验证奠定基础。本章的内容主要包括调查问卷设计、变量测量、控制变量选取、预调研和问卷修正等。首先，本章通过科学的问卷设计过程保障本书的问卷调查数据质量；其次，本章对实证研究所涉及的交互记忆系统、知识共享、知识整合、团队创造力、环境动态性等变量的测量做出阐述；最后，本章通过预调研并分析所得数据来检验和修正测量量表，结果显示本书设计的问卷具备较高的信度和效度水平，进而形成了最终的调查问卷，为后续研究的进一步开展做出铺垫。

第 六 章

实证分析与结果讨论

在第五章,本书通过预调研对量表的信度和效度进行了初步检验,结果表明本书的量表具有较好的信度和效度,能够满足实证分析的要求,并形成了本书的正式调查问卷。在此基础之上,本章将通过大样本问卷调查获取数据并展开下一步研究,利用 SPSS 22.0 软件对收集到的数据进行分析。通过信度与效度分析、描述性统计分析、Pearson 相关性分析、回归分析等分析方法进行实证研究并对结果进行分析和讨论。

第一节 数据收集与样本特征

一 数据收集

本书的正式调研始于 2018 年 5 月,结束于 2018 年 12 月,历时 8 个月。由于本书所研究的是跨界创业现象,因此,当创业团队所从事的业务与团队成立之前其所属企业的主营业务属于同一行业,则与本书对跨界创业的界定有所不符,应将相应问卷剔除。此外,当所回收的问卷存在信息缺失程度较高、选项极端规律化、明显矛盾等现象时,该问卷无效。而且,本书的目的是探究跨界创业团队的情况,每个团队至少由 3 人组成,因此,回收问卷数不足 3 份的团队的数据以及同一团队成员所填写的团队特征和企业特征存在矛盾的数据可能难以充分展示团队的实际情况，不符合本书的要求，应予以剔除。

具体来说，本书通过访谈方式发放问卷 114 份，回收问卷 97 份，回收率约为 85.09%，在剔除无效问卷和不符合要求的问卷后，得到有效问卷 87 份。通过社会关系发放问卷 570 份，回收问卷 454 份，回收率约为 79.65%，在剔除无效问卷和不符合要求的问卷后，得到有效问卷 381 份。本次共调研和联系了 228 家跨界创业企业，发放问卷 684 份，回收问卷 551 份，回收率为 80.56%；其中有效问卷 468 份，来自 156 家企业，有效回收率约为 68.42%。由于本书所调研样本的来源不同，这些样本能否放在一起进行分析需要经过验证。因此，根据董保宝（2014）的研究，本书将通过检验以这两种方式回收的有效问卷中的两组样本的差异性来进行验证，即对这两组样本的团队成立年限、团队规模和团队业务所属行业等因素进行 t 检验。结果显示 t 值 > 0.05，两组不同来源的数据之间并未体现出显著差异性，可以合并。

二　样本特征

在回收调查问卷后，利用 SPSS 22.0 软件将本书所收集到的 156 个跨界创业团队的 468 份有效问卷的基本情况进行整理，统计结果见表 6-1。

在受访者的个体特征方面，从性别看，有效样本中男性略多，占 53.6%，两性占比比较均衡；从年龄方面看，有效样本以 40 岁以下为主，这部分群体精力充沛，具有较高的热情，是团队工作中的主力；从受教育程度看，有效样本中团队成员 61.5% 为本科，23.3% 为硕士及以上学历，说明目前对高水平、专业化成员的需求较强。在受访者所属跨界创业团队特征方面，从团队成立年限看，75.6% 的团队是在 1—3 年内成立的，表明近年来跨界创业热潮的兴

表 6-1 样本特征分布情况

基本特征		测量项目	频数	比例（%）
个体特征 （N=468）	性别	男	251	53.6
		女	217	46.4
	年龄	25 岁以下	153	32.7
		26—40 岁	194	41.5
		41—55 岁	98	20.9
		56 岁及以上	23	4.9
	教育程度	大专及以下	71	15.2
		本科	288	61.5
		硕士	87	18.6
		博士及以上	22	4.7
团队特征 （N=156）	团队成立年限	1 年及以下	25	16.0
		1—3 年	118	75.6
		3 年以上	13	8.3
	团队规模	5 人及以下	22	14.1
		6—10 人	57	36.5
		11—15 人	67	42.9
		16 人及以上	10	6.4
	团队业务所属行业	传统制造业	53	34.0
		服务业	37	23.7
		高新技术	55	35.3
		其他行业	11	7.1
企业特征 （N=156）	企业年龄	3 年及以下	11	7.1
		3—5 年	70	44.9
		5 年以上	75	48.1
	所在区域	不活跃地区	77	49.4
		高活跃地区	79	50.6
	企业规模	1—20 人	6	3.8
		21—50 人	51	32.7
		51—200 人	37	23.7
		201 人及以上	62	39.7

起使企业选择进行跨界创业,且经过一段时间的发展,其跨界创业状态也有较明显的体现,有利于开展研究;从团队规模看,包含11—15人的团队最多,占42.9%,而36.5%的团队包含6—10人,表明跨界创业活动具备一定复杂性,需要全体成员的共同努力实现,而过多的团队成员又可能导致工作效率降低,因此团队规模多为中等水平;以团队业务所属行业方面看,传统制造业、服务业和高新技术业相差不大,表明跨界创业现象在各领域均有发生。在跨界创业团队所属企业的特征方面,从企业年龄看,92.9%的企业成立3年以上,表明跨界创业需要企业经过一段时间的积累,具备一定的底蕴;从所在区域方面看,在活跃度不同的地区均有跨界创业企业存在,高活跃地区略高于不活跃地区,表明跨界创业在全国范围内兴起,是值得关注的现象;从企业规模方面看,所调研企业多为大中型企业,表明跨界创业现象多是由具备一定实力的企业发起的,这与现实情况相符。从样本特征分布情况看,本书所调研的样本比较符合研究需求,且具备较强的代表性,可以用于本书的实证研究。

三 汇聚检验

虽然本书的研究是在团队层面进行的,但本书的构念难以直接从团队层面测量。在此情况下,基于团队成员的感知,从个体层面收集数据并将之汇聚到团队层面,能够获得客观准确的研究数据(罗胜强和姜嬿,2014)。因此,为了确保本书所收集的个体评价数据在汇聚到团队层面后能够充分为本书所用,并能够充分反映研究样本的情况,应先进行组内一致性检验,通过检验组内评分者信度(R_{wg})和组内相关系数[ICC(1)和ICC(2)]指标情况,根据其是否达到要求来判断变量的个体评价是否适合汇聚到团队层面。其中,R_{wg}是由James(1982)所提出的概念,反映的是团队成员对变量的个体评价的方差与理论上随机分布的方差之间的一致程度,R_{wg}越小表示成员们的评分越随意,而R_{wg}越大表示成员们的个体评价异质性越大。而 ICC（1）和 ICC（2）所衡量的则是组内方差与组间方差之间的关系，如果组内方差远小于组间方差，则表示组内的评分具备一定的一致性。其中，ICC（1）所反映的是组内成员评分的信度，而 ICC（2）所反映的则是小组平均评分的信度（罗胜强和姜嬿，2014）。在进行汇聚检验过程中，当 $R_{wg} > 0.7$、ICC（1）> 0.05、ICC（2）> 0.5 时，表明个体评价数据的一致性较高，比较适合汇聚到团队层面（James，1982；George 和 Bettenhausen，1990；李浩和黄剑，2018）。通过对本书所收集的 156 个团队的 468 份成员个体评价数据进行汇聚检验，所得结果见表 6-2。从汇聚检验结果看，本书所涉及构念的 R_{wg} 均值在 0.829 到 0.927 之间，R_{wg} 中位数在 0.848 到 0.932 之间，均大于 0.7 的门槛值。而 ICC（1）在 0.270 到 0.352 之间，均大于 0.05 的门槛值；ICC（2）在 0.526 到 0.619 之间，均大于 0.5 的门槛值。因此，本书所收集到的团队成员个体评价数据具备较好的组内一致性，可以将这些个体评价数据汇聚到团队层面并用于后续分析，汇聚后共得到 156 份跨界创业团队数据。

表 6-2　　　　　　　　　　汇聚检验结果

变量名称	R_{wg} 均值	R_{wg} 中位数	ICC（1）	ICC（2）
专长度 SP	0.829	0.848	0.296	0.558
信任度 CR	0.830	0.848	0.279	0.537
协调度 CO	0.866	0.867	0.323	0.588
知识共享 KS	0.894	0.909	0.270	0.526
知识整合 KI	0.897	0.907	0.296	0.557
团队创造力 TC	0.927	0.932	0.284	0.543
环境动态性 ED	0.906	0.907	0.352	0.619

第二节　共同方法偏差

人文社科研究中常采用感知数据测量变量，这可能导致共同方法偏差。共同方法偏差指的是相同数据来源、相同被测者、相同被测环境或相同问项语境等方面所造成的自变量与因变量之间的共变性。共同方法偏差可能对研究产生混淆和扭曲，从而使研究结果失去真实性和有效性。因此，为了保障后续研究顺利进行，需要检验数据的共同方法偏差情况。本书利用 Harman 的单因素检验方法来检验共同方法偏差，利用主成分分析法对所有变量的题项进行因子分析，从而得到未经旋转的因子方差解释率（Podsakoff 等，2003）。结果显示，第一个主成分因子解释了 26.951% 的总方差，低于临界值的 40%，未解释多数方差，表明本书的调研数据不存在严重的共同方法偏差问题，对后续分析所造成的影响不大。

第三节　样本的描述性统计与相关性分析

在进行回归分析之前，首先应当对本书所涉及变量进行描述性统计分析和相关性分析，以检查数据的基本情况，利用 SPSS 22.0 软件进行描述性统计和 Pearson 相关分析的结果见表 6-3。结果表明，各变量的均值与标准差基本在合理范围之内，且变量间的相关系数基本无异常。在控制变量之间，企业年龄与团队成立年限正相关。由于团队是在企业建立之后成立的，且跨界创业也需要企业具备一定积累，符合研究对象实际情况。团队规模与企业规模存在一定的正相关性，小规模的企业可能没有足够的人才支撑其在主营业务之外建立大规模的跨界创业团队，比较符合研究对象实际情况。

在本书主要变量之间的相关性方面，交互记忆系统的专长度、信任度和协调度与知识共享、知识整合和团队创造力之间均存在显著正相关性，而知识共享和知识整合与团队创造力之间也分别存在显著正相关性，能够初步表明本书所涉及的变量之间存在相关性，可以用来进行进一步的回归分析。

本书涉及自变量与中介变量和因变量之间的倒"U"形关系假设以及调节作用关系。因此，为了降低多重共线性问题所带来的影响，在进行数据分析过程中，本书参考董保宝（2014）以及于晓宇和陶向明（2015）的研究方法，对自变量和调节变量进行中心化，并利用中心化后的自变量和调节变量得到相应的二次项和乘积项。中心化处理过后，通过检验各变量及所涉及的二次项和乘积项的方差膨胀因子（VIF）来分析变量间的多重共线性问题情况，结果显示，所有的VIF值均在4以下，远小于临界值10。此外，各变量之间的相关系数均小于临界值0.7，不存在高度相关情况（吴明隆，2010a）。因此，在本书中，变量之间多重共线性的问题并不严重，可以展开下一步分析。

表6-3　　　　　　　　描述性统计分析和相关系数矩阵

变量	均值	标准差	1	2	3	4	5	6
团队成立年限	1.923	0.489						
团队规模	2.417	0.811	0.000					
团队业务所属行业	2.154	0.978	0.025	0.057				
企业年龄	2.410	0.621	0.508**	0.056	0.055			
所在区域	1.506	0.502	-0.103	0.017	-0.068	-0.008		
企业规模	2.994	0.940	0.041	0.376**	0.155	0.115	-0.103	
SP	3.566	0.654	0.006	0.070	-0.011	0.009	0.025	-0.008
CR	3.581	0.637	0.041	-0.101	-0.043	0.021	-0.003	0.018
CO	3.542	0.666	0.071	-0.010	-0.001	-0.028	-0.014	-0.059

续表

变量	均值	标准差	1	2	3	4	5	6
KS	3.578	0.559	−0.008	−0.052	0.036	0.000	0.050	0.090
KI	3.275	0.533	0.117	−0.075	−0.113	0.109	0.106	−0.100
TC	3.376	0.505	0.039	−0.002	0.029	0.036	0.017	0.092
ED	3.640	0.501	−0.019	−0.037	−0.030	−0.023	0.046	−0.012

续表6-3　　　　描述性统计分析和相关系数矩阵

变量	均值	标准差	7	8	9	10	11	12	13
SP	3.566	0.654	**0.707**						
CR	3.581	0.637	0.046	**0.710**					
CO	3.542	0.666	0.071	0.110	**0.735**				
KS	3.578	0.559	0.348**	0.370**	0.482**	**0.738**			
KI	3.275	0.533	0.193*	0.243**	0.388**	0.367**	0.738		
TC	3.376	0.505	0.256**	0.231**	0.367**	0.564**	0.630**	**0.721**	
ED	3.640	0.501	0.026	0.038	0.028	0.353**	0.141	0.174*	**0.722**

注：* 表示 $p<0.05$（双尾检验），** 表示 $p<0.01$（双尾检验），样本量为156；对角线以下数据表示相关系数，对角线上的数据是AVE（平均方差提取值）的平方根，加粗表示。

第四节　信度和效度检验

在对大样本问卷调查所收集的数据进行回归分析之前，需要通过对量表的信度和效度进行检验，以确保实证分析结果准确，本书通过SPSS 22.0以及AMOS 21.0软件分析数据以进行检验。

一　信度检验

为了测量量表中主要构念的信度水平，本书分析了各变量题项的修正的项目总相关（Corrected Item-Total Corelation, CITC）指标与

Cronbach's Alpha 系数。其中，当题项的 CITC 值超过门槛值 0.3 时，说明该题项与其他题项总的一致性较高，构念的每个题项的 CITC 值都高于门槛值时说明构念的信度水平较高。而 Cronbach's Alpha 系数高于 0.7 时，表明构念的信度水平良好，内部一致性较高（Nunnally，1978；吴明隆，2010a）。

利用 SPSS 22.0 对本书问卷量表信度进行检验的结果见表 6-4，绝大多数各构念题项的 CITC 值均在 0.5 以上，仅 TC5 一项为 0.466，但也超过门槛值 0.3，表明本书对各构念的测量均具备可靠性。而且，本书所涉及的专长度、信任度、协调度、知识共享、知识整合、团队创造力与环境动态性等主要构念的 Cronbach's Alpha 系数在 0.786—0.850，均高于 0.7 的标准，表明本书量表对主要构念的测度具备较高的内部一致性信度水平。

表 6-4　　　　　　　　　　　各变量信度检验结果

变量名称	题项	CITC	删除项后的 Cronbach's Alpha 系数	Cronbach's Alpha 系数
SP	SP1	0.669	0.716	0.791
	SP2	0.596	0.741	
	SP3	0.528	0.774	
	SP4	0.631	0.723	
CR	CR1	0.633	0.744	0.795
	CR2	0.620	0.737	
	CR3	0.568	0.763	
	CR4	0.634	0.730	
CO	CO1	0.722	0.809	0.850
	CO2	0.681	0.813	
	CO3	0.630	0.827	
	CO4	0.652	0.821	
	CO5	0.638	0.825	

续表

变量名称	题项	CITC	删除项后的 Cronbach's Alpha 系数	Cronbach's Alpha 系数
KS	KS1	0.745	0.780	0.835
	KS2	0.782	0.771	
	KS3	0.574	0.824	
	KS4	0.600	0.814	
	KS5	0.566	0.822	
KI	KI1	0.689	0.733	0.804
	KI2	0.724	0.717	
	KI3	0.546	0.797	
	KI4	0.592	0.777	
TC	TC1	0.783	0.773	0.827
	TC2	0.768	0.773	
	TC3	0.510	0.821	
	TC4	0.716	0.784	
	TC5	0.466	0.829	
	TC6	0.543	0.821	
ED	ED1	0.728	0.702	0.786
	ED2	0.542	0.762	
	ED3	0.551	0.758	
	ED4	0.629	0.714	

二 效度检验

效度所反映的是测量量表的有效性，本书的问卷题项均来源于成熟量表，并通过与专家教授的商讨和预调研过程反复修正，问卷具备较好的内容效度。为了检验正式调研所获数据的收敛效度和区分效度，本书利用AMOS 21.0进行验证性因子分析，通过标准化回归系数与组合信度衡量收敛效度，通过AVE来衡量区分效度。表6-5的验证性因子分析结果显示，各题项对其所对应的潜变量的标准化回归系数大多在0.7以上，少数未达到0.7的也都超过 0.5 的临界水平，且参数估计值均达到 p<0.001 的显著性水平，表明模型的适配度良好，且具备良好的收敛效度。此外，当变量的 AVE 值的平方根大于其与其他变量的相关系数的绝对值时，量表具备较好的区分效度（Fornell 和 Larcker，1981），表 6-3 中主要变量的对角线上的值为 AVE 的平方根，均大于其所在的行和列的相关系数的绝对值，因此，本书的量表具备良好的区分效度。

表 6-5　　　　　　　　　各变量效度检验结果

变量名称	题项	未标准化回归系数	标准误（S.E.）	临界比（C.R.）	显著性（p值）	标准化回归系数	组合信度	AVE
SP	SP1	1				0.763	0.7987	0.5005
	SP2	1.137	0.147	7.76	***	0.687		
	SP3	0.946	0.139	6.78	***	0.597		
	SP4	1.316	0.155	8.493	***	0.769		
CR	CR1	1				0.726	0.8020	0.5039
	CR2	1.3	0.172	7.546	***	0.696		
	CR3	1.175	0.165	7.136	***	0.652		
	CR4	1.451	0.18	8.072	***	0.761		
CO	CO1	1				0.776	0.8546	0.5408
	CO2	1.247	0.131	9.515	***	0.769		
	CO3	1.105	0.129	8.593	***	0.700		
	CO4	1.225	0.135	9.085	***	0.736		
	CO5	1.107	0.13	8.493	***	0.692		
KS	KS1	1				0.848	0.8535	0.5440
	KS2	1.029	0.075	13.784	***	0.880		
	KS3	1.011	0.12	8.44	***	0.625		
	KS4	1.07	0.113	9.437	***	0.680		
	KS5	0.911	0.111	8.203	***	0.611		

续表

变量名称	题项	未标准化回归系数	标准误（S.E.）	临界比（C.R.）	显著性（p值）	标准化回归系数	组合信度	AVE
KI	KI1	1				0.881	0.8252	0.5447
	KI2	1.097	0.102	1.71	***	0.832		
	KI3	1.08	0.141	7.659	***	0.576		
	KI4	1.238	0.145	8.556	***	0.851		
TC	TC1	1				0.881	0.8610	0.5196
	TC2	0.978	0.073	13.47	***	0.832		
	TC3	0.946	0.121	7.801	***	0.576		
	TC4	0.973	0.069	14.049	***	0.851		
	TC5	0.794	0.121	6.573	***	0.502		
	TC6	1.082	0.136	7.945	***	0.584		
ED	ED1	1				0.822	0.8117	0.5206
	ED2	1.239	0.155	8.007	***	0.670		
	ED3	1.232	0.155	7.952	***	0.666		
	ED4	1.295	0.151	8.563	***	0.717		

注：n=156；显著性"***"表示 p<0.001；模型设定中把"SP→SP1""CR→CR1""CO→CO1""KS→KS1""KI→KI1""TC→TC1""ED→ED1"的未标准化回归系数设为固定参数1，故不需要进行路径系数显著性检验，S.E.、C.R. 和 p 值均为空白。

此外，运用 AMOS 21.0 软件进行验证性因子分析的结果见表 6-6，验证性因子分析的适配度指标仅 GFI 值为 0.846，略小于 0.9 但大于 0.8，属于可接受范围之外，其他指标均达到了衡量标准的要求，拟合度良好（Steiger，1990；吴明隆，2010b）。上述分析表明，本书的调研量表具备较好的信度和效度水平，所得数据可以用于后续回归分析。

表6-6　　　　　　　　验证性因子分析适配度指标

统计检验量	适配的标准或临界值	检验结果数据	模型适配情况
χ^2/df	<3	1.135	良好
RMR	<0.05	0.031	良好
GFI	>0.90	0.846	可接受
IFI	>0.90	0.973	良好
TLI	>0.90	0.969	良好
CFI	>0.90	0.973	良好
RMSEA	<0.08	0.029	良好

注：χ^2为卡方值，df为自由度，χ^2/df为卡方自由度比值，RMR为残差均方根，GFI为拟合优度指数，IFI为增值适配度指数，TLI为Tucker-Lewis指数，CFI为相对拟合指数，RMSEA为近似误差均方根。

第五节　假设检验

本书在相关性分析的基础上，利用统计分析软件SPSS 22.0，通过层级回归的方法，将因变量（团队创造力）、控制变量（团队成立年限、团队规模、团队业务所属行业、企业年龄、所在区域、企业规模）、自变量（交互记忆系统：专长度、信任度、协调度）、中间变量（知识共享、知识整合）与调节变量（环境动态性）纳入模型，以检验本书所提出的23条假设。

在本书所提出的假设中，除了直接作用，还涉及中介作用和调节作用关系的检验。关于中介作用的检验，较为常用的方法如Baron和Kenny（1986）所提出的逐步法，依次检验自变量与因变量、自变量与中间变量以及中介变量与因变量之间的关系，再检验自变量、中间变量同时对因变量回归时自变量与因变量之间的直接关系，在此基础之上对中介作用进行判断。此外，Bootstrap中介效应检验也是一种比较常用且统计功效较高的统计方法，是通过以样本代表总体、在样本中反复进行放回抽样（一般在1000次以上），从而对多个样本进行估计并实现对中介效应的检验，其优势在于效率较高且不需要假设一个分布模型。

而在调节作用检验方面，学者们通常采用 Baron 和 Kenny（1986）所提出的方法，考虑自变量和调节变量的乘积的交互项对因变量的影响是否显著，从而判断调节作用是否存在（陈晓萍等，2012）。参考董保宝（2014）以及于晓宇和陶向明（2015）等的研究，为了降低多重共线性所带来的偏差，本书将自变量和调节变量进行中心化，并利用中心化后的自变量和调节变量得到相应的二次项和交互项。通过将这些交互项和二次项纳入层级回归分析，来得到其对因变量的回归系数显著性水平，从而判断倒"U"形关系以及调节作用是否存在。

一 交互记忆系统与团队创造力关系检验

基于现有理论与案例分析结果，本书探讨了交互记忆系统的专长度、信任度和协调度对跨界创业团队创造力的影响，并提出了相应的研究假设，认为交互记忆系统的专长度与跨界创业团队创造力之间存在倒"U"形关系，而信任度和协调度则对团队创造力存在正向影响。为了验证这3条假设，本书构建多元线性回归模型1-1和模型1-2。模型1-1为基准模型，探究控制变量与因变量团队创造力之间的关系，而模型1-2则是在模型1-1的基础之上加入了自变量交互记忆系统的专长度、信任度和协调度以及专长度平方项。回归结果见表6-7，与模型1-1相比，模型1-2的R^2增加了0.338，说明模型1-2的解释力比模型1-1有所增强，且F值由模型1-1的不显著达到模型1-2的显著，说明该模型的构建比较理想。

表6-7　交互记忆系统的专长度、信任度和协调度与
团队创造力关系的回归模型

变量	因变量：团队创造力	
	模型1-1	模型1-2
团队成立年限	0.034	-0.012
团队规模	-0.045	-0.082
团队业务所属行业	0.016	0.054
企业年龄	0.008	-0.030
所在区域	0.033	-0.021
企业规模	0.107	0.142
专长度	—	0.122
专长度平方项	—	-0.367***
信任度	—	0.179**
协调度	—	0.369***
R^2	0.013	0.351
调整 R^2	-0.027	0.306
F值	0.317	7.832***

注：表中数据为标准化系数；** 表示 $p<0.01$，*** 表示 $p<0.001$。

回归结果显示，交互记忆系统专长度平方项对团队创造力存在显著的负向影响（β = -0.367，$p<0.001$），表明交互记忆系统的专长度与团队创造力之间存在倒"U"形关系，假设 H1a 得到支持。借鉴 Cohen 等（2003）的研究，倒"U"形曲线的极值点（即曲线顶点）出现在 $x = -\dfrac{b}{2a}$ 处，其中，x 为自变量，a 为其平方项的未标准化系数，b 为其一次项的未标准化系数。基于此，本书得到了专长度与团队创造力的倒"U"形关系（如图6-1所示），通过计算可得，专长度与团队创造力之间的倒"U"形曲线的极值点位于专长

度为 3.691，团队创造力为 3.614 处。此外，回归结果表明，信任度和协调度也分别对团队创造力存在正向作用（$\beta = 0.179$，$p < 0.01$；$\beta = 0.369$，$p < 0.001$），假设 H1b、H1c 得到支持。

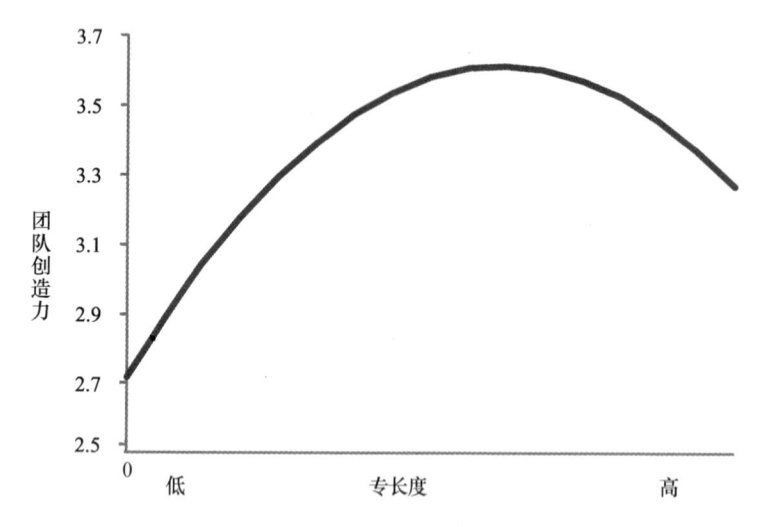

图 6-1　交互记忆系统专长度与团队创造力的倒"U"形关系

二　交互记忆系统与知识共享关系检验

基于现有理论与案例分析结果，本书探讨了交互记忆系统的专长度、信任度和协调度对跨界创业团队知识共享的影响，并提出了相应的三条研究假设，认为交互记忆系统的专长度、信任度和协调度分别对团队创造力存在正向作用。为了验证这三条假设，本书构建多元线性回归模型 2-1 和模型 2-2。模型 2-1 为基准模型，探究控制变量与知识共享之间的关系。模型 2-2 在模型 2-1 的基础之上加入了交互记忆系统的专长度、信任度和协调度。回归结果见表 6-8，与模型 2-1 相比，模型 2-2 的 R^2 增加了 0.433，说明模型 2-2 的解释力更强，且模型整体也由不显著达到了显著水平，说明该模型的构建比较理想。回归结果显示，交互记忆系统的专长度、信任度和协调度分别对知识共享存在正向作用（$\beta = 0.310$，$p < 0.001$；$\beta = 0.298$，$p < 0.001$；$\beta = 0.441$，$p < 0.001$），假设 H2a、

H2b、H2c 检验通过。

表6-8　　交互记忆系统的专长度、信任度和协调度与
知识共享关系的回归模型

变量	因变量：知识共享	
	模型 2-1	模型 2-2
团队成立年限	-0.002	-0.065
团队规模	-0.104	-0.101
团队业务所属行业	0.026	0.039
企业年龄	-0.009	0.023
所在区域	0.067	0.063
企业规模	0.133	0.151*
专长度	—	0.310***
信任度	—	0.298***
协调度	—	0.441***
R^2	0.022	0.455
调整 R^2	-0.018	0.421
F 值	0.551	13.534***

注：表中数据为标准化系数；* 表示 $p<0.05$，*** 表示 $p<0.001$。

三　交互记忆系统与知识整合关系检验

基于现有理论与案例研究结果，本书探讨了交互记忆系统的专长度、信任度和协调度对跨界创业团队知识整合的作用，并提出了三条研究假设。包括交互记忆系统的专长度与跨界创业团队创造力之间存在倒"U"形关系，以及信任度和协调度对团队创造力存在正向影响。为了验证这三条假设，本书构建多元线性回归模型 3-1 和模型 3-2。模型 3-1 为基准模型，探究控制变量与知识整合之间的关系，而模型 3-2 则是在模型 3-1 的基础之上加入了交互记忆系

统的专长度、专长度平方项、信任度和协调度。回归结果见表 6-9，与模型 3-1 相比，模型 3-2 的 R^2 增加了 0.296，且模型整体由不显著变为显著，说明模型 3-2 的解释力比模型 3-1 有所增强，且模型构建比较理想。

表 6-9　交互记忆系统的专长度、信任度和协调度与知识整合关系的回归模型

变量	因变量：知识整合	
	模型 3-1	模型 3-2
团队成立年限	0.092	0.045
团队规模	-0.049	-0.076
团队业务所属行业	-0.100	-0.065
企业年龄	0.079	0.050
所在区域	0.103	0.056
企业规模	-0.069	-0.038
专长度	—	0.064
专长度平方项	—	-0.324***
信任度	—	0.186**
协调度	—	0.380***
R^2	0.052	0.348
调整 R^2	0.014	0.303
F 值	1.368	7.731***

注：表中数据为标准化系数；** 表示 $p<0.01$，*** 表示 $p<0.001$。

回归结果显示，交互记忆系统专长度平方项对知识整合存在显著的负向影响（$\beta=-0.324$，$p<0.001$），表明跨界创业团队交互记忆系统的专长度与知识整合之间存在倒"U"形关系，假设 H3a 得到支持。借鉴 Cohen 等（2003）的研究，本书得到了专长度与知

识整合的倒"U"形关系图，如图6-2所示。其中，专长度与知识共享之间倒"U"形曲线的极值点位于专长度为3.640，知识整合为3.534处。此外，回归结果表明，信任度和协调度也分别对团队创造力存在正向作用（β=0.186，p<0.01；β=0.380，p<0.001），假设H3b、H3c得到支持。

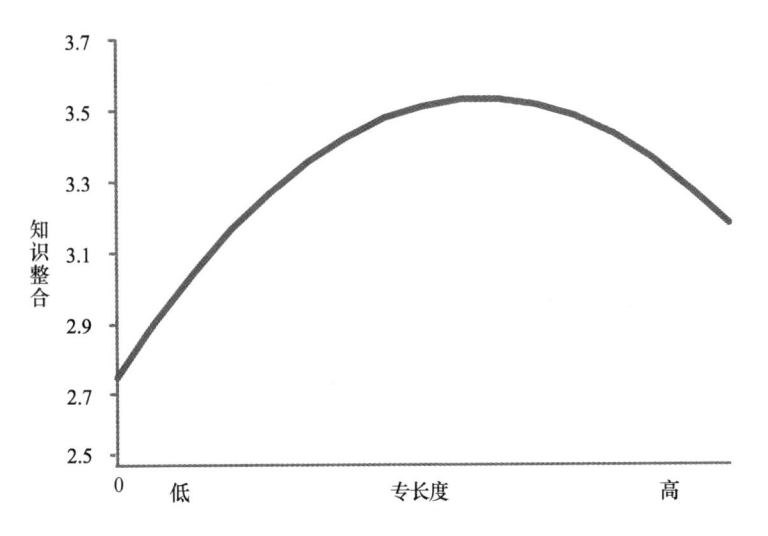

图6-2 交互记忆系统专长度与知识整合的倒"U"形关系

四 知识共享、知识整合的中介作用检验

基于现有理论与案例研究结果，本书探讨了知识共享和知识整合在交互记忆系统的专长度、信任度和协调度与团队创造力关系中的中介作用，并提出了六条研究假设。包括在交互记忆系统的专长度、信任度和协调度与团队创造力关系中，知识共享发挥中介作用的三条假设和知识整合发挥作用的三条假设。上文已经验证了交互记忆系统的三个维度分别对团队创造力、知识共享和知识整合具有显著影响，已满足Baron和Kenny（1986）的中介作用检验方法的部分条件。在此基础上，本书构建了模型4-3探究中间变量和因变量之间的关系，以求满足中介作用检验的条件。为了方便比较，本书将控制变量与团队创造力（模型1-1）、自变量与团队创造力（模

型1-2）的作用结果列于表6-10中，并分别以模型4-1和模型4-2表示。

表6-10　　知识共享和知识整合的中介作用检验

变量	因变量：团队创造力					
	模型4-1	模型4-2	模型4-3	模型4-4	模型4-5	模型4-6
团队成立年限	0.034	-0.012	-0.014	0.018	-0.034	-0.006
团队规模	-0.045	-0.082	0.019	-0.038	-0.045	-0.011
团队业务所属行业	0.016	0.054	0.058	0.037	0.086	0.068
企业年龄	0.008	-0.030	-0.030	-0.043	-0.055	-0.063
所在区域	0.033	-0.021	-0.046	-0.052	-0.049	-0.072
企业规模	0.107	0.142	0.095	0.074	0.161	0.101
SP	—	0.122	—	-0.022	0.091	-0.029
SP^2	—	-0.367***	—	-0.380***	-0.209**	-0.236***
CR	—	0.179**	—	0.043	0.088	-0.019
CO	—	0.369***	—	0.170*	0.184**	0.032
KS	—	—	0.364***	0.455***	—	0.389***
KI	—	—	0.524***	—	0.487***	0.438***
R^2	0.013	0.351	0.544	0.463	0.505	0.586
调整R^2	-0.027	0.306	0.519	0.422	0.468	0.551
F值	0.317	7.832***	21.884***	11.301***	13.381***	16.881***

注：表中数据为标准化系数；* 表示 $p<0.05$，** 表示 $p<0.01$，*** 表示 $p<0.001$；SP^2 表示专长度平方项。

为了验证假设，本书构建了多元线性回归模型4-1到模型4-6。其中，模型4-3考虑的是中间变量知识共享和知识整合分别与团队创造力之间的关系。模型4-4是在模型4-2的基础上在自变量交互记忆系统与因变量团队创造力中加入了中介变量知识共享。模型4-5是在模型4-2的基础之上加入了知识整合,将交互记忆系统与知识整合共同对团队创造力进行回归。模型4-6是在模型4-2的基础上将两个中间变量同时加入模型。回归结果见表6-10,与模型4-1相比,模型4-3的R^2增加了0.531,且模型整体由不显著变为显著,说明模型4-3的解释力比模型4-1有所增强,且模型构建比较理想。此外,与模型4-2相比,模型4-4的R^2增加了0.112,模型4-5的R^2增加了0.154,模型4-6的R^2增加了0.235,表明加入变量后,模型4-4、模型4-5、模型4-6的解释力与模型4-2相比均有所提升。

模型4-3的回归结果表明,知识共享和知识整合分别对团队创造力存在显著的正向影响($\beta=0.364$,$p<0.001$;$\beta=0.524$,$p<0.001$),假设H4a和假设H4b得到支持。中间变量对因变量的作用关系显著,Baron和Kenny(1986)的中介作用检验方法的部分条件得到满足。根据Preacher和Hayes(2008)、Zhao等(2010)以及温忠麟和叶宝娟(2014)的研究,采用部分中介和完全中介的概念来区分中介作用是存在问题的,可能忽略其他潜在中介。因此,本书对于变量的中介作用不区分完全中介或部分中介,仅判断其是否起到中介作用并报告直接和间接效应的大小。模型4-4的回归结果显示,当加入知识共享作为中介变量时,专长度和信任度与团队创造力之间的作用关系变为不显著($\beta=-0.022$,$p>0.05$;$\beta=0.043$,$p>0.05$),由于专长度与团队创造力之间非线性关系的影响,仅初步判断知识共享分别在专长度与团队创造力、信任度与团队创造力之间起到中介作用。而协调度对团队创造力的作用仍保持显著($\beta=0.170$,$p<0.05$),表明知识共享分别在信任度与团队创造力以及协调度与团队创造力的关系之间起到中介作用,但仍可能有其他中介存在。模型4-5的回归结果显示,加入知识整合作为中介变量时,专长度二次项与团队创造力之间的负向作用关系系数绝对值减小,但仍显著($\beta=-0.209$,$p<0.01$)。根据于晓

宇和陶向明（2015）的研究，二次项标准化系数绝对值变小，表明知识整合在专长度与团队创造力之间可能起到中介作用。而信任度与团队创造力之间的作用关系变为不显著（$\beta = 0.088$，$p > 0.05$），但由于专长度与团队创造力之间非线性关系的影响，仅初步判断知识整合在信任度与团队创造力之间起到中介作用。而协调度对团队创造力的作用仍保持显著（$\beta = 0.184$，$p < 0.05$），表明知识整合在信任度与团队创造力以及协调度与团队创造力的关系之间分别起到中介作用，但仍可能有其他中介存在。模型4-6的回归结果显示，专长度二次项与团队创造力之间的负向作用关系仍显著（$\beta = -0.236$，$p < 0.001$）。根据于晓宇和陶向明（2015）的研究，二次项标准化系数绝对值与模型4-2相比较小，知识整合在专长度与团队创造力之间可能起到中介作用。而信任度与协调度对团队创造力的作用系数变为不显著，初步判断知识共享和知识整合在信任度与团队创造力、协调度与团队创造力的关系之间均发挥中介作用。为了进一步确定知识共享和知识整合的中介效应情况，本书选择通过Bootstrap方法对其进行检验。

由于Baron和Kenny的检验方法的统计功效较低、容易产生第Ⅰ类错误（Mackinnon等，2002；Preacher和Hayes，2008）。因此，除了借鉴Baron和Kenny（1986）的中介作用验证方法之外，本书还采用Bootstrap方法进行中介作用检验，以降低"弃真"错误，从而更清楚地揭示本书中间变量在自变量与因变量之间的中介作用情况。借鉴Preacher和Hayes（2008）与Zhao等（2010）的研究，本书利用Preacher和Hayes（2008）所提供的SPSS宏指令"PROCESS"进行偏差校正的Bootstrap检验，重复抽样5000次，置信区间95%，结果见表6-11。

表 6–11　　　　　　　　　Bootstrap 中介效应检验结果

	假设	系数	标准误	P 值	LLCI	ULCI
	$SP \to KS$	0.306	0.065	0.000	0.177	0.434
	$KS \to TC$	0.318	0.058	0.000	0.203	0.433
	KS 的中介效应	0.097	0.032	—	0.046	0.170
	$SP \to KI$	0.157	0.064	0.016	0.030	0.284
$SP \to TC$	$KI \to TC$	0.493	0.059	0.000	0.377	0.610
	KI 的中介效应	0.077	0.029	—	0.023	0.141
	控制 KS 和 KI 后，SP 对 TC 的直接影响	0.027	0.047	0.560	−0.065	0.119
	KS 和 KI 的总中介效应	0.175	0.042	—	0.096	0.262
	KS 和 KI 效应比较	0.020	0.044	—	−0.062	0.111
	$CR \to KS$	0.320	0.067	0.000	0.187	0.452
	$KS \to TC$	0.338	0.058	0.000	0.223	0.453
	KS 的中介效应	0.108	0.023	—	0.056	0.178
	$CR \to KI$	0.196	0.066	0.003	0.066	0.325
$CR \to TC$	$KI \to TC$	0.499	0.059	0.000	0.382	0.616
	KI 的中介效应	0.098	0.036	—	0.031	0.172
	控制 KS 和 KI 后，CR 对 TC 的直接影响	−0.025	0.048	0.605	−0.120	0.070
	KS 和 KI 的总中介效应	0.206	0.051	—	0.109	0.309
	KS 和 KI 效应比较	0.010	0.042	—	−0.070	0.091
	$CO \to KS$	0.417	0.056	0.000	0.299	0.535
	$KS \to TC$	0.333	0.061	0.000	0.213	0.453
	KS 的中介效应	0.139	0.034	—	0.084	0.219
	$CO \to KI$	0.309	0.059	0.000	0.192	0.426
$CO \to TC$	$KI \to TC$	0.498	0.061	0.000	0.378	0.618
	KI 的中介效应	0.154	0.035	—	0.090	0.227
	控制 KS 和 KI 后，CO 对 TC 的直接影响	−0.008	0.051	0.882	−0.108	0.093
	KS 和 KI 的总中介效应	0.293	0.047	—	0.208	0.395
	KS 和 KI 效应比较	−0.015	0.049	—	−0.109	0.087

结果显示，在专长度与团队创造力的关系中，知识共享的中介效应大小为 0.097，其置信区间不包含 0（LLCI = 0.046，ULCI = 0.170），中介效应显著。而知识整合的中介效应大小为 0.077，置信区间也不包含 0（LLCI = 0.023，ULCI = 0.141），中介效应显著。在控制知识共享和知识整合后，专长度对团队创造力的直接影响为 0.027，置信区间包含 0（LLCI = -0.065，ULCI = 0.119），直接影响不显著。中介效应比较的置信区间包含 0（LLCI = -0.062，ULCI = 0.111），表明知识共享和知识整合在专长度与团队创造力之间的中介效应不存在显著差异。考虑到专长度与知识整合、专长度与团队创造力之间均存在非线性关系，可能会在分析过程中被歪曲，仅通过上述分析检验仍有不足，还需要通过其他方式对其进一步确认（Preacher 和 Hayes，2010；耿紫珍等，2012；于维娜等，2016）。

而在信任度与团队创造力的关系中，知识共享的中介效应大小为 0.108，其置信区间不包含 0（LLCI = 0.056，ULCI = 0.178），中介效应显著。知识整合的中介效应大小为 0.098，置信区间不包含 0（LLCI = 0.031，ULCI = 0.172），中介效应显著。在控制知识共享和知识整合后，信任度对团队创造力的直接影响效应为 -0.025，置信区间包含 0（LLCI = -0.120，ULCI = 0.070），直接影响不显著。中介效应比较的置信区间包含 0（LLCI = -0.070，ULCI = 0.091），表明知识共享和知识整合在信任度与团队创造力之间的中介效应没有显著差异。因此，可以判断知识共享和知识整合在信任度和团队创造力之间均起到中介作用，假设 H5b、假设 H5e 得到支持。

此外，在协调度与团队创造力的关系中，知识共享的中介效应值的大小为 0.139，其置信区间不包含 0（LLCI = 0.084，ULCI = 0.219），中介效应显著。知识整合的中介效应大小为 0.154，置信区间不包含 0（LLCI = 0.090，ULCI = 0.227），中介效应显著。在控制知识共享和知识整合后，协调度对团队创造力的直接影响效应大小为 -0.008，置信区间包含 0（LLCI = -0.108，ULCI = 0.093），直接影响效果不显著。中介效应比较的置信区间包含 0（LLCI =

-0.109，ULCI=0.087），表明知识共享和知识整合在协调度与团队创造力之间的中介效应没有显著差异。因此，可以判断知识共享和知识整合在协调度和团队创造力之间均起到中介作用，假设 H5c、假设 H5f 得到支持。

由于本书中专长度与知识整合和团队创造力之间都存在倒"U"形的非线性关系，仅通过 Baron 和 Kenny（1986）的方法进行中介作用检验过程可能会扭曲变量之间的这种关系（Hayes 和 Preacher，2010）。而根据 Stolzenberg（1980）的研究，当自变量通过中介变量对因变量造成影响的路径中存在非线性作用关系时，对于自变量对中介变量的影响所引起的因变量的间接变化率，可以利用因变量对中介变量的一阶偏导数与中介变量对自变量的一阶偏导数的乘积来衡量。Hayes 和 Preacher（2010）认为，可以通过给自变量赋特定值计算间接变化率的方法判断带有非线性关系的中介效应的显著性，并将间接变化率称为瞬时中介效应。因此，为了进一步确认知识共享和知识整合在专长度与团队创造力之间的中介作用情况，本书借鉴 Hayes 和 Preacher（2010）的研究，采用 Bootstrap 方法来衡量知识共享和知识整合所起到的瞬时中介效应。通过利用他们提供的 SPSS 宏指令"MEDCURVE"，将自变量专长度取为均值－标准差、均值和均值＋标准差，进行偏差校正的 Bootstrap 检验，重复抽样 5000 次，置信区间 95%，检验结果见表 6-12。

表 6-12　　　知识共享和知识整合在专长度与团队
创造力间瞬时中介效应检验结果

中介变量	自变量取值	置信区间 下限	置信区间 上限	瞬时中介效应
KS	2.912	0.081	0.263	0.156
	3.566	0.081	0.263	0.156
	4.220	0.081	0.263	0.156

续表

中介变量	自变量取值	置信区间 下限	置信区间 上限	瞬时中介效应
KI	2.912	0.159	0.437	0.286
	3.566	-0.005	0.131	0.057
	4.220	-0.354	-0.012	-0.171

检验结果显示，知识共享在专长度和团队创造力之间的瞬时中介效应为常数 0.156，且置信区间不包含 0（LLCI = 0.081，ULCI = 0.263），中介作用显著，假设 H5a 得到支持。而对于知识整合的中介作用，当专长度取值为均值 - 标准差（2.912）时，瞬时中介效应为 0.286，置信区间不包含 0（LLCI = 0.159，ULCI = 0.437），此时中介作用显著。而当专长度从均值 - 标准差上升为均值（3.566）时，瞬时中介效应为 0.057，降低了 0.228，且置信区间包含 0（LLCI = -0.005，ULCI = 0.131），中介作用变为不显著。当专长度从均值上升为均值 + 标准差（4.220）时，瞬时中介效应为 -0.171，降低了 0.228，置信区间不包含 0（LLCI = -0.354，ULCI = -0.012），中介作用重新变为显著。可见，随着专长度的提升，知识整合在专长度与团队创造力之间所起到的中介作用由正面的瞬时中介效应逐渐减弱，当专长度达到较高水平后转变为显著的负面瞬时中介效应。根据 Hayes 和 Preacher（2010）以及耿紫珍等（2012）的研究，瞬时中介效应的这种变化表明中间变量在包含非线性关系的自变量与因变量的作用中起到中介作用。因此，假设 H5d 得到支持，知识整合在专长度与团队创造力之间起到中介作用。

五 环境动态性的调节作用检验

基于现有理论与案例研究结果，本书探讨了环境动态性对交互记忆系统的专长度、信任度、协调度与跨界创业团队知识共享之间关系的影响，并提出了相应的 3 条调节作用研究假设。借鉴 Baron 和

Kenny（1986）与胡望斌等（2014）的研究，对调节作用的检验是通过将自变量与调节变量中心化后所得的交互项代入回归方程来进行的。为了验证这3条假设，本书构建多元线性回归模型5-1到模型5-4。为了方便比较，本书将控制变量与知识共享（模型2-1）、自变量与知识共享（模型2-2）的作用结果列于表6-13中，并分别以模型5-1和模型5-2表示。而模型5-3是在模型5-2的基础之上加入了调节变量环境动态性，而模型5-4则是在模型5-3的基础之上加入了环境动态性分别与专长度、信任度和协调度的交互项，以探究环境动态性是否发挥调节作用。回归结果见表6-13，与模型5-2相比，模型5-3的R^2增加了0.101，说明模型5-3的解释力比模型5-2有所增强；而模型5-4的R^2比模型5-3高0.032，同样表明模型5-4的解释力有所增强。

表6-13　环境动态性对交互记忆系统与知识共享关系的调节作用检验

变量	因变量：知识共享			
	模型5-1	模型5-2	模型5-3	模型5-4
团队成立年限	-0.002	-0.065	-0.062	-0.089
团队规模	-0.104	-0.101	-0.088	-0.105
团队业务所属行业	0.026	0.039	0.047	0.050
企业年龄	-0.009	0.023	0.028	0.045
所在区域	0.067	0.063	0.049	0.060
企业规模	0.133	0.151*	0.147*	0.131*
专长度	—	0.310***	0.302***	0.304***
信任度	—	0.298***	0.288***	0.321***
协调度	—	0.441***	0.434***	0.405***
环境动态性	—	—	0.319***	0.359***
ED*SP	—	—	—	0.156**
ED*CR	—	—	—	0.103
ED*CO	—	—	—	0.052

续表

变量	因变量：知识共享			
	模型 5-1	模型 5-2	模型 5-3	模型 5-4
R^2	0.022	0.455	0.556	0.588
调整 R^2	-0.018	0.421	0.525	0.550
F 值	0.551	13.534***	18.145***	15.589***

注：表中数据为标准化系数；* 表示 $p<0.05$，** 表示 $p<0.01$，*** 表示 $p<0.001$。

回归结果显示，环境动态性对交互记忆系统专长度与知识共享之间的关系有正向调节作用（$\beta=0.156$，$p<0.01$），表明环境动态性会增强跨界创业团队交互记忆系统的专长度与知识共享之间的关系，假设 H6a 得到支持。而对于信任度与知识共享、协调度与知识共享之间的关系，环境动态性的调节作用并不显著（$\beta=0.103$，$p>0.05$；$\beta=0.052$，$p>0.05$）。假设 H6b、假设 H6c 未得到支持。基于此，本书绘制了环境动态性对专长度与知识共享之间关系的调节作用图，如图 6-3 所示，以使这一调节作用更加直观。具体来说，当环境动态性较高时，专长度对知识共享的正向作用增强；而环境动态性较低时，正向作用减弱。

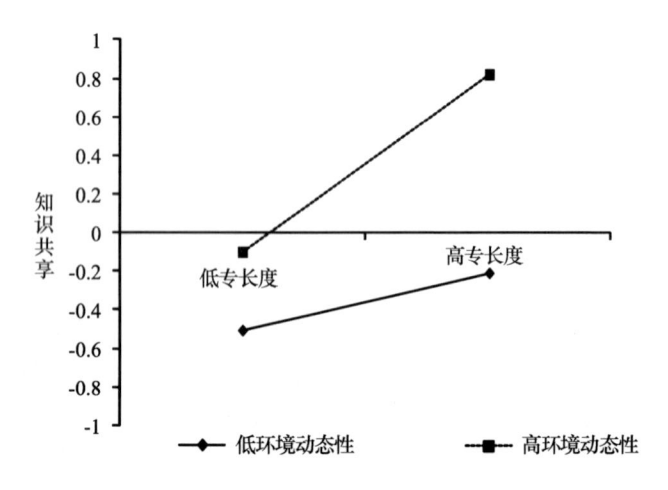

图 6-3 环境动态性对交互记忆系统专长度与知识共享之间关系的调节作用

本书还探讨了环境动态性对交互记忆系统的专长度、信任度和协调度与跨界创业团队知识整合之间关系的影响，并提出了相应的 3 条调节作用研究假设。为了验证这 3 条假设，本书构建多元线性回归模型 6-1 到模型 6-4。为了方便比较，本书将控制变量与知识整合（模型 3-1）、自变量与知识整合（模型 3-2）的作用结果列于表 6-14 中，并分别以模型 6-1 和模型 6-2 表示。而模型 6-3 是在模型 6-2 的基础之上加入了调节变量环境动态性，而模型 6-4 则是在模型 6-3 的基础之上加入了环境动态性分别与专长度、信任度和协调度的交互项，以探究环境动态性是否在其中起到了调节作用。回归结果见表 6-14，与模型 6-2 相比，模型 6-3 的 R^2 增加了 0.010，说明模型 6-3 的解释力比模型 6-2 有所增强；而模型 6-4 的 R^2 比模型 6-3 高 0.066，同样表明模型 6-4 的解释力比模型 6-3 有所增强。

表 6-14　环境动态性对交互记忆系统与知识整合关系的调节作用检验

变量	因变量：知识整合			
	模型 6-1	模型 6-2	模型 6-3	模型 6-4
团队成立年限	0.092	0.045	0.046	0.016
团队规模	-0.049	-0.076	-0.072	-0.069
团队业务所属行业	-0.100	-0.065	-0.063	-0.070
企业年龄	0.079	0.050	0.052	0.090
所在区域	0.103	0.056	0.052	0.084
企业规模	-0.069	-0.038	-0.040	-0.058
SP	—	0.064	0.063	0.089
SP^2	—	-0.324***	-0.320***	-0.286***
CR	—	0.186**	0.183**	0.188**

续表

变量	因变量：知识整合			
	模型 6-1	模型 6-2	模型 6-3	模型 6-4
CO	—	0.380***	0.377***	0.333***
ED	—	—	0.101	0.430***
ED * SP	—	—	—	-0.006
ED * SP^2	—	—	—	-0.258*
ED * CR	—	—	—	0.182*
ED * CO	—	—	—	0.194*
R^2	0.052	0.348	0.358	0.424
调整 R^2	0.014	0.303	0.309	0.362
F 值	1.368	7.731***	7.299***	6.865***

注：表中数据为标准化系数；* 表示 $p<0.05$，** 表示 $p<0.01$，*** 表示 $p<0.001$。

回归结果显示，环境动态性与专长度平方项的乘积项系数为负且显著（$\beta = -0.258$，$p<0.05$），可以判断环境动态性对交互记忆系统专长度与知识整合之间的关系有正向调节作用，表明环境动态性会增强跨界创业团队交互记忆系统的专长度与知识整合之间的关系，假设 H6d 得到支持。对于信任度与知识整合之间的关系，环境动态性的调节作用显著（$\beta = 0.182$，$p<0.05$），假设 H6e 得到支持。而对于协调度与知识整合之间的关系，环境动态性存在显著的正向调节作用（$\beta = 0.194$，$p<0.05$），假设 H6f 得到支持。基于此，为了将调节作用更直观地体现出来，本书绘制了环境动态性分别对专长度与知识整合、协调度与知识整合之间关系的调节作用图，如图 6-4、图 6-5 和图 6-6 所示。具体来说，在环境动态性较高的情况下，专长度对知识整合的倒"U"形关系增强；而环境动态性较低时，倒"U"形关系减弱。而且，在环境动态性较高的情况下，信任度、协调度分别对知识整合的正向作用增强，而环境动态性较

低时，该作用减弱。

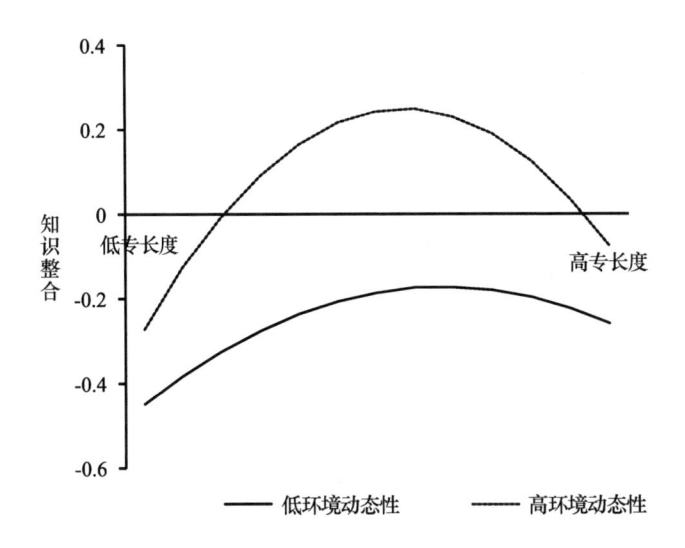

图 6-4　环境动态性对交互记忆系统专长度与知识整合之间关系的调节作用

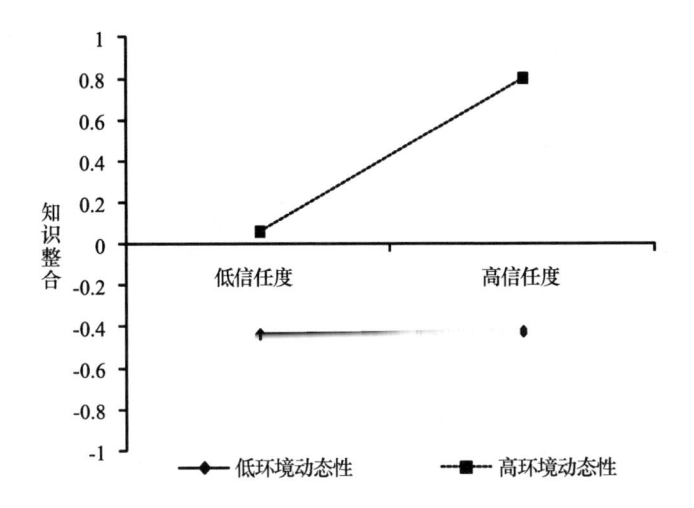

图 6-5　环境动态性对交互记忆系统信任度与知识整合之间关系的调节作用

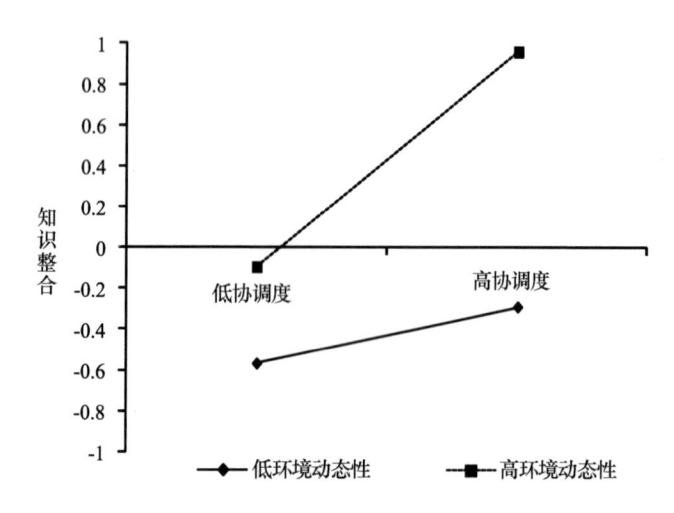

图6-6 环境动态性对交互记忆系统协调度与
知识整合之间关系的调节作用

第六节 结果分析与讨论

本书针对转型经济背景下跨界创业团队的交互记忆系统、知识共享、知识整合与团队创造力之间关系进行探究，主要探索了四个方面的问题：首先，跨界创业团队的交互记忆系统对团队创造力的影响是怎样的；其次，跨界创业团队的交互记忆系统对团队知识共享和知识整合的影响是怎样的；再次，跨界创业团队的知识共享和知识整合分别在交互记忆系统各维度与团队创造力之间的关系中起到怎样的作用；最后，在转型经济背景下，环境动态性对跨界创业团队的交互记忆系统各维度分别与知识共享和知识整合之间的关系造成了怎样的影响。在结合相关理论分析与案例研究结果后，本书构建了理论模型并提出了相应的23条研究假设，并通过对北京、上海、珠海、长春和呼和浩特的跨界创业团队的问卷数据进行实证分析来验证假设，结果见表6-15。从实证分析结果看，本书提出的23条研究假设中有21条得到支持，2条未得到支持，下面对本书的实证研究结果进行分析和探讨。

表6-15　　　　　　　　　　假设检验结果统计

假设内容	检验结果
H1a：交互记忆系统的专长度与跨界创业团队创造力之间存在倒"U"形关系。 H1b：交互记忆系统的信任度积极影响跨界创业团队创造力。 H1c：交互记忆系统的协调度积极影响跨界创业团队创造力。	通过 通过 通过
H2a：交互记忆系统的专长度积极影响跨界创业团队知识共享。 H2b：交互记忆系统的信任度积极影响跨界创业团队知识共享。 H2c：交互记忆系统的协调度积极影响跨界创业团队知识共享。	通过 通过 通过
H3a：交互记忆系统的专长度与跨界创业团队知识整合之间存在倒"U"形关系。 H3b：交互记忆系统的信任度积极影响跨界创业团队知识整合。 H3c：交互记忆系统的协调度积极影响跨界创业团队知识整合。	通过 通过 通过
H4a：知识共享积极影响跨界创业团队创造力。 H4b：知识整合积极影响跨界创业团队创造力。	通过 通过
H5a：知识共享在交互记忆系统的专长度与跨界创业团队创造力之间起到中介作用。 H5b：知识共享在交互记忆系统的信任度与跨界创业团队创造力之间起到中介作用。 H5c：知识共享在交互记忆系统的协调度与跨界创业团队创造力之间起到中介作用。 H5d：知识整合在交互记忆系统的专长度与跨界创业团队创造力之间起到中介作用。 H5e：知识整合在交互记忆系统的信任度与跨界创业团队创造力之间起到中介作用。 H5f：知识整合在交互记忆系统的协调度与跨界创业团队创造力之间起到中介作用。	通过 通过 通过 通过 通过 通过
H6a：环境动态性会增强跨界创业团队交互记忆系统的专长度与知识共享之间的正向关系。 H6b：环境动态性会增强跨界创业团队交互记忆系统的信任度与知识共享之间的正向关系。 H6c：环境动态性会增强跨界创业团队交互记忆系统的协调度与知识共享之间的正向关系。	通过 未通过 未通过

续表

假设内容	检验结果
H6d：环境动态性会增强跨界创业团队交互记忆系统的专长度与知识整合之间的倒"U"形关系。	通过
H6e：环境动态性会增强跨界创业团队交互记忆系统的信任度与知识整合之间的正向关系。	通过
H6f：环境动态性会增强跨界创业团队交互记忆系统的协调度与知识整合之间的正向关系。	通过

一 交互记忆系统与团队创造力的影响分析

交互记忆系统常被当作一种协同群体内部知识的机制，其发展和使用能够代表团队创造力所需的核心团队过程。大量相关研究表示，运转良好的交互记忆系统有利于团队内部多样化知识库的积累和不同团队成员之间的差异化知识协调，能够使团队产生更强的创造能力（Lewis 和 Herndon，2011；王端旭和薛会娟，2013；Wu 和 Deng，2019；Aissa 等，2022）。即，当团队内与任务相关的关键知识通过交互记忆系统被储存或访问时，团队能凭借该系统的快速知识检索和丰富知识储备中获益并将其应用于任务的完成（Bachrach 和 Mullins，2019）。且团队成员间通过互动和合作来对差异化知识进行共享与整合能够为他们之间的协同和共同创造提供帮助，在此过程中，成员对彼此的了解为他们提供了提升自身的机会和寻求专业建议的目标，对彼此专长的信任为他们提供了对团队知识储备和团队完成任务能力的信心，他们之间的互动、协调和相互依赖则为他们的合作提供了有效的环境（Ali 等，2019）。但也有研究认为，交互记忆系统并不是在所有情况下都起到正面的作用（Kozlowski 和 Bell，2003；Peltokorpi 和 Manka，2008）。为了探究交互记忆系统在跨界创业团队中所发挥的作用，本书从专长度、信任度和协调度三方面分别探究了其对团队创造力所造成的影响。实证分析结果显示，当专长度过高时，跨界创业团队交互记忆系统对团队创造力的作用从积极变为消极，而信任度和协调度则始终对团队创造力起到促进作用，假设 H1a、假设 H1b 和假设 H1c 通过检验。

第一，专长度对跨界创业团队创造力存在影响。实证研究结果显示，专长度与跨界创业团队的创造力之间存在着倒"U"形关系的假设得到支持。在团队中，知识资源是零散地分布于其成员处的，能否确保知识提供给对应的成员关乎团队成功与否（Ali 等，2019）。对于团队来说，良好的交互记忆系统使团队成员能够更专注于学习自己擅长领域的知识，降低了他们的认知负担，也使团队的知识池更加丰富和多样化，而新颖多样的知识储备又有利于创造力的激发（Baer，2010；Ren 和 Argote，2011）。而且，Huang 和 Hsieh（2014）的研究显示，专长度使团队成员能够在任务分配方面更容易达成一致，并帮助他们快速地访问跨行业领域的知识库，从而使团队成员之间的互动和讨论更加顺利。对于团队，知识储备的丰富与知识的组合都为其提供了创造力所需的知识基础，有利于团队创造力的提升（Gino 等，2010）。此外，基于社会认知理论，团队成员之间对彼此的专业知识、优劣势等方面的了解有利于他们形成在团队中谁拥有特定类型知识的共同理解，能够降低成员间的沟通障碍，帮助他们在工作中发挥积极作用，从而提升团队的有效性、创造力乃至更强的环境适应能力（Muskat 等，2022）。对于跨界创业团队来说，由于涉及综合利用不同行业领域的专业知识进行创造性活动，而单个个体往往难以对这些知识完全掌握，为了解决这一问题，团队在创业过程中有必要进行认知劳动的分工。交互记忆系统在专长度方面有利于团队内部的良好分工，从而在分工时向团队成员分配他们更为擅长的工作，使成员们在完成任务的过程中能够各司其职，更充分发挥自己的特长。这样的分工既能提高团队的工作效率和工作质量，也能降低陌生行业领域问题为成员工作带来的困扰。而且，在构思有关产品、服务、技术、流程等方面的新想法和创意时，对彼此所擅长的领域的相互了解使团队成员能够及时找到其他成员协助自己，从而通过合作共同完善这一想法，乃至在未来共同完成创意实现过程。从此方面看，跨界创业团队交互记忆系统的专长度方面有利于其团队创造力的提升。

但同时，正如 Lewis 和 Herndon（2011）以及 Peltokorpi 和 Hasu（2014）的研究所示，当专长度过高时，过度分化的知识也可能为团队带来害处，使成员所掌握的不同行业领域知识的综合利用面临困境，阻碍团队的创造性表现，因此对于团队来说，中等水平的专长度可能更加有效。而且，根据 Levitt 和 March（1988）的研究，惯例中所嵌入的记忆可能导致胜任力陷阱和核心刚性，过高的专长度容易导致团队中某些领域的记忆面临这种刚性难以改变的问题。团队创造力需要丰富的知识基础，这种有限的记忆可能导致团队难以凭借相关行业领域的知识充分激发团队的创造力，更难以打破原有路径的局限（王端旭和薛会娟，2013）。此外，虽然分工明确往往能够保障工作流程的顺利进行，但在创造性活动中却未必总是起到好的作用。在跨界创业团队中，创造性活动是通过团队成员们的共同努力实现的，当专长度过高时，虽然团队成员通过分工降低了自身的认知劳动负担，但如果掌握某行业领域专业知识的成员没能提供有用信息，或所提供的信息存在错误、过时和缺失情况，就有可能导致团队错失好的创意或得到错误、无价值、难以实现的想法。这是因为，在团队中，该领域的知识主要来自该成员，缺少能够对其做出补充和纠正的其他成员。而且，不同学科领域的思维方式存在区别，当团队中各行业领域的专业知识过度分化时，成员所掌握的知识所属的领域不同，他们的思维方式也会存在差别，这使他们在创造性活动中难以充分将不同行业领域的知识综合利用并形成有价值的创意。就像属于不同标准和体系的零件所搭建的机器有时难以顺利运转，其原因在于一些零件可能互不兼容。从此方面出发，当专长度过高时，团队创造力反而会受到消极的影响。因此，随着跨界创业团队交互记忆系统的专长度逐渐提高，团队创造力水平先上升后下降，呈现倒"U"形趋势。

第二，信任度对跨界创业团队创造力存在影响。本书的实证分析结果能够支持跨界创业团队交互记忆系统的信任度与团队创造力之间的正向关系。对于团队来说，当成员能够对彼此所掌握的知识有所信任和欣赏时，团队更容易想出新颖、有创造性的想法（Mostert，2007；Ren 和 Argote，2011）。具体来说，信任度使团队成员之间能够更充分地信任彼此所提供的知识，减少了重复劳动，也降低了信息搜寻的成本，使成员的认知负担减轻（Argote 和 Ren，2012）。而且，成员之间对彼此专长的信任还能够起到降低知识冗余和节约时间的作用，虽然成员对对方所掌握的专业知识领域不够了解，但他们会愿意接受并将对方所提供的知识直接利用于工作中，使成员们能够将更多的时间和精力集中于自己所擅长的工作（Argote 和 Miron-Spektor，2011；黄海艳，2014）。此外，团队成员之间的相互依赖和信任还有利于团队内复杂知识和新知识的流动，使这些知识得以被团队更加充分地利用，从而有利于团队创造力的提升（Peltokorpi，2014）。对于个体来说，对其认知领域外的知识的搜索、理解和应用存在着困难，需要消耗一定的时间和精力成本才能实现。在跨界创业团队中，当团队成员不能够充分信任其他成员所掌握和提供的知识时，对于不了解行业的专业知识，他们可能会选择花费一定时间自己检索，或是在向他人请教过后再通过其他途径验证对方所提供的信息。反之，当成员能够充分信任其他成员的专业水平时，他们更倾向于直接接受对方所提供的知识，并在此基础之上完成他们的任务，因为这种方式能够节省他们在获取和掌握陌生行业领域知识时所要付出的成本。而且，当团队成员在共同构思新想法和思索问题解决方案时，交互记忆系统的信任方面使成员们能够更容易接受其他成员所提出的不同领域知识，而减少质疑、解释以及寻求佐证等方面的劳动，从而使团队的工作效率有所提升。因此，当跨界创业团队交互记忆系统的信任度水平逐渐提升时，团队的创造力随之提升。

第三，协调度对跨界创业团队创造力存在影响。实证分析结果表明，跨界创业团队交互记忆系统的协调度与团队创造力之间存在正向作用关系。协调能够减少团队成员之间的摩擦，使成员之间的合作更加顺利，从而使团队更具创造力（Pulles 等，2017）。而且，协调也能够减少团队成员之间低效率合作所耗费的时间和精力，使成员们能够全心投入创造性活动（Farh 等，2010）。此外，团队成员之间的相互协调有利于团队成员之间的有效沟通，能够降低负面冲突所带来的消极影响，并使团队的知识能够以更具弹性的方式组合在一起，从而为团队做出贡献（林筠和王蒙，2014）。协调还有利于团队成员之间的合作，使成员在工作中更具方向感，并更愿意以创造性和启发性的思维方式寻求问题的解决方案（史丽萍等，2013a）。协调是团队工作顺利进行的保障，在跨界创业团队中更是如此。在跨界创业团队中，来自不同行业领域的知识之间存在着一定的差异和边界，跨界创业就是打破知识边界、寻求知识互补，并将这些知识综合利用以追求创新和创造的过程。在此过程中，团队成员之间的协调是促进他们充分沟通和合作，以将彼此所掌握的不同行业领域知识有效利用于创造性活动的保障。对于团队来说，交互记忆系统的协调就像润滑油之于机器，起到减小摩擦、保障团队工作顺利进行的作用；也类似于催化剂之于化学反应，起到提高团队工作效率的作用。当跨界创业团队能以高度协调的方式运转时，团队成员之间能够形成良好的配合，团队冲突对团队工作影响的消极方面会有所削弱，成员也能够以更加饱满和积极的状态为团队做出贡献，这使团队的创造性活动能够更加顺利和高效地进行，从而更容易产生有价值的成果。因此，对于跨界创业团队来说，交互记忆系统的协调度对其团队创造力起到促进作用。

二 交互记忆系统与知识共享、知识整合的影响分析

有研究表明，交互记忆系统作为一种社会认知结构，在团队对成员知识进行利用的能力方面发挥重要作用，能够促进团队的知识管理（Tsai 等，2016；宋春华等，2016；Kim 等，2021）。交互记忆系统能够帮助团队成员在其他成员处找到、获得并信赖所需的专业

知识，并帮助他们对差异性的知识加以协调和整合。通过团队内的这种相互信任和协调，成员们能够吸收彼此的知识并共同创造新的知识，从而为团队任务提供支持（He 和 Hu，2021；Aissa 等，2022）。为了探究跨界创业团队中交互记忆系统对其知识管理的作用，本书对交互记忆系统与知识共享和知识整合的影响进行了实证分析。结果显示，跨界创业团队的专长度、信任度和协调度对知识共享起到积极作用，信任度和协调度对知识整合起到积极作用，而随着专长度的提升，其对知识整合的影响逐渐从积极转变为消极。

首先，跨界创业团队的交互记忆系统对知识共享有所影响，假设 H2a、假设 H2b 和假设 H2c 通过检验。实证分析结果显示，跨界创业团队交互记忆系统的专长度对知识共享的作用得到支持。对于团队来说，交互记忆系统为团队成员建立了一个知识目录，使成员得以形成有关"谁知道什么""知识在哪里"等的认识，从而知道他们所需的是哪方面知识以及这些知识的位置，并得以更加顺利地进行知识交流和共享（Espinosa 等，2007；曲刚和李伯森，2011）。交互记忆系统的专长度反映的就是团队成员对团队中个体所擅长的知识领域的元认知，相互熟悉的团队成员更容易了解彼此的专长，在具备不同领域专业知识的成员们共同参与知识交流和创造的过程中，他们个人的知识储备也在交流和学习的同时得到丰富（Ali 等，2019）。而且，在成员所掌握的任务相关知识之间差异较大的情况下，他们更容易在团队中找到各种任务相关知识所对应的专家（Zhang 等，2020），而跨界创业往往就符合这种情况。对于跨界创业团队来说，如果团队成员对彼此所擅长的领域有所了解，他们在面对自己所不了解的其他行业领域的问题时，可以更容易找到团队内具备这方面知识（如毕业于相关专业或有相关从业经历）的专业人士并向他们请教，这能够减少他们自行检索相应知识所消耗的时间和精力，也能减少错误信息（如来源于互联网、媒体等途径的虚假信息）所带来的干扰和损失。而且对于作为知识提供方的团队成员来说，他们清楚知识接受方对自己专业领域的知识了解有限，在提供知识的过程中，为了确保他们所提供的信息能够为对方所接受和理解，他们会选择以更清晰、更容易理解的方式分享自己所掌握的专业知识，并对所分享的知识做出相应的解释。因此，对于跨界创业团队来说，交互记忆系统专长度的提升对知识共享起到促进的作用。

实证分析结果表明，交互记忆系统的信任度对跨界创业团队知识共享起到积极作用。对于团队发展来说，仅依靠成员个体对自己擅长领域的专精是不够的，这样不足以满足团队的综合需求，更需要成员们能够充分信任彼此的能力并愿意互相分享他们的知识（Kanawattanachai 和 Yoo，2007）。信任和开放的氛围有利于人际交流并能助力促进知识共享的工作情境的建立，组织和团队的成员常常寻找值得信赖的人，信任反映了成员对彼此的信心，信任水平越高，他们越能够在分工合作和交流沟通中感到安全，从而越愿意进行知识共享，并促进他们进行知识共享的行为（Nguyen 等，2022；Perotti 等，2022）。当成员对彼此的专长有所信任时，这种信任能够支持他们将自己的独特知识向其他成员分享，促进成员之间建立对话和共享式沟通，从而实现团队内信息和知识的交换（林筠和王蒙，2014）。而且，当成员认为其他成员所掌握的知识足够可信时，他们也更倾向于选择向对方请教，而非通过其他渠道进行知识搜索，这也促进了团队的知识共享（Wegner，1986）。知识搜索是需要成本的，在跨界创业团队中，当团队成员遇到问题时，对其他成员知识的信任使他们更愿意向擅长这方面问题的团队成员寻求帮助，而不是通过自行查询资料的方式寻求解决办法，从而规避了知识搜索的成本。反之，当团队成员感受到被其他成员所信任时，他们也相信自己所提供的信息能够被其他成员和团队所重视，从而愿意为团队贡献出自己所掌握的专业知识。而当团队成员能够对彼此的专业知识相互信任时，这种相互信任、相互请教的氛围和习惯能够为团队中的知识共享创造更充分的条件。因此，跨界创业团队交互记忆系统的信任度能够起到促进知识共享的作用。

本书的实证分析结果支持交互记忆系统的协调度对跨界创业团队知识共享的积极作用。交互记忆系统的协调有利于团队内部沟通的顺利进行，降低了知识共享过程中可能存在的误解和阻碍，从而有利于团队的知识共享（Cohen 和 Levinthal，1990；王端旭和薛会娟，2011）。而且，当团队成员之间能够重视彼此的知识、经验和技能，并形成共同的利益、目标和愿景时，团队内协调的分工合作会使成员更愿意抛弃对原本单一领域知识的固守，选择与其他成员分享知识并通过多领域知识的互补来共同促进复杂问题的解决（Acharya，2022）。在注重专业知识的企业，知识被容纳到个体的创造性思维中，他们对知识系统的使用对任务的完成发挥重要的作用，当他们意识到自己的知识对他人或任务有用并有能力做出贡献时，他们可能更愿意分享或获取知识（Mustika 等，2022）。对于跨界创业团队来说，不同领域知识在团队中的共享面临着一定的困难。一方面，知识边界的存在使一些行业的专业知识难以被专精其他行业领域的团队成员所理解。在知识共享的过程中，知识的提供方需要就其所提供的知识向对方做出更深入和细致的解释，才能确保对方能够理解。而另一方面，掌握不同领域知识的团队成员在理念、思维方式等方面可能存在不同，这可能导致成员之间出现矛盾和冲突，对知识共享造成阻碍。当团队能够以协调的方式运作时，团队成员能够以更容易为对方所接受的方式分享知识，并削弱彼此之间的矛盾，从而使他们在沟通过程中更不容易产生误解和障碍，使知识共享得以更顺利地进行。因此，随着跨界创业团队交互记忆系统协调度的逐渐提升，团队知识共享也相应得到发展。

其次，跨界创业团队的交互记忆系统对知识整合存在影响，假设 H3a、假设 H3b 和假设 H3c 通过检验。本书实证分析结果显示，交互记忆系统的专长度与跨界创业团队知识整合之间存在倒"U"

形关系。交互记忆系统使团队成员能够快速接触和获得广泛领域的专业知识，并有利于知识的共享和整合（王端旭和薛会娟，2011）。而且，交互记忆系统使团队成员得以将其他成员视为其专长领域之外的其他行业领域的专业知识库，从而使团队有更多机会将不同成员所掌握的独特知识整合在一起（Argote 和 Miron-Spektor，2011）。个体往往难以深入掌握多个行业领域的知识，而跨界创业的独特优势往往是不同行业领域知识共同作用的结果，因此，这些知识通常来源于掌握不同领域知识的多个个体。而知识在群体中的分布以及个体对他人所具备知识的了解会影响知识的整合能力和整合过程（Acharya，2022）。跨界创业团队需要整合多个团队成员所掌握的不同领域知识以用于创新和创造活动，这就需要团队成员对自己所负责的领域有较为深入的理解。交互记忆系统的专长度使团队的认知劳动的分工更加细致，使成员能够更专注于他们所负责领域的专业知识，更有利于支撑跨界创业活动。因此，跨界创业团队交互记忆系统的专长度能够起到促进知识整合的作用。虽然交互记忆系统使团队成员负责各自专长领域知识的认知工作，但过高的专长度却可能使成员所掌握的知识难以相互印证和建立联系，从而为知识整合带来困难（Lewis 和 Herndon，2011）。在跨界创业团队中，当专长度过高时，团队成员所掌握的知识以及认知劳动分工可能存在高度分化，使成员们关注不同的领域。但由于知识差异性和知识边界的存在，这种过度细分容易导致团队成员对其他成员所掌握的专业领域知识了解过少。团队成员所掌握知识的异质性越高，团队内的知识边界也就越多，成员们的思维方式、世界观、价值取向、工作方式等也更容易产生区别甚至冲突，这使成员们在分工合作的过程中不愿意记住其他成员的专业知识，提高了成员们所掌握的专业知识之间互补的难度（Zhang 等，2020）。而且，当专长于不同领域的专家进行合作时，对任务不同的理解和解释方案容易导致他们之间出现工作不兼容、目标优先度不同、缺乏合作动力、专业术语难以互相理解等问题，使他们常会把部分精力投注于判断对方观点是否有价值以及是否需要调整或舍弃，且专家们在合作中也可能不愿意让自己的专业知识为团队所知，以避免被分配到额外的任务（Pershina等，2019；Yan等，2020），从而难以在不同领域的知识之间建立起联系，更难以将这些相互割裂的知识整合到一起。从这方面看，当交互记忆系统的专长度过高时，跨界创业团队的知识整合将面临阻碍。因此，随着交互记忆系统专长度的逐渐提升，跨界创业团队知识整合先上升后下降，呈现出倒"U"形的趋势。

本书的实证分析结果显示，跨界创业团队交互记忆系统的信任度与知识整合之间的积极作用关系得到支持。交互记忆系统的信任度反映的是团队成员对其他成员的专业性和知识准确性的信心，是建立在彼此相互了解和沟通的基础之上的。团队成员对彼此专长的信任使他们更容易接受彼此的信息、想法和行为，并促进了成员之间的合作动机和合作行为，使他们在共同完成任务的过程中更容易通过学习和讨论来将知识进行整合（Shin和Zhou，2007；林筠，2017；Ali等，2019）。而且，对彼此可靠性的信念能够促使成员在预期对方会做出正向回应的基础上进行合作，逐渐形成互惠的分工合作和互相学习模式，为知识整合提供条件（Parente，2022）。对于跨界创业团队来说，成员之间对彼此专业知识的相互信任是将他们的知识整合在一起的重要条件。对于包含多行业领域知识的跨界创业团队来说，团队成员对其他领域知识的了解较少，当他们质疑其他成员所掌握的知识和信息时，他们不会选择接受这些知识，也更难以在工作过程中将这些来自不同领域的知识整合到一起。而且，知识整合的实现需要团队成员的共同努力，当成员对对方所掌握和提供的知识难以信任时，这种合作的过程也难以实现。因此，随着交互记忆系统信任度水平的逐渐提升，跨界创业团队的知识整合受到促进。

本书的实证分析为跨界创业团队交互记忆系统的协调度与知识整合之间的积极作用关系提供了数据支撑。交互记忆系统的协调度反映的是知识的有效性和协调过程，体现成员之间是否能够有效地在较少误解的情况下分工合作，这使团队成员在整合知识的过程中更加高效，有利于其任务的完成（Huang 和 Hsieh，2014；Wu 和 Deng，2019）。团队的协调旨在将成员们的知识、目标和行动整合以完成任务，在成员们彼此熟悉、协调的团队中，个体更容易实现对其他成员行为的预测并减少团队内部的冲突，从而有助于他们之间的交流和合作（Ali 等，2019）。而且，在完成任务的过程中，当团队成员能够基于各自的专长彼此协调时，他们的合作将更加顺利，从而能够更容易地实现知识整合（史丽萍等，2013b）。当团队内建立起一套能够跨越知识边界协调多领域专家知识的共通语言、理解和利益时，成员对于陌生领域知识的认知负荷和冲突将有所降低，有助于减少成员间的冲突和摩擦，并使他们知识交流和整合的效率和速度得以提升（Acharya，2022）。在跨界创业团队中，顺利整合团队内零散的不同领域的专业知识需要成员们共同做出贡献。在此过程中，团队成员们所掌握的不同行业领域的知识逐渐联系在一起，当团队能够以更加协调的方式运转时，成员之间对于彼此知识的学习、储存和检索将更加顺利，而在他们的共同努力下，这种联系也能够以更高效的方式建立起来，从而实现更高水平的知识整合。反之，对于协调度较低的团队，成员之间的摩擦与低效率的合作既削减了成员们共同进行知识整合的热情，降低了知识整合的效率。因此，在跨界创业团队中，交互记忆系统的协调度能够对知识整合起到促进作用。

三 知识共享、知识整合的中介作用分析

已有研究对交互记忆系统与团队创造力之间的作用关系进行研究，其中的一些研究探究了知识管理在此关系中所起到的作用（Gino 等，2010；Zheng，2012）。在团队中，仅仅依赖专业知识寻求发展并不充分，团队成员之间彼此的信任和良好的协调也是保障他们之间沟通交流、坚定信念和激励他们共同进行创造性活动的关键（Ali 等，2019）。团队内的知识是分布在成员处的，成员个体可以选

择利用他人的知识或发展自己的知识，他们在知识共享和整合过程中所做出的共享能够帮助团队完成任务，因此对团队内分散知识的有效协调和管理有利于团队的成功（Wu 和 Deng，2019）。而交互记忆系统正是一种团队用来协调成员知识、改善团队内信息整合和决策过程、使知识被投入任务完成过程的机制。有学者认为，交互记忆系统作为团队内共享的认知系统，能够体现成员们对不同领域知识的依赖性，团队成员之间的交互记忆系统有助于团队内知识结构的完善，从而为团队的创新创造活动和团队效率的提升做出贡献（Zhang 等，2020）。而且，交互记忆系统运转良好的团队能够从其带来的知识和信息中获益，这些知识经过成员间的传播和分享，能够转化为更深入实用的集体知识和更高质量的信息并为团队所用（Bachrach 和 Mullins，2019）。为了探究跨界创业团队的知识管理在交互记忆系统与团队创造力之间关系中所起到的作用，本书对知识共享和知识整合的中介作用进行了实证分析。结果显示，跨界创业团队知识共享和知识整合对团队创造力有所影响，假设 H4a 和假设 H4b 通过检验，且二者分别在交互记忆系统的三个维度与团队创造力之间的中介作用也得到了数据的支撑。

首先，跨界创业团队知识共享在交互记忆系统的专长度、信任度和协调度与团队创造力之间起到中介作用，假设 H5a、假设 H5b 和假设 H5c 通过检验。对团队成果贡献最大的是个体间的直接互动，然后才是间接的观察，团队成员之间的相互熟悉和了解有助于他们通过相互学习获得完成任务所需的知识，使团队在复杂任务中有更好的表现（Muskat 等，2022）。而且，团队运行过程中涉及成员之间对知识的共享和交流，成熟的交互记忆系统能够使成员通过这种互动来为团队提供多样化的知识，从而使团队有能力从多视角看待问题，并提出创造性的想法和解决方案（黄海艳，2014）。交互记忆系统能够促进团队内部的沟通，使成员之间分享知识的意愿更强，并减少知识共享过程中的误解，从而使团队成员之间更容易碰撞出火花（Inkpen 和 Tsang，2005）。交互记忆系统对团队创造力的影响需要通过知识共享来发挥，交互记忆系统为团队成员之间高效的知识交流和分享提供保障，而知识共享又使成员能够接触到更加多元的知识，使他们能够从不同角度进行思考，从而使团队更具创造力（王端旭和薛会娟，2011）。而且，基于彼此信任形成的互惠合作还能够促进他们之间的知识共享，使他们更愿意共同解决问题、彼此分享一些隐性知识并减少对知识和信息的隐藏，维持他们之间信息的持续流动（Parente，2022）。团队成员间相互的信任感和凝聚力能够促进团队成员对共同目标的追求，提升成员们分享知识的意愿，并提升知识破坏行为的成本，减少个别成员知识破坏的影响，从而改善集体中知识的共享和转移（Perotti 等，2022）。此外，团队交互记忆系统的协调度关乎团队基本资源发挥作用的效果，有效的协调能够促进团队内不同领域知识和信息的交流，为团队的表现提供支持（Wu 和 Deng，2019）。在跨界创业过程中，有关产品、服务、技术、流程的新创意和构思以及落实这些创意的创新和研发过程涉及不同行业领域知识的共同作用，所得到的想法、创意及其落实所得到的成果中都融汇了多领域的知识，从而体现出其独特性。对于跨界创业团队来说，这些不同行业领域的知识是其创意的构成素材，当团队成员愿意分享他们的独特知识时，团队才能将这些知识进行利用。因此，为了保障跨界创业过程顺利进行，跨界创业团队需要充分发挥其交互记忆系统专长度、信任度和协调度在促进团队知识共享方面的作用，使团队成员在工作中积极有效地分享自己所拥有的任务相关知识，从而使这些知识作为团队创造性活动及其成果的知识基础，使团队的创造力得以体现。所以，在跨界创业团队交互记忆系统的专长度、信任度和协调度分别与团队创造力的关系中，知识共享都起到中介的作用。

其次，跨界创业团队知识整合在交互记忆系统的专长度、信任度和协调度与团队创造力之间发挥中介作用，假设 H5d、假设 H5e 和假设 H5f 通过检验。团队的创造力有赖于知识的交流和整合（Amabile 等，1996），为了充分发挥团队知识的作用，需要将嵌入团队内部的零散知识组合加工为集体知识，才能使团队更容易从中提取有用的知识，为创造性活动做出贡献（Zhao 和 Anand，2013）。跨越知识边界聚合不同的知识，建立共通的词库、理解和利益，能够跨越个体认知和知识资源的限制处理不同领域的知识并进行整合，有助于复杂问题的解决（Acharya 等，2022）。当团队成员了解其他成员所具备的专业知识时，他们在遇到不熟悉的问题时可以更容易地在团队中找到对应的专家寻求帮助，这能够帮助团队整合分散的知识并用于任务的完成（Wu 和 Deng，2019）。具体来说，良好的交互记忆系统使团队成员对彼此的专长有深入的认识，这使团队更容易将不同成员的专长整合到一起，从而实现对团队知识的整体把握，有利于充分利用这些知识创造价值（史丽萍等，2013b）。同时，检索知识可以帮助和改善内外部不同领域知识的有效组合，也能够更有效地利用这些知识进行创新（Bagherzadeh 等，2020）。而且，团队成员对彼此知识和能力的高度信任使他们能够更容易接受他人的建议，并能够促进他们积极进行知识整合，从而充分利用团队中的知识进行创造性的活动（Collins 和 Smith，2006；史丽萍等，2013b）。此外，Bolinger 等（2009）指出，当成员之间愿意协调和整合彼此的不同意见时，群体的创造力更容易得到体现。团队成员间的协调使他们能够顺利、充分地利用多样化的知识，将差异化的知识整合并创造新的知识，或将特定领域的想法和知识进行改造，以满足任务需要或应对外界环境的挑战（Liao 等，2012；屈晓倩和刘新梅，2016）。对于跨界创业过程来说，创意的产生与实现涉及不同行业领域的知识的综合利用，取其精华、去其糟粕，从而得到新颖且具有实际操作意义的想法。正如生物学中"杂种优势"的概念，当两个遗传组成有所区别（如不同品种、不同品系）的亲本杂交时，其子代能够表现出在品质、生长率、繁殖力等方面更优越的性状。跨界创业过程中的知识整合就是要将团队内不同领域的知识进行整理、筛选和组合，从而得到对创业过程更加有利的知识。为了实现这一过程，跨界创业团队需要发挥交互记忆系统在专长度、信任度和协调度方面的作用，将团队中的零散知识联系在一起并进行组合和重构，从而得到对团队的创造性活动有意义的知识，为取得跨界创业成果服务。但是，由于个体利益与集体利益未必能够达成一致，部分个体可能会在个人利益指导下进行决策，如在团队协作中隐瞒信息或贡献错误知识来保障自身优势和个人利益，这可能导致集体进行无用活动，浪费时间和精力甚至遭受损失，使集体工作的效率降低、成本增加（Perotti 等，2022）。如果团队专业知识分化程度过高，这种知识破坏造成的负面影响也将更加严重。因此，需要注意的是，如果团队的专长度过高，知识整合可能反而会受到限制，使团队难以充分将不同领域的知识整合在一起，也会对跨界创业团队的创造力造成负面影响。因此，跨界创业团队的知识整合分别在交互记忆系统的三个维度与团队创造力的关系中起到中介的作用。

四 环境动态性的调节效应分析

作为开放的系统，企业和团队的知识管理往往受制于外部环境，面对这种影响，他们会调整知识管理过程以充分吸收、转化、配置和应用外部获得的知识和原有内部知识，从而快速产生新想法以应对环境变化并寻求创新（Feng 等，2022）。具体来说，在转型经济情境下，快速和不稳定变化的动态环境使团队的知识迅速过时，在这种新颖的、不确定的环境中，团队需要借助交互记忆系统来做出应对，团队成员也需要随时面对和发展新的知识以应对原有知识的失效和难以立刻对新的知识加以利用等问题，并通过充分学习和交流对他们的知识体系进行迭代（Lewis，2003；Cruz-González 等，2015；Acharya，2022）。而且，在高度动态的环境中，客户需求和技术进步等突然变化可能导致原本的竞争优势变为陷阱，且仅凭大量的知识储备也难以应对环境的高度动荡，这就要求企业及其团队通过知识管理和学习等方式自我强化，不断完善其能力，从而突破对单一路径或资源的依赖（Forliano 等，2022）。还有学者认为，外部环境的动态可能影响团队交互记忆系统与所处环境间的契合度，使交互记忆系统对团队成员定位、验证和检索专业知识的效率的作用受到市场等外部因素的影响，这种不可预测、快速变化、不确定的市场环境可能会为信息处理带来障碍并提高其复杂性，从而给团队成员的沟通带来更高的成本和认知负担（Bachrach 和 Mullins，2019）。为了探究环境动态性对跨界创业团队的影响，本书通过实证分析探究了环境动态性对跨界创业团队交互记忆系统与知识共享、交互记忆系统与知识整合之间关系的调节作用。结果显示，环境动态性能够分别增强交互记忆系统的专长度与知识共享、专长度与知识整合、信任度与知识整合和协调度与知识整合之间的作用关系，假设 H6a、假设 H6d、假设 H6e 和假设 H6f 通过检验，而假设 H6b 和假设 H6c 没有得到数据支持。

首先，环境动态性对跨界创业团队交互记忆系统的专长度与知识共享之间关系的调节作用得到支持。当外界环境呈现为动态性时，知识的迅速贬值使团队成员对新知识的需求更加迫切，从而使他们更加倾向于借助交互记忆系统来实现与其他成员的知识交流和分享（Ren 和 Argote，2011；Argote，2015）。目前，中国处于经济转型升级阶段，国家高度重视科技发展，国内市场也在全球一体化的浪潮中受到冲击，创业环境的变动和不确定性成为跨界创业企业所面临的外界环境压力的主要来源。市场竞争的日益激烈、客户需求的频繁变化、技术水平的日新月异使他们面临重要的问题——如果不能迅速得到成果就可能错过市场需求的旺盛期，或是被其他竞争者抢占先机。因此，对于跨界创业团队来说，外界环境的动态变化使其不得不全力以赴地追求迅速发展，以避免因为原有的知识储备过时带来的损失。为了高效完成工作任务，在此过程中，团队成员会以效率更高的方式，凭借交互记忆系统相互请教和交流。此时，外界环境带来的压力使团队交互记忆系统的专长度在成员们的工作中发挥更大的作用，使团队成员能够通过了解"谁知道什么"而更加充分利用彼此的专长共同完成任务，促进了团队内的知识共享。因此，环境动态性能够使跨界创业团队交互记忆系统的专长度与知识共享之间的作用关系变得更强。

　　然而，实证结果表明，对于信任度与知识共享之间的关系，环境动态性的调节作用并不显著，假设 H6b 并未通过检验，回归分析结果的不显著可能源于多方面因素。首先，当处于高度动态的环境中时，团队成员会面临知识迅速贬值的风险，使他们需要投入更多精力在提升自己的专业知识储备上（Zhao 等，2013），而此时团队内的信任可能使他们更放心，也更容易"忽略"与自己关联不大的任务，从而将注意力转移到学习新知识和提高自己的专业能力上，这可能会对成员之间的知识共享产生影响。而且，由于具备差异性知识的团队成员之间可能存在心理障碍和关系冲突，而且部分个体可能存在惰性，当处于高度动态环境中时，团队成员可能会依赖于团队中的隐性协调模式或对其他成员的知识过度信任，这会导致有些时候成员似乎并不能自发、有效地分享知识，此时，信任度对知识共享的作用可能受到影响（van Knippenberg，2004；Peltokorpi 和 Hasu，2014）。此外，高度动态环境所带来的知识贬值的压力使跨界创业团队追求尽快将多领域的知识进行整合并利用于创造过程。虽然团队成员倾向于信任队友能够提供有效的信息，然而根据 Kruglanski 和 Webster（1991）的研究，在时间压力下的团队对于差异性知识和观点的开放程度较低。此时，成员对彼此知识的信任可能难以发挥更强的作用，没能使知识共享的过程更加顺利。而且，团队成员间高水平的信任可能使他们对彼此的意见盲目相信，这可能导致团队内部批评和分歧方面的交流减少（Aissa 等，2022）。因此，在本书中，环境动态性对信任度与知识共享之间关系的调节作用不显著的原因可能归结于此，其中更深入的关系有待未来挖掘。

　　实证分析结果表明，对于协调度与知识共享之间的关系，环境动态性的调节作用同样不显著，假设 H6c 并未通过检验，调节作用回归分析结果的不显著可能源于多方面因素。首先，在高度动态的环境中，对于知识的不断需求会使团队内出现重复和冗余知识的迅速积累，而过高的知识冗余可能会对知识的分享和传播造成影响，并带来更高的知识管理成本（张长征和李怀祖，2008；肖志雄和秦远建，2011）。而且，在高度动态环境的压力下，成员缺少时间和精力来充分了解其他成员所掌握的知识，而团队中的协调性使成员们在共同完成任务的过程中更加顺利和高效地完成任务，降低了相互请教和讨论的需要，也减少了团队知识冲突，从而没能起到进一步促进成员之间相互分享知识的作用。此外，跨界创业活动过程中涉及多领域的专业知识，为了完成工作任务，无论是在快速还是慢速变化的环境中，创业团队都需要通过成员之间的协调来充分进行知识共享，而此时，动态环境所带来的压力可能并不能使这种协调发挥更强的作用（Grant，2003；葛宝山和生帆，2019）。而且，当成员感到团队处于安全的情况时，他们更容易信任团队和彼此协调，并在分工合作中参与讨论并贡献出自己的想法（Kim 等，2021）。而在高度动态环境下，团队成员所感受到的安全感可能有所降低，这可能削减对他们合作过程中的知识分享和交流的想法和意愿。此外，由于高度动态环境中客户需求等方面的市场变化难以充分把握，且技术、气候等方面的环境变化存在滞后效应，可能导致一些环境动态性的作用并未能够及时体现（Feng 等，2022）。而且，人工智能、云计算、大数据等数字技术的飞速发展所带来的变化也为现代社会的人们的沟通方式和信息处理方式带来了改变，而这些技术在团队中的应用可能改变交互记忆系统的运行方式及其在知识管理过程中所发挥的作用，如 Yan 等（2020）认为数字知识库、人工智能等方面技术的大量应用可能会影响团队内部的交流沟通和信息共享。最后，时间因素也可能带来影响，随着时间的推移，团队的成员、成员所掌握的知识以及成员之间的关系都会不断变化，当考虑时间方面因素时，上述作用的具体情况有待进一步判断。因此，在本书中，环境动态性对协调度与知识共享之间关系的调节作用并不显著的原因可能归结于此，其中更深入的关系有待进一步探究。

其次，实证分析结果显示，环境动态性对跨界创业团队交互记忆系统专长度、信任度和协调度分别与知识整合之间关系的调节作用得到支持。有研究显示，新颖的、不确定的环境会影响跨越知识边界构建的共享词表、共同理解、共同利益等的有效性，使这些共通的认知过时，为知识主体合作进行知识整合和创新等带来挑战（Acharya 等，2022）。而在客户需求、技术等快速变化的情境中，很多企业通过知识管理手段（如整合新旧知识等）来促进创新、应对市场竞争（Feng 等，2022）。为了应对动态环境所带来的挑战，团队需要不断地创造新的知识以弥补原有知识过时带来的损失，而这种创造性的需求迫使团队成员充分利用交互记忆系统，从而在分工协作的过程中建立共同经验并进一步将彼此的知识整合到一起，从而拓展为共同的知识基础（Dai 等，2016；Chen 和 Liu，2018；Acharya 等，2022）。具体来说，创业活动需要团队能够灵活迅速地应对环境变化，而有效的交互记忆系统在这种情况下就能够使团队成员在专精自身领域之余，也能识别其他专家并将自己的知识与其他成员的专业知识在互补领域相结合，还能够为团队带来积极的团队互动模式，使成员们更愿意为团队贡献他们的专业知识，从而为团队做出贡献（Kollmann 等，2020），如专长度能够帮助团队了解并汇集成员们对环境中机会的不同解释，信任度和协调度能够帮助成员们对彼此的知识优势更加依赖、减少团队中的冲突，从而促进他们的合作讨论和互相学习以整合团队内的知识资源。在中国转型经济的背景下，技术和市场等方面的环境动态变化对跨界创业企业所造成的压力使其追求能够快速带来利益的跨界创业成果，这同样对其创业团队的知识整合产生影响。随着环境动态性的逐渐提升，知识快速贬值的压力迫使团队追求在工作过程中对知识进行快速和充分的利用，从而使交互记忆系统在整合团队内的不同领域知识的过程中发挥更大的作用。此时，专长度、信任度和协调度对团队的知识整合起到的作用也更强。需要注意的是，如果交互记忆系统的专长度过高，环境压力所造成的影响可能使团队难以在不同行业领域的知识之间找到互通点、打破知识边界并充分组合和重构这些知识，即团队的知识整合过程更加难以深入和充分实现。因此，随着环境动态性的提升，交互记忆系统的专长度与知识整合之间的倒"U"形关系会得到强化。此外，当快速变化的外界环境所带来的压力增强时，团队成员之间的相互信任和协调使他们得以更好地合作应对环境的挑战，并在此过程中主动将知识整合以解决问题（Mell 等，2014；Chen 和 Liu，2018）。因此，环境动态性对信任度与知识整合、协调度与知识整合之间的积极作用也有所增强。

第七节　本章小结

本章的研究目的主要在于，通过实证分析方法分析本书所收集到的 156 个团队的有效问卷数据，从而对本书在案例研究基础上所提出的假设进行检验。在检验本书所提出的假设之前，本章对问卷调查所收集数据的基本情况进行了描述，并检验了所收集的个体层面数据是否适合汇聚到团队层面。接下来，本章对所收集到的数据进行了描述性统计与相关性分析，并检验了数据的多重共线性、同源偏差、信度与效度等，从而确保问卷数据可以用于进一步的回归分析。在假设检验过程中，本章通过层级回归分析对所收集到的问卷数据进行研究，分析跨界创业团队的交互记忆系统、知识共享、知识整合、团队创造力、环境动态性之间的关系，并通过 Bootstrap 方法检验知识共享和知识整合的中介作用。研究结果表明，跨界创业团队交互记忆系统的专长度与团队创造力之间存在倒"U"形关系，信任度和协调度与团队创造力之间存在正向关系，且知识共享和知识整合在这些关系中均起到中介作用。环境动态性对专长度与知识共享、专长度与知识整合、信任度与知识整合、协调度与知识整合之间的关系均起到正向调节作用。而环境动态性对信任度与知识共享、协调度与知识共享之间关系的调节作用未通过检验。在实证分析结果的基础上，本章对研究结果进行了讨论和分析，阐述、分析和解释了跨界创业团队交互记忆系统对其团队创造力的影响、交互记忆系统对知识共享和知识整合的影响、知识共享和知识整合的中介作用，以及环境动态性对交互记忆系统与知识共享、交互记忆系统与知识整合之间关系的调节作用，并对未通过的假设做出解释。

第七章

结论与展望

本书探索的是转型经济背景下跨界创业团队的交互记忆系统、知识共享、知识整合与团队创造力之间的关系。首先,本章对主要研究结论进行了总结,并根据研究结论阐述了本书对跨界创业活动的启示。其次,本章结合已有研究对本书的理论贡献与创新点进行阐述。最后,提出了本书研究存在的局限并为未来研究提出了可能的研究方向和展望。

第一节 研究结论与启示

一 研究结论

本书在回顾公司创业理论、知识管理理论、社会认知理论等理论,以及梳理目前交互记忆系统、知识共享、知识整合、团队创造力与创业环境等方面的相关研究成果的基础上,结合案例研究界定了本书的核心构念及其维度划分,进而构建了本书的交互记忆系统、知识共享、知识整合与跨界创业团队创造力关系的研究模型,并提出了相应的研究假设。通过与专家教授等反复讨论和预调研过程修正调研问卷后,本书向北京、上海、珠海、长春和呼和浩特这五个城市的跨界创业企业的创业团队进行大样本问卷调查,共获得156

个团队的有效问卷468份。在进行样本特征分析、汇聚检验、描述性统计分析、Pearson相关分析、信度和效度检验之后，本书通过多元线性回归的方法对问卷调查所得的有效数据进行分析以检验本书所提出的假设。分析结果显示，本书所提出的假设大多得到了实证研究结果的支持：跨界创业团队交互记忆系统的专长度与团队创造力之间存在倒"U"形关系，而信任度和协调度对团队创造力起到促进作用；交互记忆系统的专长度、信任度和协调度对知识共享起到促进作用；交互记忆系统的专长度与知识整合之间存在倒"U"形关系，信任度和协调度对知识整合起到促进作用；知识共享和知识整合在交互记忆系统的各维度与团队创造力之间起到中介作用；环境动态性能够增强交互记忆系统专长度与知识共享之间的关系以及专长度、信任度和协调度分别与知识整合之间的作用关系。

研究显示，当跨界创业团队交互记忆系统的专长度处于适度水平时，对团队的创造力最为有利。对于跨界创业团队来说，认知劳动的分工未必只有好处，当分工过度时，团队知识整合可能变得低效率，这会使团队在综合利用知识进行创造的过程中受到负面影响。因此，应当通过保持适度的专长度水平，使团队的知识共享和知识整合都能够高效地为团队的创造性活动做出贡献。除此之外，对于跨界创业团队来说，信任度和协调度使团队成员能够以高效率的方式进行合作，从而使团队的创造力有所提升。因此，应当使团队成员之间形成对彼此专长的充分信任，并充分协调成员的工作方式及其所掌握的任务相关知识，从而使这些成员能够共同将知识转化为新颖、有价值的创意和想法。除此之外，在中国的转型经济背景下，创业环境方面因素是企业选择跨界创业的重要因素之一。对于跨界创业团队来说，环境的迅速变化不仅促使其所属企业提高对跨界创业业务的重视程度和紧迫感，也使团队面临知识迅速过时的压力。因此，为了应对环境动态性所带来的影响，跨界创业团队更需要通过调整和完善其交互记忆系统，以保障团队的知识共享和知识整合以较高效率进行，从而使团队能够在动态环境中保持较高的创造力水平，从而有利于其跨界创业事业，为企业开辟新的发展方向。

二 研究启示

目前，在中国转型经济背景下，跨界创业现象频繁发生，如何成功进行跨界创业、如何使跨界创业热潮为经济发展做出更大贡献成为中国的跨界创业企业和政府所关注的问题。对于跨界创业企业的创业团队来说，在团队合作完成任务的过程中实现良好的知识管理，是获得更强的团队创造力、走向跨界创业成功的关键。基于对相关研究的梳理和案例研究的结果，本书构建了交互记忆系统、知识共享和整合与跨界创业团队创造力关系模型，并在考虑中国转型经济背景下创业环境因素的基础上，将环境动态性纳入研究框架，作为模型中的调节变量。基于大样本调查数据，本书通过实证分析对研究模型中变量之间的关系假设进行检验，并得出了相应结论。对跨界创业企业的创业团队来说，本书的成果在如何实现更有效的团队合作和知识管理以及提升团队创造力的水平方面有借鉴意义，并对政府在完善创业环境、提升跨界创业在经济发展中的积极作用方面有一定的启示作用。在实践方面，本书对跨界创业活动的启示主要包含跨界创业企业、跨界创业团队以及政府部门三方面。

第一，对于跨界创业企业的启示。随着市场逐渐成熟和科技水平的飞速发展，一些行业内原有的技术差距会逐渐弥合，使产品和服务之间的差异性越来越小，可替代性越来越强。这将导致这些行业内的竞争日益激烈，处于这些行业内的企业所面临的压力将会越来越大。而对于这些企业来说，依托原来的模式继续发展会使其道路越走越窄，甚至可能面临无法维持生存的情况。此外，随着生产力和科技水平的不断提高，消费者的生活水平和方式也在不断变化，其需求也呈现快速变化、复杂化和多样化的特点（王鼎咏，1984）。而当企业仍以单一化、同质化的产品和服务投向市场时，就可能无法满足客户的需求，从而面临窘境。对于企业来说，应当充分适应市场变化并对其原有过时的认知结构、惯例等做出改变，从而摆脱对旧制度、旧路径、旧思维等僵化问题的依赖造成的束缚，从而通过差异化获取优势（Lyu 等，2022）。而且，环境的动荡可能冲淡企业原有的优势，企业也应当更多关注外部环境变化并克服路径依赖，以发展更加动态化、更适应环境变化的知识管理能力，从而从外部环境中获取有用的知识资源，拓展自身的知识储备，并对内外部知识资源实现更高效的配置、跨界融合和利用，以更好地适应外部环境、应对市场变化、建立和提升独特的竞争优势（Feng 等，2022）。在此情况下，企业除了对原有的产品和服务等进行丰富和完善，以提升对客户需求的满足程度外，也可以探索新的发展方向、拓展其业务领域的宽度。而跨界创业就是企业选择进入与原有业务不同行业领域的一种发展方式，跨界创业能够将不同行业领域的知识结合起来，从而为客户提供兼具不同领域特色和优势，并能够满足客户多样化需求的复合型的产品或服务（葛宝山等，2016）。对于企业来说，成功进行跨界创业可以打破原有框架的束缚，并实现变革性的发展。因此，当企业难以应对行业内的激烈竞争、技术进步、制度变革等方面变化带来的压力，或想要寻求新的发展方向时，跨界创业是一条可行的道路。

需要注意的是，跨界创业虽然另辟蹊径，却并非一条坦途，想要成功进行跨界创业，企业需要承担这种变革性发展所带来的风险。跨界创业活动需要将不同行业领域的知识、资源、技术等要素融合在一起，从而通过将其综合利用，得到兼具不同领域特色和优势的成果，而这一过程本身就是一个复杂且充满风险的过程。本书从知识视角探索了跨界创业现象，发现在跨界创业过程中，融汇不同领域知识进行创造性活动并取得有价值的成果并非易事。因此，跨界创业主体应当充分筛选和开发高价值的创业机会，更重视与不同行业领域、不同学科的其他主体的充分交流合作，并引入相关行业的人才和资源，从而实现跨领域的业务拓展（芮正云和马喜芳，2021）。对于企业来说，当想要通过跨界创业寻求进一步发展时，首先，需要考虑将业务向哪一行业领域拓展，考虑目标领域的潜力如何，新业务与其原有业务之间的相关程度高低，企业所具备的知识和资源等条件能否支持其向这一领域拓展业务等问题。这就需要企业对其所要进入的行业领域进行充分了解，并反复考虑计划要拓展的业务的可行性与现实性。如对行业的类型、相关制度规范、潜在的竞争者、可能的市场空间等进行调查，并在充分了解的基础上做出是否进行跨界创业以及从事什么业务的决策（王冲，2016）。其次，组织在构建团队时应了解团队的领导和成员的特点、关系、专业领域及其多样性对团队沟通、交互记忆系统发展和发挥作用等方面的作用（Yan 等，2020）。因此，跨界创业需要组建一个涵盖不同行业领域专业知识的创业团队，这一团队中的成员需要具备企业预期的跨界创业业务所涉及的不同行业领域的知识，从而为跨界创业过程服务。这些成员既可能是跨界创业企业原有成员，也可能是为了满足跨界创业活动所需而专门从外部聘请的、对目标行业领域有深入了解的专家。再次，由于个体利益与集体利益潜在的冲突或人际关系冲突等问题的存在，一些个体可能不愿意在分工合作的过程中贡献自己的知识，这阻碍了知识的正常流动，导致集体合作效率的降低和成本的提高（Perotti 等，2022）。因此，跨界创业企业在建立创业团队的过程中有必要抽调或招聘那些愿意在合作中分享自己的知识、经验和技能的个体，以避免知识的隐藏或破坏可能带来的负面影响。且企业领导对员工知识共享、转移、储存等是否支持和信任是其创新的关键，而员工之间对于知识的传播、整合和学习对于组织知识的积累也是必不可少的（Oh 和 Kim，2022）。从知识管理的视角看，就需要通过各种必要的手段加强组织在知识的获取、共享、整合、利用等方面的能力，既要有目的地调动员工在特定领域学习获取知识的积极性，也要为员工之间的知识交流和融合提供渠道、减少障碍，还要寻求构建综合利用组织知识资源的途径（彭花等，2022）。此外，组织组建的团队会不断受到组织政策、他们在组织中的地位、团队所处情境等方面的影响，因此组织应当为团队提供有利的发展情境和政策支持来为其交互记忆系统的发展、维护和运行提供帮助（Yan 等，2020；He 和 Hu，2021）。具体来说，企业还需要为跨界创业活动提供充足的资源支撑，跨界创业的产品、服务、技术等成果的创新和研发除了需要知识的支持外，还需要有形资源的投入，如资金、场地等。因此，对于跨界创业企业来说，进行跨界创业活动需要在充分了解的基础上，根据企业所具备的知识和资源选择有能力支持且具有市场前景的方向开展创业，并做好在此过程中提供人才、知识、资源等方面支持的准备。最后，由于在当前处于数字时代环境以及受新冠疫情的影响，企业难以完全避免信息技术的使用，所组建的团队难免会具备一定的虚拟性，通过社交媒体等通信技术手段进行沟通能够对知识管理产生影响，但在便捷的同时，这种沟通方式与面对面沟通相比具备一定的制约性，如可能在知识转移的有效性和保真度等方面受到一定局限（Ali 等，2019；Chen 等，2020）。高度虚拟化的交流方式所导致的非语言交流减少、信息交流不完整等问题可能影响团队内交互记忆系统的发展和作用发挥，而人工智能、云技术等数字技术的广泛应用又可能为团队的信息和知识的储存、处理和利用等带来便利。因此，跨界创业企业在组织跨界创业团队时有必要充分考虑未来成员间交流的方式以及对数字技术的利用模式，通过选择彼此了解或信任的成员组建团队，或是确保直接沟通的频率不要过低，以避免不熟悉的成员间无法形成高质量的交互记忆系统，从而影响所组建的团队的运行效率。

第二，对于跨界创业团队的启示。群体共同经历的事件和过程有利于他们之间共同理解和共识的创造，有利于交互记忆系统的形成和完善（Lyndon，2022）。对于跨界创业团队来说，为了成功进行跨界创业，需要通过团队成员之间的通力合作才能创造出能够为企业带来价值的成果。这一成果来源于团队的创造性活动，在共同工作的过程中，团队成员们通过彼此分享自己所掌握的专业知识以及将团队中的知识组合和重构，共同构思出了新颖、有价值的创意，从而利用这些创意为企业改造或研发出有价值的新产品、新服务、新技术等。跨界创业涉及多行业领域的知识，是一项复杂的任务，仅凭单个团队成员自己所掌握的有限知识往往难以满足任务所需。而团队成员之间的交流和互动是否密切和有效，受到外在动机（如奖励、互惠利益等）和内在动机（如自我效能感、自我享受等）的影响，且与外在动机相比，内在的动机可能更能够驱动个体进行跨领域的知识共享和学习，这就需要充分激励个体的学习欲望来减少跨边界传播知识的阻力，减少个体在此过程中的知识隐藏行为（Matsuo 和 Aihara，2022；Perotti 等，2022）。而且，成员之间关系的影响也不容小觑，这里的关系既包括正式关系（如制度性的），也包括非正式关系（如情感性的），这些关系对于团队内部氛围、交流、协作等方面均有影响，是保障团队顺利分工协作和交互记忆系统顺利运行所不可忽视的（Ali 等，2019；曲刚等，2022）。当团队成员之间彼此熟悉时，他们可能更愿意互相学习，分享知识和经验，从已有研究看，团队成员共度的时间有利于他们之间彼此熟悉及建立共同的知识和理解，但仅凭借时间堆砌的效率有限，还需要通过其他手段推动成员之间相互熟悉和了解，进而提升团队的合作和协调（Muskat 等，2022）。除此之外，个体相互分享知识的意愿和帮助他人的兴趣也可能影响成员间的知识交流，鼓励积极交流、分享和互帮互助的信念以及提升个体相关的自我效能感有可能促进他们对于分享和交流知识、经验和技能等的意愿（Mustika 等，2022）。而且，个体分享知识等行为除了需要合适的环境，还需要组织为他们提供渠道以进行知识的分享和交流（Nguyen 等，2022）。

此外，领导或同事的帮助有助于打破沟通障碍、塑造积极氛围、刺激成员的亲社会动机和认知动机，以低成本在团队内及时获取所需知识对于个体来说成为可能，这使更多与任务相关的高质量知识融入团队。如有学者认为，组织的高层管理者是其交互记忆系统构建和发展的催化剂，通过对认知资源的妥善利用、采取适当的行为方式，能够促进组织适应环境。而对于创业团队来说也是如此，团队领导也可以通过妥善的策略来加速交互记忆系统的完善和促进成员之间联系的建立，并通过将职能、任务、知识结构等相匹配来促进协作（张学艳等，2020）。在团队成员们共同完成任务的过程中，知识领域和深度的差异所带来的知识边界可能影响共同理解的建立，而不同的子目标也可能引发竞争如对稀缺资源的争夺，这些都会导致团队知识管理的有效性降低，此时通过团队领导的干预保障交互记忆系统的良好运行和团队的有效性可能是有效的。因此，可以关注团队领导者的作用，领导者作为团队核心成员联系着其他团队成员，其经验和能力对团队交互记忆系统的发展以及团队成员的分工合作的影响贯穿始终（Wu和Deng，2019）。考虑到一些知识是从外部获取的，团队的领导者就会在这个知识由外向内流动的过程中发挥重要作用，如对员工与外部伙伴的互动过程进行监督、引导和协调等，这种知识流入可能会促进其创新，因此对这一方面也有必要加以关注（Markovic等，2020）。Zhang和Guo（2019）认为，领导和知识领袖的沟通、协调、激励、指导、支持和示范等作用在团队跨越知识边界、调和认知冲突、减少消极合作等方面发挥重要作用。

具体来说，为了保障跨界创业团队高效运行，充分发挥其成员们的能力，有必要制定妥善的发展策略来对团队成员施加影响，营造良好的团队氛围、鼓励交流沟通、拓展协作方式、建立互信文化，从而促进其交互记忆系统趋向完善并充分发挥作用，使团队成员之间彼此信任、相互交流、互相学习、减少冲突，在团队内展开全方位的分工协作以最大限度激发和利用成员们的工作热情和专业特长。首先，在此过程中，为了保障团队能够顺利完成任务，团队内部需要有妥善的分工、合适的管理制度并及时进行工作总结，既要使团队成员从事自己擅长的工作并对其他成员的专长有所了解，也要避免过度分工割裂各成员任务之间的关联性。从而保障成员们各司其职，并在灵活、合理的任务分配的基础上充分实现团队合作，在团队成员的个体知识储备之间建立起联系，使团队中的知识能够更好地整合在一起。通过建立良好的分工合作体系，团队整体能够以较高的效率进行工作，而团队成员也能在此过程中形成对跨界创业目标更全面的了解，并明晰自己所掌握的知识能够为跨界创业的哪一部分服务，从而使成员能够在合作过程中贡献对于完成任务更具针对性的知识，也使他们能够从自己的专业角度来提出更加中肯的建议和可行的创意。其次，可以通过激励机制和团队意识等方式鼓励成员在工作中建立起对彼此的信任，充分协调成员们的工作任务与成员之间的关系，鼓励成员们花时间在一起，并减少成员在分享和整合知识过程中感知到的风险，从而在团队中形成一个良好的工作氛围和沟通氛围，促进团队成员们共同记忆的建立与交互记忆系统的形成和完善，使团队成员们更愿意在工作中做出贡献，减少他们在协作中的知识隐藏，并使他们以一个和谐、协调、高效的方式共同合作完成任务。再次，在科学技术发展日新月异的当下，新知识和新技术既能够服务于工作中出现的难题的解决，也能起到开阔眼界、激发创意火花的作用，故有必要系统性地培训团队成员的创新能力和技能，并培养他们的学习导向以及对创意、知识产权、内外部知识等价值的认识，从而建立支持机制刺激他们的学习欲望和知识兴趣，鼓励团队成员在工作中不断学习新知识和新技术，鼓励团队成员将外界来补充内部知识，进而与外界充分交流，有效互动、向外界充分学习以避免闭门造车，在为企业和团队服务的同时实现成员自身能力的增长。而且，整合差异性的知识需要借助其中的互补性（Enberg, 2012），而对团队知识更全面的了解也有利于团队成员发现任务所涉及的不同领域知识之间的互补之处，从而促进团队内知识的整合，为团队的创造性活动服务。此外，跨界创业企业和团队的领导有必要充分关注行业和市场的动态，收集外部环境信息并及时和慎重地进行研判，判断其所处环境对其事业可能造成的影响如何，从而选择在发展过程中更多获取、吸收和利用外部知识以进行激进式的发展，应对外界环境变化，或是更多地进行现有知识的利用和积累以进行渐进式的发展或维持现状。最后，有必要关注团队内成员在不同领域知识上的边界，借助越发完善的技术和越发丰富的复合型人才的共同作用构建社会认知和技术路线，在团队内搭建跨越知识领域的桥梁并随着团队的不断发展进行不断的调整和完善，为从事不同领域的团队成员之间持续提供各种有效的边界跨越的手段和途径，从而使他们能够相互交流、减少冲突，实现对彼此的理解并达成共识。同时还应鼓励成员间的沟通、交流和相互学习，通过反复磨合和协作建立共通的词表、理解和利益取向，以突破语法、语义和语用方面的知识边界为跨界创业过程带来的阻碍，并在团队内构建起对任务的共同认知，提升团队协作的能力，为企业的跨界发展提供助力。

第三，对于政府部门的启示。创业能够促进就业和经济增长，是驱动国家经济发展的重要动力（Gilbert，2004）。对于政府来说，创业已经成为转变经济增长方式、调整产业结构、解决就业问题的重要手段，需要充分重视。而跨界创业也是值得政府关注的领域，跨界创业使企业能够打破束缚，找到新的发展方向，为企业提供了缓解和避开行业内激烈竞争所带来的压力的途径。特别是对于传统行业和产能过剩行业的企业来说，跨界创业使其得以找到解决当前所面临窘境的途径。"一花独放不是春，百花齐放春满园"，跨界创业热潮的到来有利于中国产业的多样化发展和产业转型升级，为传统行业和产能过剩行业的发展注入新的动力，并能够促进企业更积极地进行科技创新，有利于中国科技水平的提升。为了充分发挥这股热潮在促进中国经济和科技水平发展方面的作用，政府有必要提升对跨界创业的关注程度，并从宏观层面进行引导。对于跨界创业主体来说，跨界活动除了对跨领域发现和创造的机会的开发和利用之外，更是获取发展所需知识和资源的重要途径，当他们的跨界活动受到更多、更有效、更差异化的政府和社会的支持时，咨询指导、教育培训、政策优惠等扶持能够使跨界创业主体避免陷入完全依靠自身禀赋单打独斗的境地，使他们所面临的压力有所缓解（芮正云和马喜芳，2021）。考虑到创业环境涵盖创业过程所涉及的所有外部因素，对创业成功与否起着至关重要的作用（蔡莉等，2007），政府部门应当为跨界创业营造良好基础，为中国跨界创业企业的发展提供更多、更具针对性的支持和更包容的环境，以形成促进跨界创业健康发展的优质土壤，从而提升中国企业跨界创业活动的发展水平，并引导跨界创业热潮，为中国经济发展和科技进步做出贡献。

世界经济论坛将国家的经济发展水平分为要素驱动、效率驱动和创新驱动三个层次，根据 GEM 的报告，中国目前正处于效率驱动层次，而在这一层次，政府政策、政府创业项目、学校的创业教育和研发转移对创业发展的限制是最大的。因此，为了促进跨界创业的发展，政府部门可以针对这几方面做出应对。首先，自从"大众创业，万众创新"的号召提出以来，中国对创业活动的重视程度有所提升，政府部门也推出了一系列激励和支持政策来鼓励创业，并取得了一定成效。但在跨界创业方面，目前并没有针对性的支持政策和指导意见等出台，难以吸引一些传统产业、产能过剩行业的企业进行跨界创业，对已经进行跨界创业的企业的帮扶力度也有限，没能充分起到促进跨界创业的作用。因此，需要通过相应的支持政策来促进跨界创业，如在人才、资金等方面提供便利，降低贷款门槛、拓宽融资渠道、鼓励创业服务机构发展、鼓励专业技术人员到相关企业任职或兼职等，或在财税政策方面提供税收减免、补贴、降息等待遇，从而促进更多企业进行跨界创业，并为跨界创业企业提供助力，使其开展更高质量的跨界创业活动。其次，政府可以在需要重点发展和扶持的产业建立相应的发展计划和项目，从而引导企业和社会投资向这些领域倾斜。如在一些环保、基础设施、公共事业等领域开展项目，从而引导其他行业的企业进入这些领域，这样既能减轻财政负担，也能为这些企业的跨界创业提供支持，降低他们所面临的风险，同时解决这些领域亟待发展的难题。再次，学校的创业教育对于处于三个经济发展层次的国家来说都是最薄弱的一环。对于中国来说，提升学校阶段的创业教育水平不仅是为了满足当前发展所需，也同时是为了满足在更高层次发展的需求。因此，虽然国内已经有一些学校开始开展了创业相关课程，但相应的教育仍不成体系且缺少实践方面的要素。教育主管部门仍需要更加重视创业教育，通过相应的政策和宣传手段大力推动创业教育发展，丰富创业相关课程体系，从而为社会、为企业培养更多懂创业、会创业、敢创业的人才，使跨界创业企业有更多人才可用，以提升跨界创业热潮中企业的跨界创业质量。而且，随着时代的发展，跨领域活动的现象越发频繁，在教育和培训领域也应当提高对跨领域、跨学科教育培训的重视，从而培养出更多跨领域人才，以应对当下越发复杂的市场环境和用户需求。最后，在三个层次的国家中，研发转移都限制了创业的发展，能否利用研发成果创造机会并进行商业化是需要重视的问题。对于多数企业来说，研发过程需要大量的资源投入和技术支持，而研发成果的转化更是一个复杂且困难的过程，很多时候，研发成果的产生与转化是难以仅凭企业一己之力实现的，对于跨界创业这种追求复杂的综合性成果的创业模式来说更是如此。因此，政府有必要引导和促成企业与科研机构之间进行合作，并鼓励企业提高自己的科研能力，还需要寻求更为有效的产业政策来促进产业结构完善，使产、学、研、用之间形成协调的合作机制，集中力量、发挥整体优势促成跨界创业，从而形成多元化的合作创新体系，为中国的经济发展和科技进步做出贡献。

第二节　研究的创新性

当下，跨界创业在国内外已经掀起热潮，大量面临激烈竞争的威胁和科技进步所带来影响的企业正在寻求通过跨界创业的途径规避竞争或步入新的发展方向。在中国转型经济大背景下，本书针对跨界创业进行研究，旨在探索和揭示交互记忆系统如何影响跨界创业团队的创造力，以及知识管理在这一过程中起到怎样的作用。已有研究较少直接对此方面进行探究，为了充分辨明其中的内涵和机理，本书基于对理论成果的梳理和分析以及多案例研究构建相应的研究模型，并结合理论推导提出了 23 个假设，从而从知识视角揭示交互记忆系统对跨界创业团队创造力的作用机理及环境动态性在其中的作用。本书主要的创新点体现在以下四方面。

首先，本书关注中国跨界创业现象，对此领域研究起到丰富和拓展作用。从目前看，全球的跨界创业现象屡见不鲜，但国内外学界的理论研究进展却相对缓慢，存在一定的发展空间。目前对跨界创业的内涵和本质、跨界创业活动发展的内部机理，以及如何通过跨界创业的有序健康发展助力中国经济水平提升的探究也有待深入。目前，跨界创业的内涵在相关研究中主要是对于相关现象的描述，常与其他概念混淆，尚未有高度统一的界定。为了对这一点做出贡献，本书在结合已有跨界创业相关研究以及现实特点的基础上进行了概念界定，并以对跨界创业内涵的明晰和界定为基础，从知识视角对主要关注的跨界创业团队这一主体进行研究，对其跨界创业活动中体现出的特点进行探索，这也能够在一定程度上解释企业为什么要进行跨界创业并发掘当前跨界创业的热潮涌现的根由，有利于对跨界创业现象形成更深入、更有效的理解。因此，从这方面看，本书对跨界创业现象的关注和探讨能够助力探索跨界创业的本质，有助于推进相关理论发展和获取实践启示，同时也丰富了公司创业领域的相关理论，为未来研究夯实基础。

其次，从知识视角进行研究，在跨界创业情境下探究了团队层面不同领域知识的管理。对于跨界创业团队来说，能否将不同领域的知识综合利用关乎能否打破框架和路径束缚、产出有价值的成果，而这一过程中不同领域的知识在团队中是如何被传播和组合的，还有待进一步揭示。跨界创业的成果能够综合体现不同行业领域的特色和优势，本书从知识视角出发探究交互记忆系统与跨界创业团队创造力间的关系，有利于解释跨界创业团队对于不同领域的差异性知识的调动、转化和利用，从而形成独特创造力的过程。而且，将团队的知识管理过程中的知识整合和知识共享一起纳入研究框架，有利于充分揭示知识这一关键要素在团队中从零散、冲突的个体知识到协调、可用的团队专门知识转化的过程，并能够在此基础之上解释团队创造力的来源和提升路径，从而从新的视角形成对知识管理更深入的理解。从这一点看，本书关注了团队内不同领域知识的管理，特别是对跨界创业情境下创业团队个体间的共享和整合等过程进行了探讨，能够加深对跨界情境下企业和团队跨领域的知识管理的理解，并强调了知识管理在跨界创业研究与创业实践中的重要作用。

再次，虽然已有研究对交互记忆系统在处理不同领域知识方面有所探讨，但很少将其作为主要的关注点并纳入涉及多领域知识的跨界创业情境。考虑到团队是创业企业知识的重要载体，而交互记忆系统对于团队来说是协调成员分工、减少团队冲突并帮助团队管理知识的重要机制，本书结合公司创业、社会认知、知识管理等相关理论，从知识视角入手，针对交互记忆系统对跨界创业团队创造力的作用进行分析并构建了相应的模型，关注了知识的共享和整合分别所起的中介传导作用。对交互记忆系统在其中所起的作用进行分析，能够加深对跨界创业主体交互记忆系统发挥作用的方式和特点的了解，拓展对交互记忆系统相关理论的认知。因此，本书基于对交互记忆系统、知识管理等领域相关文献的梳理，探究交互记忆系统这一工具在跨界创业团队利用不同行业领域知识进行创造性活动的过程中的作用，从而探究和揭示交互记忆系统在跨界创业这一特殊情境中的作用机理，并对相关理论成果起到丰富的作用。

最后，将环境动态性这一要素纳入研究框架，找到了跨界创业在中国转型经济背景下发展的新规律。本书是基于中国当前转型经济背景进行的，而关注此情境下的跨界创业研究，特别是团队层面的跨界创业研究较少。在中国经济转型时期，创业环境呈现出快速变化和不确定的态势，为了确保研究结论贴合实际并适用于中国企业现实情况，本书将创业环境层面的因素加入分析。对于中国跨界创业主体，环境动荡对其创业行为和过程有重要影响，且能否实现顺利的生存和发展与其所处环境密切相关。此外，知识常常作为企业特别是跨界创业企业发展的关键要素，而环境动荡也会给企业和团队带来知识过时的挑战。可以说，对于跨界创业领域研究来说，环境动态性这一因素具有重要的意义。因此，本书关注了环境动态性因素，在相关理论与实践的指导下，分别探讨了环境动态性对跨界创业团队的交互记忆系统与知识共享、交互记忆系统与知识整合之间关系的影响，以求发现创业过程中环境方面因素对跨界创业团队所起到的作用。基于此，本书的发现能够贴合中国现实，有助于深化对中国跨界创业的了解，并对中国跨界创业主体及其活动具有借鉴意义。而且，在交互记忆系统领域的研究中，学者们较少关注环境层面因素的作用，而本书的结论也能够起到丰富该领域研究成果的作用。

第三节　研究的局限性及未来展望

本书在结合相关理论研究和案例分析结果的基础上，探讨了跨界创业团队交互记忆系统对团队创造力的影响以及团队的知识共享和整合在其中所起到的作用，并构建了交互记忆系统、知识共享和整合与跨界创业团队创造力的关系模型。通过对大样本问卷调查所获得的数据进行实证分析，检验了跨界创业团队的交互记忆系统各维度与团队创造力之间的关系、知识共享和知识整合在其中的中介作用，以及环境动态性对交互记忆系统各维度与知识共享和知识整合之间关系分别起到的调节作用。虽然本书的结果对丰富跨界创业相关研究有一定贡献，但本书的研究仍存在一定的局限，有待在未来研究中进一步完善。

首先，本书对跨界创业现象进行研究并对其概念做出界定，并在此基础之上从知识视角探究了跨界创业团队在创业过程中的表现，但仍存在不足之处，需要完善。目前，虽然跨界创业现象在现实中频繁且广泛地发生，但本书所做出的研究主要关注公司的跨界创业现象，而未能涵盖个体或其他类型机构和群体的类似现象，适用范围有待拓展。而且，本书对跨界创业的研究主要是从知识视角探究跨界创业团队的表现，对跨界创业内涵的界定也着重考虑了知识方面，而对其他方面考虑较少。此外，本书的研究主要从团队层面进行，而没有充分关注个体和组织层面的表现，研究层面有待拓展。因此，在未来的研究中，为了更深入地探究跨界创业现象的本质，可以更多地关注其他对象的跨界创业，并从不同视角对跨界创业进行研究，从而实现对跨界创业现象和内涵的更深层次的理解，为该领域理论的发展指明方向。除此之外，在未来的跨界创业研究中，有必要从不同层面进行研究或进行跨层面的研究，以丰富相关理论并为实际的跨界创业活动提供理论指导。

其次，本书的研究是结合案例研究和实证研究方法进行的。在案例研究方面，通过对跨界创业企业跟踪和访谈获取资料并进行分析，从而形成对跨界创业团队交互记忆系统、知识共享和整合与团队创造力之间关系的初步认识，进而通过实证研究进行验证。而在实证研究方面，虽然我们在研究中尽量综合多种分析和调查方法来得到较为客观的结论，但受访者对于接受调查的主观意识可能影响他们的评价，使他们对结果的评分下意识地进行归因，导致变量间相关性有所放大。为了减少这些方面的影响。在未来的研究中，可以综合案例研究、实验研究、实证研究、仿真研究等方法进行研究，从而形成对跨界创业现象更全面、更客观的理解。此外，跨界创业现象所涉广泛，仅从管理学角度进行研究可能未能充分阐释这一现象背后的本质。未来研究可以结合经济学、社会学、心理学等学科领域进行跨学科的研究，从而明晰跨界创业现象的产生和拓展所面临的经济和社会方面因素，以及跨界创业主体的行为和创业过程所受到的内外环境、心理等方面因素的作用情况。从而通过不同学科领域理论、不同研究方法和不同研究视角剖析跨界创业现象，为丰富相关理论和指导跨界创业实践做出贡献。

最后，本书的实证研究数据主要来自北京、天津、珠海、长春和呼和浩特，虽然这五个城市分别属于创业高活跃地区和不活跃地区，有一定的代表性，但仍缺乏比较活跃地区和沉寂地区的相应数据，限制了本书结论的普适性。此外，本书的实证分析主要是对截面数据进行的，所得结果可能更多地反映跨界创业团队在某一阶段的表现，而难以充分反映其动态情况。因此，在未来研究中，获取更多不同地区的数据，并进行更深入的研究，能够提升研究结论的普适性，从而使研究结论具有更高的实际意义。此外，未来研究可以获取时间序列数据或面板数据进行分析，从而更全面地体现跨界创业主体创业的动态过程，以及在此过程中不同要素发挥作用的具体情况，从而丰富跨界创业相关研究，并在实际的跨界创业过程中提供更贴合实际的理论指导。

附　　录

附录1　访谈提纲

1. 请简要描述贵企业的基本情况
（1）贵企业成立的时间
（2）贵企业的员工人数
（3）贵企业的主营业务范围
（4）贵企业所处的行业以及该行业的竞争状况（如贵企业面临的机遇与挑战）
（5）贵企业近年来的发展状况（如销售情况、市场份额、行业内的地位）

2. 请简要描述贵团队的基本情况
（1）贵团队成立的时间
（2）贵团队的成员人数
（3）贵团队所从事的业务范围
（4）贵团队所从事业务的行业以及该行业的竞争状况
（5）贵团队近年来的发展经历和当前状况（如产品或服务的研发、生产、销售情况等）

3. 请介绍贵团队交互记忆系统的情况（请尽量详细地描述）

（1）请谈谈贵团队在成员分工方面的情况以及这样分工的原因

（2）请谈谈贵团队成员对彼此所擅长方面的了解情况

（3）请谈谈贵团队成员之间在工作中相互信任的情况（对同事的专业水平是否信任，是否愿意相互讨论并接受彼此意见等，如果可以请举例说明）

（4）请谈谈贵团队在完成任务时的情况（顺利与否、效率如何、有怎样的惯例等，如果可以请举例说明）

4. 请介绍贵团队在知识管理方面的情况（请尽量详细地描述下列方面通常通过何种方式进行、是否顺利、是否频繁、是否深入等，如果可以请举例说明）

（1）请谈谈贵团队成员在工作中相互请教和讨论的情况

（2）请谈谈贵团队成员在工作中分享信息的情况

（3）请谈谈贵团队成员在工作中整合多方面信息的情况

（4）请谈谈贵团队成员对工作中出现的事物和任务形成共同认识的情况

5. 请介绍贵团队在创造力方面的情况

（1）请谈谈贵团队成员寻找新的角度和方式完成工作的情况（请尽量详细地描述，是否经常出现、收获如何等，如果可以请举例说明）

（2）请谈谈贵团队在工作中创意和新想法的情况（请尽量详细地描述，是否经常出现、有效情况等，如果可以请举例说明）

（3）请谈谈贵团队在面对问题时通常采用的应对方式（请尽量详细地描述，通常采用惯例化方式或寻找新方式等，如果可以请举例说明）

附录2　调查问卷

尊敬的女士/先生：

您好！我们的调查是在国家自然科学基金项目支持下进行的，目的在于对跨界创业团队进行调研，了解跨界创业团队的交互记忆系统、知识共享、知识整合、团队创造力、环境动态性之间的关系。本问卷采取匿名形式，所调研的内容用于科学研究，不会涉及贵公司的商业机密。并且，我们郑重承诺绝不用于商业用途，并对贵企业的数据保密。填写问卷过程中，如果您认为某个问题并不能完全代表您的意见，请选择最接近您的想法的答案。感谢您在百忙之中完成这份重要的问卷。

请您根据亲身经历、切实感受以及对相关信息的了解进行回答，您的客观回答对于我们学术研究的结论十分重要，我们对您的真诚合作致以衷心的感谢。如果您对我们研究的结果感兴趣，请留下联系方式，我们会在完成研究后与您分享结果。

联系人：　　　　　　　　　　　　E-mail：

以下是对企业有关情况的一些描述，请您考虑本公司的实际情况与这些描述的相符程度，并做出选择，数字越大表示符合程度越高，1分表示"完全不符合"，2分表示"较不符合"，3分表示"一般"，4分表示"比较符合"，5分表示"完全符合"，请在对应的选项上画"√"。

一　交互记忆系统

题号	内容	完全不符合	较不符合	一般	比较符合	完全符合
1	每个团队成员都拥有与任务中某些方面有关的专业知识	1	2	3	4	5

续表

题号	内容	完全不符合	较不符合	一般	比较符合	完全符合
2	团队成员分别负责不同领域的专业知识	1	2	3	4	5
3	任务的完成需要团队中几个不同成员的专业知识	1	2	3	4	5
4	我知道团队成员各自在哪个领域拥有专业知识	1	2	3	4	5
5	我愿意接受其他成员的建议	1	2	3	4	5
6	我相信其他成员所掌握的有关任务的知识是可信的	1	2	3	4	5
7	我有信心依赖其他成员在讨论中提出的信息	1	2	3	4	5
8	我对其他成员的专业知识很有信心	1	2	3	4	5
9	我们的团队在共同工作时协调良好	1	2	3	4	5
10	我们团队对于该做什么很少产生误解	1	2	3	4	5
11	我们团队很少需要放弃已经完成的工作并返工	1	2	3	4	5
12	我们能够顺利有效地完成任务	1	2	3	4	5
13	对于需要如何完成任务，我们很少感到疑惑	1	2	3	4	5

二 知识共享

题号	内容	完全不符合	较不符合	一般	比较符合	完全符合
1	我经常与团队成员分享工作报告和正式文件	1	2	3	4	5
2	我经常向团队成员提供我的工作手册、方法和模板	1	2	3	4	5
3	我经常向团队成员分享我的工作经验或诀窍	1	2	3	4	5
4	当团队成员提出请求时，我会告诉他们知识的来源和所有者	1	2	3	4	5
5	我尝试以更有效率的方式向团队成员分享我所学到的专业知识	1	2	3	4	5

三 知识整合

题号	内容	完全不符合	较不符合	一般	比较符合	完全符合
1	团队成员在任务过程中整合他们的知识	1	2	3	4	5
2	团队成员跨越多个专业领域建立共同概念和共同理解	1	2	3	4	5
3	团队成员能清晰地知道如何将任务相关的不同知识组合在一起	1	2	3	4	5
4	团队成员能够将任务相关的新知识与自己已有的知识融为一体	1	2	3	4	5

四 团队创造力

题号	内容	完全不符合	较不符合	一般	比较符合	完全符合
1	我们团队经常提出与任务有关的新想法	1	2	3	4	5
2	我们团队经常能开发出与任务有关的新知识或新技术	1	2	3	4	5
3	我们团队经常采用新方式完成任务	1	2	3	4	5
4	我们团队经常以全新的视角审视问题	1	2	3	4	5
5	我们团队经常提出具有原创性的解决方案	1	2	3	4	5
6	我们团队能够创造性地将不同来源的零散信息和知识融合	1	2	3	4	5

五 环境动态性

题号	内容	完全不符合	较不符合	一般	比较符合	完全符合
1	我们业务范围内的技术发展变化速度很快	1	2	3	4	5
2	行业内产品和服务更新速度很快	1	2	3	4	5
3	竞争对手的行动难以预测	1	2	3	4	5
4	客户的需求偏好经常发生变化,不断提出新的要求	1	2	3	4	5

六 基本信息（下列1—9题为单项选择，请在相应的"□"内打"√"）

贵企业位于：_____省_____市

1. 贵团队目前所从事的业务与团队成立前贵企业的主营业务是否属于同一行业：

□是　　　　　□否

2. 您的性别：

□男　　　　　□女

3. 您的年龄：

□25岁以下　　□26—40岁　　□41—55岁　　□56岁及以上

4. 您的学历：

□大专及以下　　□本科　　□硕士　　□博士及以上

5. 贵团队成立时间：

□1年及以下　　□1—3年　　□3年以上

6. 贵团队的成员数量：

□5人及以下　　□6—10人　　□11—15人

□16人及以上

7. 贵团队目前所从事的业务属于：

□传统制造业　　□服务业　　□高新技术业　　□其他行业

8. 贵企业成立了多久：

□1年及以下　　□1—3年　　□3年以上

9. 贵企业的规模：

□1—20人　　□21—50人　　□51—200人

□201人及以上

——问卷到此结束，再次感谢您对本调查的支持！——

参考文献

陈晓萍、徐淑英、樊景立主编：《组织与管理研究的实证方法（第二版）》，北京大学出版社 2012 年版。

胡军：《知识论》，北京大学出版社 2006 年版。

孔梓：《跨界思维》，电子工业出版社 2015 年版。

蓝色创意跨界创新实验室：《跨界》，广东经济出版社 2008 年版。

李怀祖：《管理研究方法论》，西安交通大学出版社 2004 年版。

刘旸：《跨界联动——如何告别单体经济》，化学工业出版社 2018 年版。

罗胜强、姜嬿：《管理学问卷调查研究方法》，重庆大学出版社 2014 年版。

王靖飞：《跨界红利：互联网时代企业经营新思路》，化学工业出版社 2017 年版。

吴明隆：《结构方程模型——AMOS 的操作与应用》，重庆大学出版社 2010 年版。

吴明隆：《问卷统计分析实务——SPSS 操作与应用》，重庆大学出版社 2010 年版。

蔡莉、崔启国、史琳：《创业环境研究框架》，《吉林大学社会科学学报》2007 年第 1 期。

蔡莉、杨亚倩、卢珊、于海晶：《数字技术对创业活动影响研究回顾与展望》，《科学学研究》2019 年第 10 期。

蔡亚华、贾良定、尤树洋等：《差异化变革型领导对知识分享与团队创造力的影响：社会网络机制的解释》，《心理学报》2013年第5期。

陈力、鲁若愚：《企业知识整合研究》，《科研管理》2003年第3期。

陈璐、高昂、杨百寅等：《家长式领导对高层管理团队成员创造力的作用机制研究》，《管理学报》2013年第6期。

陈涛、王铁男、朱智洺：《知识距离、环境不确定性和组织间知识共享——一个存在调节效应的实证研究》，《科学学研究》2013年第10期。

陈伟、杨早立、张永超：《网络结构与企业核心能力关系实证研究：基于知识共享与知识整合中介效应视角》，《管理评论》2014年第6期。

陈晓刚、李雪、崔颖安：《交互记忆系统对知识分享的影响机制研究——基于开源软件团队的检验》，《科研管理》2014年第6期。

储节旺、郭春侠：《企业核心竞争力特性与知识管理流程的关系研究》，《情报理论与实践》2010年第3期。

董保宝、葛宝山：《经典创业模型回顾与比较》，《外国经济与管理》2008年第3期。

董保宝：《风险需要平衡吗：新企业风险承担与绩效倒U型关系及创业能力的中介作用》，《管理世界》2014年第1期。

杜鹏程、姚瑶、房莹、王成城：《社会交互作用对员工创新行为的影响——一个有中介的调节》，《软科学》2018年第9期。

冯军政：《企业突破性创新和破坏性创新的驱动因素研究——环境动态性和敌对性的视角》，《科学学研究》2013年第9期。

葛宝山、生帆、李军：《跨界创业的知识共享模型及运行机制研究》，《图书情报工作》2016年第14期。

葛宝山、生帆：《知识视角下跨界创业团队交互记忆系统作用机理研究》，《科技进步与对策》2019年第1期。

葛宝山、赵丽仪：《创业导向、精一战略与隐形冠军企业绩效》，《外国经济与管理》2022年第2期。

耿紫珍、刘新梅、杨晨辉：《战略导向、外部知识获取对组织创造力的影响》，《南开管理评论》2012年第4期。

郭铖、何安华：《社会资本、创业环境与农民涉农创业绩效》，《上海财经大学学报》2017年第2期。

郭韧、周飞、林春培：《组织知识共享氛围对管理创新的影响：基于员工自我效能的调节中介模型》，《科研管理》2018年第10期。

郭润萍：《手段导向、知识获取与新企业创业能力的实证研究》，《管理科学》2016年第3期。

郝向举、王渊、王进富、薛琳：《临时团队情绪智力对团队创造力的影响研究》，《科研管理》2018年第8期。

胡皓、王念新、葛世伦：《多维度信息技术匹配对企业敏捷性影响的实证研究》，《管理评论》2022年第4期。

胡玲玉、吴剑琳、古继宝：《创业环境和创业自我效能对个体创业意向的影响》，《管理学报》2014年第10期。

胡望斌、张玉利、杨俊：《同质性还是异质性：创业导向对技术创业团队与新企业绩效关系的调节作用研究》，《管理世界》2014年第6期。

黄海艳：《交互记忆系统与研发团队的创新绩效：以心理安全为调节变量》，《管理评论》2014年第12期。

黄嘉涛：《移动互联网环境下跨界营销对共创体验的影响》，《预测》2017年第2期。

黄彦婷、杨忠、金辉等：《基于社会影响理论的知识共享意愿产生模型》，《情报杂志》2013年第6期。

贾军、张卓：《环境包容性和动态性对技术关联与绩效关系的调节效应研究》，《科学学与科学技术管理》2012年第10期。

简兆权、刘荣、招丽珠：《网络关系、信任与知识共享对技术创新绩效的影响研究》，《研究与发展管理》2010年第2期。

江诗松、龚丽敏、魏江：《转型经济背景下后发企业的能力追赶：一个共演模型——以吉利集团为例》，《管理世界》2011年第4期。

蒋日富、霍国庆、郭传杰：《现代知识管理流派研究》，《管理评论》2006 年第 10 期。

蒋天颖、孙伟、白志欣：《基于市场导向的中小微企业竞争优势形成机理——以知识整合和组织创新为中介》，《科研管理》2013 年第 6 期。

解春玲：《浅谈内隐社会认知的研究与现状》，《心理科学》2005 年第 1 期。

李飞、陈浩、曹鸿星、马宝龙：《中国百货商店如何进行服务创新——基于北京当代商城的案例研究》，《管理世界》2010 年第 2 期。

李圭泉、葛京、席酉民、李磊、刘鹏：《失败经历对领导行为的影响研究：基于史玉柱二手数据的分析》，《管理学报》2014 年第 5 期。

李浩、黄剑：《团队知识隐藏对交互记忆系统的影响研究》，《南开管理评论》2018 年第 4 期。

李家俊、李晏墅：《高科技企业跨功能研发团队内外知识整合对团队创造力的影响研究》，《南京社会科学》2017 年第 6 期。

李峻岭：《跨界主持人传播的共性优势与认知误区》，《现代传播（中国传媒大学学报）》2014 年第 3 期。

李卫东、刘洪：《研发团队成员信任与知识共享意愿的关系研究——知识权力丧失与互惠互利的中介作用》，《管理评论》2014 年第 3 期。

李扬、单标安、费宇鹏、李北伟：《数字技术创业：研究主题述评与展望》，《研究与发展管理》2021 年第 1 期。

李宇、王沛、孙连荣：《中国人社会认知研究的沿革、趋势与理论建构》，《心理科学进展》2014 年第 11 期。

林晓敏、林琳、王永丽、白新文：《授权型领导与团队绩效：交互记忆系统的中介作用》，《管理评论》2014 年第 1 期。

林筠、乔建麒、吴莹莹：《科技型企业专才和通才、交互记忆系统与双元创新关系研究》，《软科学》2017 年第 2 期。

林筠、王蒙：《交互记忆系统对团队探索式学习和利用式学习的影响：以团队反思为中介》，《管理评论》2014年第6期。

刘畅、齐斯源、王博：《创业环境对农村微型企业创业绩效引致路径的实证分析——基于东北地区实地调研数据》，《农业经济问题》2015年第5期。

刘嘉慧、高山行：《数字经济环境下企业跨界内涵：价值主张视角》，《科技进步与对策》2021年第1期。

刘鹏程、孙新波、张大鹏、魏小林：《组织边界跨越能力对开放式服务创新的影响研究》，《科学学与科学技术管理》2016年第11期。

卢俊义、程刚：《创业团队内认知冲突、合作行为与公司绩效关系的实证研究》，《科学学与科学技术管理》2009年第5期。

栾琨、谢小云：《国外团队认同研究进展与展望》，《外国经济与管理》2014年第4期。

吕洁、张钢：《知识异质性对知识型团队创造力的影响机制：基于互动认知的视角》，《心理学报》2015年第4期。

吕逸婧、陈守明、邵婉玲：《高管团队交互记忆系统与组织绩效：战略柔性的中介作用》，《南开管理评论》2018年第1期。

马鸿佳、吴娟、唐思思：《新创企业的即兴行为如何转化为惯例：创业学习与交互记忆系统的作用研究》，《南方经济》2020年第9期。

买忆媛、叶竹馨、陈淑华：《从"兵来将挡，水来土掩"到组织惯例形成——转型经济中新企业的即兴战略研究》，《管理世界》2015年第8期。

毛基业、陈诚：《案例研究的理论构建：艾森哈特的新洞见——第十届"中国企业管理案例与质性研究论坛（2016）"会议综述》，《管理世界》2017年第2期。

潘陆山、孟晓斌：《组织记忆研究前沿探析、多重存储模型构建与未来研究展望》，《外国经济与管理》2010年第2期。

彭花、贺正楚、张雪琳：《企业家精神和工匠精神对企业创新绩效的影响》,《中国软科学》2022 年第 3 期。

漆贤军、张李义:《基于国家知识创新网络的知识信息服务业务拓展》,《图书情报知识》2009 年第 2 期。

齐玮娜、张耀辉:《创业、知识溢出与区域经济增长差异——基于中国 30 个省市区面板数据的实证分析》,《经济与管理研究》2014 年第 9 期。

曲刚、鲍晓娜、彭姝琳:《项目复杂性和团队社会认同情境下交互记忆对软件外包项目绩效作用研究》,《管理评论》2016 年第 10 期。

曲刚、李伯森:《团队社会资本与知识转移关系的实证研究:交互记忆系统的中介作用》,《管理评论》2011 年第 9 期。

曲刚、路鑫、王琦:《信任不对称与网络嵌入对团队创新机制的影响》,《科研管理》2022 年第 4 期。

曲刚、王晓宇、赵汉:《社会网络情境下交互记忆系统与团队绩效关系研究》,《管理评论》2020 年第 12 期。

屈晓倩、刘新梅:《信息型团队断裂与团队创造力关系的实证研究——交互记忆系统的中介作用》,《研究与发展管理》2016 年第 1 期。

荣帅、李庆满、赵宏霞:《平台型企业跨界经营中的跨市场网络效应与颠覆性创新》,《科技进步与对策》2018 年第 14 期。

阮丽旸、刘益、王良:《转型环境下关系导向和创业导向对民营企业 CSR 的影响研究》,《软科学》2017 年第 10 期。

芮正云、马喜芳:《创业者跨界能力与创业质量关系研究》,《科学学研究》2021 年第 7 期。

沙开庆、杨忠:《国外团队创造力研究综述》,《经济管理》2015 年第 7 期。

史丽萍、杜泽文、刘强:《交互记忆系统对知识团队绩效作用机制研究——以知识整合为中介变量》,《科技进步与对策》2013 年第 8 期。

史丽萍、刘强、唐书林:《团队自省性对团队学习能力的作用机制研究——基于交互记忆系统的中介作用和内部控制机制的调节作用》，《管理评论》2013年第5期。

宋春华、张少杰、曲函阅：《交互记忆系统视角下的知识管理模型研究》，《图书情报工作》2016年第14期。

苏敬勤、李召敏、洪勇：《管理创新创造阶段：从内部变革促进者视角的分析》，《管理学报》2010年第7期。

孙美佳、李新建：《群体交互记忆系统研究述评》，《外国经济与管理》2012年第10期。

陶小龙、甘同卉、张建民、姚建文：《创业型企业跨界创新模式建构与实现路径——基于两家典型企业的探索性案例研究》，《科技进步与对策》2018年第14期。

陶永明：《问卷调查法应用中的注意事项》，《中国城市经济》2011年第20期。

汪丽、茅宁、龙静：《管理者决策偏好、环境不确定性与创新强度——基于中国企业的实证研究》，《科学学研究》2012年第7期。

王春国、陈刚：《体面劳动、创新自我效能与员工创造力：中国情境下组织文化的调节作用》，《管理评论》2018年第3期。

王鼎咏：《需求多样化是当今世界市场的一个重要特点》，《世界经济》1984年第1期。

王端旭、薛会娟：《交互记忆系统与团队创造力关系的实证研究》，《科研管理》2011年第1期。

王端旭、薛会娟：《交互记忆系统对团队创造力的影响及其作用机制——以利用性学习和探索性学习为中介》，《科研管理》2013年第6期。

王节祥、蔡宁、盛亚：《龙头企业跨界创业、双平台架构与产业集群生态升级——基于江苏宜兴"环境医院"模式的案例研究》，《中国工业经济》2018年第2期。

王洁琼、孙泽厚：《新型农业创业人才三维资本、创业环境与创业企业绩效》,《中国农村经济》2018年第2期。

王侃、李建辉、葛晶:《基于正交试验设计的我国跨界创业企业共享性资源对经济绩效的影响研究》,《数理统计与管理》2021年第3期。

王侃、孙会中:《环境不确定性下跨界创业战略导向对企业绩效的影响:线上线下互动的中介作用》,《科技进步与对策》2021年第1期。

王黎萤、陈劲:《国内外团队创造力研究述评》,《研究与发展管理》2010年第4期。

王晓晨、王时英:《基于跨界设计的产品设计方法研究》,《包装工程》2016年第4期。

王馨悦、卢新元、黄梦梅:《交互记忆系统在知识管理中的应用现状与展望》,《信息资源管理学报》2020年第2期。

王兴元、姬志恒:《跨学科创新团队知识异质性与绩效关系研究》,《科研管理》2013年第3期。

王学东、范坤、赵文军、杜晓曦:《团队认知对虚拟团队知识共享的影响及实证研究》,《情报科学》2011年第8期。

魏江、徐蕾:《知识网络双重嵌入、知识整合与集群企业创新能力》,《管理科学学报》2014年第2期。

温忠麟、叶宝娟:《中介效应分析:方法和模型发展》,《心理科学进展》2014年第5期。

文鹏、廖建桥:《不同类型绩效考核对员工考核反应的差异性影响——考核目的视角下的研究》,《南开管理评论》2010年第2期。

吴东:《跨界服务,赢在包容》,《清华管理评论》2016年第12期。

吴建祖、李英博:《感知的创业环境对中层管理者内部创业行为的影响研究》,《管理学报》2015年第1期。

夏缘缘:《非跨界不设计——从时尚品牌的跨界设计看设计的融创精神》,《文艺争鸣》2011年第6期。

肖志雄、秦远建:《知识冗余对外包服务企业知识吸收能力的影响》,

《图书情报工作》2011年第10期。

薛会娟：《高技术团队创造力的形成机理研究——基于交互记忆系统和共享心智模型视角》，《科技管理研究》2014年第9期。

薛会娟：《研发团队中的效能感与创造力的关系——跨层次研究》，《南开管理评论》2013年第5期。

杨金华：《团队交互记忆系统对群体智力的影响》，《科研管理》2009年第5期。

叶林：《企业规模与创新技术选择》，《经济评论》2014年第6期。

叶竹馨、买忆媛：《创业团队的认知结构与创新注意力：基于TMS视角的多案例研究》，《管理评论》2016年第4期。

于维娜、樊耘、马贵梅等：《知识型企业中地位与创新的关系研究——以风险承担、创新支持为机理》，《科学学与科学技术管理》2016年第1期。

于晓敏、李佳贞、单伟：《中国情境下知识共享与创新绩效间关系的元分析》，《技术经济》2017年第3期。

于晓宇、李雪灵、杨若瑶：《首次创业失败学习：来自创业新手、新创企业与行业特征的解释》，《管理学报》2013年第1期。

于晓宇、陶向明：《创业失败经验与新产品开发绩效的倒U形关系：创业导向的多重中介作用》，《管理科学》2015年第5期。

余江、孟庆时、张越、靳景：《数字创业：数字化时代创业理论和实践的新趋势》，《科学学研究》2018年第10期。

余森杰、李晋：《进口类型、行业差异化程度与企业生产率提升》，《经济研究》2015年第8期。

余绍忠：《创业资源对创业绩效的影响机制研究——基于环境动态性的调节作用》，《科学学与科学技术管理》2013年第6期。

喻国明：《跨界与混搭：中国传媒业当前发展的一道景观》，《新闻与写作》2011年第1期。

袁建国、后青松、程晨：《企业政治资源的诅咒效应——基于政治关联与企业技术创新的考察》，《管理世界》2015年第1期。

云乐鑫、杨俊、张玉利：《基于海归创业企业创新型商业模式原型的生成机制》，《管理学报》2014年第3期。

臧维、赵联东、徐磊、姚亚男：《团队跨界行为、知识整合能力与团队创造力》，《管理学报》2019年第7期。

张钢、熊立：《成员异质性与团队绩效：以交互记忆系统为中介变量》，《科研管理》2009年第1期。

张鸿萍、赵惠：《交互记忆系统对团队创造力的影响路径研究》，《山东大学学报》（哲学社会科学版）2017年第1期。

张建卫、李海红、刘玉新、赵辉：《家长式领导对多层面创造力的作用机制》，《心理科学进展》2018年第7期。

张青：《跨界协同创新运营机理及其案例研究》，《研究与发展管理》2013年第6期。

张新华、张飞：《"知识"概念及其涵义研究》，《图书情报工作》2013年第6期。

张学艳、周小虎、张慧：《科技型创业者政治技能、交互记忆系统与创新绩效》，《科学学研究》2020年第7期。

张益丰、郑秀芝：《企业家才能、创业环境异质性与农民创业——基于3省14个行政村调研数据的实证研究》，《中国农村观察》2014年第3期。

张映红：《公司创业理论的演化背景及其理论综述》，《经济管理》2006年第14期。

张长征、李怀祖：《组织冗余对企业知识管理能力的影响研究》，《科学学与科学技术管理》2008年第10期。

张志学、Hempel P. S.、韩玉兰等：《高技术工作团队的交互记忆系统及其效果》，《心理学报》2006年第2期。

赵观兵、梅强、万武：《创业环境动态性、创业者特质与创业资源识别关系的实证研究——以产业集群为视角》，《科学学与科学技术管理》2010年第8期。

郑晶晶：《问卷调查法研究综述》，《理论观察》2014年第10期。

郑凯、杨东：《团队创造性及影响因素研究现状》，《心理技术与应用》2016年第2期。

郑自立：《文化产业跨界融合与管理体制机制创新研究》，《新闻界》2014年第12期。

周健明、陈明、刘云枫：《知识惯性、知识整合与新产品开发绩效研究》，《科学学研究》2014年第10期。

周琰喆、倪旭东、郝雅健等：《基于交互记忆系统的知识整合研究》，《人类工效学》2016年第3期。

左美云：《国内外企业知识管理研究综述》，《科学决策》2000年第3期。

陈阳阳：《创业失败经历、创业能力与后续创业企业成长绩效关系研究》，博士学位论文，吉林大学，2018年。

单标安：《基于中国情境的创业网络对创业学习过程的影响研究》，博士学位论文，吉林大学，2013年。

王冲：《公司跨界创业的战略选择研究——基于合法性与资源配置的双重视角》，博士学位论文，吉林大学，2016年。

熊立：《交互记忆系统视角下的异质型团队知识整合机制研究》，博士学位论文，浙江大学，2008年。

杨志蓉：《团队快速信任、互动行为与团队创造力研究》，博士学位论文，浙江大学，2006年。

赵卓嘉：《团队内部人际冲突、面子对团队创造力的影响研究》，博士学位论文，浙江大学，2009年。

Acharya C., Ojha D., Gokhale R., Patel P. C., "Managing Information for Innovation Using Knowledge Integration Capability: The Role of Boundary Spanning Objects", *International Journal of Information Management*, Vol. 62, 2022.

Acs Z. J., Audretsch D. B., Carlsson B. B., "Growth and Entrepreneurship", *Small Business Economics*, Vol. 39, No. 2, 2012.

Adner R., "Match Your Innovation Strategy to Your Innovation Ecosystem", *Harvard Business Review*, Vol. 84, No. 4, 2006.

Adomako S., Narteh B., Danquah J. K., Analoui F., "Entrepreneurial Orientation in Dynamic Environments", *International Journal of Entrepreneurial Behavior and Research*, Vol. 22, No. 5, 2016.

Agwu M. E., Onwuegbuzie H. N., "Effects of International Marketing Environments on Entrepreneurship Development", *Journal of Innovation and Entrepreneurship*, Vol. 7, No. 12, 2018.

Aissa N. B., Gurău C., Psychogios A., Somsing A., "Transactional Memory Systems in Virtual Teams: Communication Antecedents and the Impact of TMS Components on Creative Processes and Outcomes", *Technological Forecasting and Social Change*, Vol. 174, 2022.

Ajmal M., Helo P., Kekäle T., "Critical Factors for Knowledge Management in Project Business", *Social Science Electronic Publishing*, Vol. 14, No. 1, 2010.

Akgün A. E., Byrne J. C., Keskin H., Lynn G. S., "Transactive Memory System in New Product Development Teams", *IEEE Transactions on Engineering Management*, Vol. 53, No. 1, 2006.

Akgün A. E., Byrne J. C., Keskin H., Lynn G. S., Imamoglu S. Z., "Knowledge Networks in New Product Development Projects: A Transactive Memory Perspective", *Information and Management*, Vol. 42, No. 8, 2005.

Alavi M., Leidner D. E., "Review: Knowledge Management and Knowledge Management Systems: Conceptual Foundations and Research Issues", *MIS Quarterly*, Vol. 25, No. 1, 2001.

Alavi M., Tiwana A., "Knowledge Integration in Virtual Teams: The Potential Role of KMS", *Journal of the American Society for Information Science and Technology*, Vol. 53, No. 12, 2014.

Alder L., "Symbiotic Marketing", *Harvard Business Review*, Vol. 44,

No. 6, 1966.

Aldrich H. E., Preffer J., "Environments of Organizations", *Annual Review of Sociology*, Vol. 2, No. 1, 1976.

Ali A., Wang H., Khan A. N., "Mechanism to Enhance Team Creative Performance through Social Media: A Transactive Memory System Approach", *Computers in Human Behavior*, Vol. 91, 2019.

Alkurdi O., Elhaddadeh R., Eldabi T., "Knowledge Sharing in Higher Education Institutions: A Systematic Review", *Journal of Enterprise Information Management*, Vol. 31, No. 2, 2017.

Allen T. J., Tushman M. L., Lee D. M. S., "Technology Transfer as a Function of Position in the Spectrum from Research through Development to Technical Services", *Academy of Management Journal*, Vol. 22, No. 4, 1979.

Allinson C. W., Chell E., Hayes J., "Intuition and Entrepreneurial Behaviour", *European Journal of Work and Organizational Psychology*, Vol. 9, No. 1, 2000.

Amabile T. M., Conti R., Coon H., Herron L. M., "Assessing the Work Environment for Creativity", *Academy of Management Journal*, Vol. 39, No. 5, 1996.

Amayah A. T., "Determinants of Knowledge Sharing in a Public Sector Organization", *Journal of Knowledge Management*, Vol. 17, No. 3, 2013.

Anderson J. C., Gerbing D. W., "Structural Equation Modeling in Practice: A Review and Recommended Two-Step Approach", *Psychological Bulletin*, Vol. 103, No. 3, 1988.

Anderson N. R., West M. A., "Measuring Climate for Work Group Innovation: Development and Validation of the Team Climate Inventory", *Journal of Organizational Behavior*, Vol. 19, No. 3, 1998.

Anderson N., Kristina P., Zhou J., "Innovation and Creativity in Organizations a State-Of-The-Science Review, Prospective Commentary, and Guiding Framework", *Journal of Management*, Vol. 40, No. 5, 2014.

Andrews K. M., Delahaye B. L., "Influences on Knowledge Processes in Organizational Learning: The Psychosocial Filter", *Journal of Management Studies*, Vol. 37, No. 6, 2000.

Argote L., "An Opportunity for Mutual Learning between Organizational Learning and Global Strategy Researchers: Transactive Memory Systems", *Global Strategy Journal*, Vol. 5, No. 2, 2015.

Argote L., Guo J. M., "Routines and Transactive Memory Systems: Creating, Coordinating, Retaining, and Transferring Knowledge in Organizations", *Research in Organizational Behavior*, Vol. 36, 2016.

Argote L., Mcevily B., Reagans R., "Managing Knowldge in Organizations: An Integrative Framework and Revew of Emerging Themes", *Management Science*, Vol. 49, No. 4, 2003.

Argote L., Miron-Spektor E., "Organizational Learning: From Experience to Knowledge", *Organization Science*, Vol. 22, No. 5, 2011.

Argote L., Ren Y., "Transactive Memory Systems: A Microfoundation of Dynamic Capabilities", *Journal of Management Studies*, Vol. 49, No. 8, 2012.

Atuahene-Gima K., Murray J. Y., "Exploratory and Exploitative Learning in New Product Development: A Social Capital Perspective on New Technology Ventures in China", *Journal of International Marketing*, Vol. 15, No. 2, 2007.

Audretsch D. B., "Entrepreneurship Capital and Economic Growth", *Oxford Review of Economic Policy*, Vol. 23, No. 1, 2007.

Bachrach D. G., Lewis K., Kim Y., Patel P. C., Campion M. C., Thatcher S. M. B., "Transactive Memory Systems in Context: A Meta-Analytic Examination of Contextual Factors in Transactive Memory Systems Development and Team Performance", *Journal of Applied Psychology*, Vol. 104, No. 3, 2018.

Bachrach D. G., Mullins R. R., Rapp A. A., "Intangible Sales Team Resources: Investing in Team Social Capital and Transactive Memory for Market-Driven Behaviors, Norms and Performance", *Industrial Marketing Management*, Vol. 62, 2017.

Bachrach D. G., Mullins R. R., "A Dual-Process Contingency Model of Leadership, Transactive Memory Systems and Team Performance", *Journal of Business Research*, Vol. 96, 2019.

Baer M., "The Strength-of-Weak-Ties Perspective on Creativity: A Comprehensive Examination and Extension", *Journal of Applied Psychology*, Vol. 95, No. 3, 2010.

Bagherzadeh M., Markovic S., Cheng J., Vanhaverbeke W., "How Does Outside-in Open Innovation Influence Innovation Performance? Analyzing the Mediating Roles of Knowledge Sharing and Innovation Strategy", *IEEE Transactions on Engineering Management*, Vol. 67, No. 3, 2020.

Balkundi P., Harrison D. A., "Ties, Leaders, and Time in Teams: Strong Inference about Network Structure's Effects on Team Viability and Performance", *Academy of Management Journal*, Vol. 49, No. 1, 2006.

Bandura A., "Self-Efficacy: Toward a Unifying Theory of Behavioral Change", *Advances in Behaviour Research and Therapy*, Vol. 1, No. 4, 1977.

Bandura A., "Social Cognitive Theory: An Agentic Perspective", *Asian Journal of Social Psychology*, Vol. 2, No. 1, 1999.

Bao Z., Wang C. A., "Multi-Agent Knowledge Integration Process for Enterprise Management Innovation from the Perspective of Neural Network", *Information Processing and Management*, Vol. 59, No. 2,

2022.

Barlow C. M., "Deliberate Insight in Team Creativity", *Journal of Creative Behavior*, Vol. 34, No. 2, 2000.

Barney J., "Firm Resources and Sustained Competitive Advantage", *Journal of Management*, Vol. 17, No. 1, 1991.

Baron R. M., Kenny D. A., "The Moderator-Mediator Variable Distinction in Social Psychological Research: Conceptual, Strategic, and Statistical Considerations", *Journal of Personality and Social Psychology*, Vol. 51, No. 6, 1986.

Barrett M., Oborn E., "Boundary Object Use in Cross-Cultural Software Development Teams", *Human Relations*, Vol. 63, No. 8, 2010.

Basaglia S., Caporarello L., Magni M., Pennarola F., "It Knowledge Integration Capability and Team Performance: The Role of Team Climate", *International Journal of Information Management*, Vol. 30, No. 6, 2010.

Berg B. L., *Qualitative Research Methods for the Social Science*, Sage, 2005.

Bernard H. R., *Research Methods in Anthropology: Qualitative and Quantitative Approaches*, Rowman and Littlefield Publishers, 2017.

Bharadwaj A., El Sawy O. A., Pavlou P. A., Venkatraman N., "Digital Business Strategy: Toward a Next Generation of Insights", *MIS Quarterly*, Vol. 37, No. 2, 2013.

Birley S., "The Role of Networks in the Entrepreneurial Process", *Journal of Business Venturing*, Vol. 1, No. 1, 1985.

Bodla A. A., Tang N., Jiang W., Tian L., "Diversity and Creativity in Cross-National Teams: The Role of Team Knowledge Sharing and Inclusive Climate", *Journal of Management and Organization*, 2016.

Boer M. D., Bosch F. A. J. V. D., Volberda H. W., "Managing Organizational Knowledge Integration in the Emerging Multimedia Complex",

Journal of Management Studies, Vol. 36, No. 3, 1999.

Bogers M., Bekkers R., Granstrand O., *Intellectual Property and Licensing Strategies in Open Collaborative Innovation*, IGI Global, 2012.

Bolinger A. R., Bonner B. L., Okhuysen G. A., "Sticking Together: The Glue Role and Group Creativity", *Research on Managing Groups and Teams*, No. 12, 2009.

Burgelman R. A., "Corporate Entrepreneurship and Strategic Management: Insights from a Process Study", *Management Science*, Vol. 29, No. 12, 1983.

Burgelman R. A., Grove A. S., "Cross-Boundary Disruptors: Powerful Interindustry Entrepreneurial Change Agents", *Strategic Entrepreneurship Journal*, Vol. 1, No. 3 – 4, 2007.

Cabeza-Pullés D., Gutierrez-Gutierrez L. J., Llorens-Montes F. J., "Drivers for Performance in Innovative Research Groups: The Mediating Role of Transactive Memory System", *BRQ Business Research Quarterly*, Vol. 21, No. 3, 2018.

Cabrera A., Cabrera, E. F., "Knowledge-Sharing Dilemmas", *Organization Studies*, Vol. 23, No. 5, 2002.

Camison C., Villar-López A., "Organizational Innovation as an Enabler of Technological Innovation Capabilities and Firm Performance", *Journal of Business Research*, Vol. 67, No. 1, 2014.

Canonico P., Nito E. D., Esposito V., Martinez M., Pezzillo M., "The Adoption of Knowledge Integration Mechanisms in an Interdisciplinary Research Project", *Management Research Review*, Vol. 40, No. 5, 2017.

Cao X., Ali A., "Enhancing Team Creative Performance through Social Media and Transactive Memory System", *International Journal of Information Management*, Vol. 39, 2018.

Carlile P. R., "A Pragmatic View of Knowledge and Boundaries: Boundary Objects in New Product Development", *Organization Science*, Vol. 13, No. 4, 2002.

Carlile P. R., "Transferring, Translating, and Transforming: An Integrative Framework for Managing Knowledge Across Boundaries", *Organization Science*, Vol. 15, No. 5, 2004.

Carmeli A., Paulus P., "CEO Ideational Facilitation Leadership and Team Creativity: The Mediating Role of Knowledge Sharing", *Journal of Creative Behavior*, Vol. 49, No. 1, 2014.

Carney J., Watts M., "Manufacturing Dissent: Work, Gender and the Politics of Meaning in a Peasant Society", *Africa*, Vol. 60, No. 2, 1990.

Chaharbaghi K., Cripps S., "Collective Creativity: Wisdom or Oxymoron?", *Journal of European Industrial Training*, Vol. 31, No. 8, 2007.

Chang K. C., Yen H. W., Chiang C. C., Parolia N., "Knowledge Contribution in Information System Development Teams: An Empirical Research from a Social Cognitive Perspective", *International Journal of Project Management*, Vol. 31, No. 2, 2013.

Chatterjee S., "Enhancing Team Performance through Transactive Memory", *Development and Learning in Organizations*, Vol. 30, No. 4, 2016.

Chen C. J., Hsiao Y. C., Chu M. A., "Transfer Mechanisms and Knowledge Transfer: The Cooperative Competency Perspective", *Journal of Business Research*, Vol. 67, No. 12, 2014.

Chen M. H., "Understanding the Benefits and Detriments of Conflict on Team Creativity Process", *Creativity and Innovation Management*, Vol. 15, No. 1, 2006.

Chen Q., Liu Z., "How Does TMT Transactive Memory System Drive Innovation Ambidexterity?: Shared Leadership as Mediator and Team

Goal Orientations as Moderators", *Chinese Management Studies*, Vol. 12, No. 1, 2018.

Chen X., Carpenter D., Su L., "How Does a Team's Virtuality Impact Knowledge Transfer Effectiveness among Its Members?: A Multi-Mediator-Moderator Model", *Behaviour and Information Technology*, No. 2, 2020.

Chen X., Li X., Clark J. G., Dietrich G. B., "Knowledge Sharing in Open Source Software Project Teams: A Transactive Memory System Perspective", *International Journal of Information Management*, Vol. 33, No. 3, 2013.

Chesbrough H., Bogers M., "Explicating Open Innovation: Clarifying an Emerging Paradigm for Understanding Innovation", *New Frontiers in Open Innovation*, No. 11, 2014.

Chiang Y. H., Shih H. A., Hsu C. C., "High Commitment Work System, Transactive Memory System, and New Product Performance", *Journal of Business Research*, Vol. 67, No. 4, 2014.

Child J., "Organizational Structure, Environment and Performance: The Role of Strategic Choice", *Sociology*, Vol. 6, No. 1, 1972.

Chiregi M., Navimipour N. J., "A New Method for Trust and Reputation Evaluation in the Cloud Environments Using the Recommendations of Opinion Leaders' Entities and Removing the Effect of Troll Entities", *Computers in Human Behavior*, Vol. 60, 2016.

Choi H. S., Thompson L., "Old Wine in a New Bottle: Impact of Membership Change on Group Creativity", *Organizational Behavior and Human Decision Processes*, Vol. 98, No. 2, 2005.

Choi S. Y., Lee H., Yoo Y., "The Impact of Information Technology and Transactive Memory Systems on Knowledge Sharing, Application, and Team Performance: A Field Study", *MIS Quarterly*, Vol. 34, No. 4, 2010.

Chu Y. Y. , Hsu W. C. , "Organization Ontology for Innovation and Entrepreneurship for Cross-Border Knowledge Services in the Globalizing IC Design Industries", *Technology Management for the Global Future*, *PICMET*, *Istanbul*, *Turkey*, July 8 – 13, 2006.

Cirella S. , Radaelli G. , Shani A. B. , "Team Creativity: A Complex Adaptive Perspective", *Management Research Review*, Vol. 37, No. 7, 2014.

Cirella S. , Shani A. B. , "Collective Creativity by Design: Learning from an Italian Fashion Design Company", *Irish Journal of Management*, Vol. 32, No. 1, 2012.

Cliff O. , Maxine R. , "Boundary Objects Reconsidered: From Bridges and Anchors to Barricades and Mazes", *Journal of Change Management*, Vol. 9, No. 2, 2009.

Cohen J. , Cohen P. , West S. G. , Aiken L. S. , *Applied Multiple Regression/Correlation Analysis for the Behavioral Sciences*, Lawrence Erlbaum Associates, 2003.

Cohen W. M. , Levinthal D. A. , "Absorptive Apacity: A New Perspective on Learning and Innovation", *Administrative Science Quarterly*, Vol. 35, No. 1, 1990.

Collins C. J. , Smith K. G. , "Knowledge Exchange and Combination: The Role of Human Resource Practices in the Performance of High-Technology Firms", *Academy of Management Journal*, Vol. 49, No. 3, 2006.

Collins O. F. , Moore D. G. , *The Organization Makers: A Behavioral Study of Independent Entrepreneurs*, Appleton-Century-Crofts, 1970.

Cordery J. L. , Soo C. , "Overcoming Impediments to Virtual Team Effectiveness", *Human Factors and Ergonomics in Manufacturing and Service Industries*, Vol. 18, No. 5, 2008.

Covin J. G. , "Commentary on Front and Backstages of the Diminished Routinization of Innovations, an Entrepreneurial Perspective on the Firm-Environment Relationship, and Cross-Boundary Disruptors", *Strategic Entrepreneurship Journal*, Vol. 1, No. 3 – 4, 2007.

Covin J. G., Miles M. P., "Corporate Entrepreneurship and the Pursuit of Competitive Advantage", *Entrepreneurship Theory and Practice*, Vol. 23, No. 3, 1999.

Covin J. G., Slevin D. P., "A Conceptual Model of Entrepreneurship as Firm Behavior", *Entrepreneurship Theory and Practice*, Vol. 16, No. 1, 1991.

Covin J. G., Slevin D. P., "The Influence of Organization Structure on the Utility of an Entrepreneurial Top Management Style", *Journal of Management Studies*, Vol. 25, No. 3, 1988.

Cremades E., Balbastre-Benavent F., Domínguez E. S., "Managerial Practices Driving Knowledge Creation, Learning and Transfer in Translational Research: An Exploratory Case Study", *R&D Management*, Vol. 45, No. 4, 2015.

Crossan M. M., Lane H. W., White R. E., "An Organizational Learning Framework: From Intuition to Institution", *Academy of Management Review*, Vol. 24, No. 3, 1999.

Cruz-González J., López-Sáez P., Navas-López J. E., Delgado-Verde M., "Open Search Strategies and Firm Performance: The Different Moderating Role of Technological Environmental Dynamism", *Technovation*, Vol. 35, 2015.

Dahl M. S., Pedersen C. Ø. R., "Knowledge Flows through Informal Contacts in Industrial Clusters: Myth or Reality?", *Research Policy*, Vol. 33, No. 10, 2004.

Dahlin K. B., Weingart L. R., Hinds P. J., "Team Diversity and Information Use", *Academy of Management Journal*, Vol. 48, No. 6, 2005.

Dai Y., Du K., Byun G., Zhu X., "Ambidextrous in New Ventures: The Impact of New Product Development Alliances and Transactive Memory Systems", *Journal of Business Research*, Vol. 75, 2017.

Dai Y., Roundy P. T., Chok J. I., Ding F., Byun G., "'Who Knows What?' in New Venture Teams: Transactive Memory Systems as a Micro-Foundation of Entrepreneurial Orientation", *Journal of Management Studies*, Vol. 53, No. 8, 2016.

Dau L. A., "Biculturalism, Team Performance, and Cultural-Faultline Bridges", *Journal of International Management*, Vol. 22, No. 1, 2016.

Davenport T. H., Prusak L., *Working Knowledge: How Organizations Manage What They Know*, Harvard Business School Press, 1999.

Davis J. P., Eisenhardt K. M., Bingham C. B., "Optimal Structure, Market Dynamism, and the Strategy of Simple Rules", *Administrative Science Quarterly*, Vol. 54, No. 3, 2009.

Davison R. M., Ou C. X., Martinsons M. G., "Information Technology to Support Informal Knowledge Sharing", *Information Systems Journal*, Vol. 23, No. 1, 2013.

De Vries R. E., Van D. H. B., De Ridder J. A., "Explaining Knowledge Sharing: The Role of Team Communication Styles, Job Satisfaction, and Performance Beliefs", *Communication Research*, Vol. 33, No. 2, 2006.

Demarest M., "Understanding Knowledge Management", *Long Range Planning*, Vol. 30, No. 3, 1997.

Dess G. G., Beard D. W., "Dimensions of Organizational Task Environments", *Administrative Science Quarterly*, Vol. 29, No. 1, 1984.

Dess G. G., Lumpkin G. T., Covin J. G., "Entrepreneurial Strategy Making and Firm Performance: Tests of Contingency and Configurational Models", *Strategic Management Journal*, Vol. 18, No. 9, 1997.

Dess G. G., Origer N. K., "Environment, Structure, and Consensus in

Strategy Formulation: A Conceptual Integration", *Academy of Management Review*, Vol. 12, No. 2, 1987.

Dew N., Velamuri S. R., Venkataraman S., "Dispersed Knowledge and an Entrepreneurial Theory of the Firm", *Journal of Business Venturing*, Vol. 19, No. 5, 2004.

Didonet S. R., Simmons G., Díaz-Villavicencio G., Palmer M., "Market Orientation's Boundary-Spanning Role to Support Innovation in SMEs", *Journal of Small Business Management*, Vol. 54, No. S1, 2016.

Dong T. P., Hung C. L., Cheng N. C., "Enhancing Knowledge Sharing Intention through the Satisfactory Context of Continual Service of Knowledge Management System", *Information Technology and People*, Vol. 29, No. 4, 2016.

Dougherty D., "Interpretive Barriers to Successful Product Innovation in Large Firms", *Organization Science*, Vol. 3, No. 2, 1992.

Drazin R., Glynn M. A., Kazanjian R. K., "Multilevel Theorizing about Creativity in Organizations: A Sensemaking Perspective", *Academy of Management Review*, Vol. 24, No. 2, 1999.

Drucker P. F., "The Coming of the New Organization", *Harvard Business Review*, Vol. 66, No. 1, 1988.

Duncan R. B., "Characteristics of Organizational Environments and Perceived Environmental Uncertainty", *Administrative Science Quarterly*, Vol. 17, No. 3, 1972.

Earl M., *Knowledge Management Strategies: Toward a Taxonomy*, M. E. Sharpe, Inc., 2001.

Eisenhardt K. M., "Building Theories from Case Study Research", *Academy of Management Review*, Vol. 14, No. 4, 1989.

Eisenhardt K. M., Graebner M. E., "Theory Building from Cases: Opportunities and Challenges", *Academy of Management Journal*, Vol.

50, No. 1, 2007.

Eisenhardt K. M., Graebner M. E., Sonenshein S., "Grand Challenges and Inductive Methods: Rigor without Rigor Mortis", *Academy of Management Journal*, Vol. 59, No. 4, 2016.

Eisingerich A. B., Bell S. J., Tracey P., "How Can Clusters Sustain Performance? The Role of Network Strength, Network Openness, and Environmental Uncertainty", *Research Policy*, Vol. 39, No. 2, 2010.

Elia G., Margherita A., Passiante G., "Digital Entrepreneurship Ecosystem: How Digital Technologies and Collective Intelligence are Reshaping the Entrepreneurial Process", *Technological Forecasting and Social Change*, Vol. 150, 2020.

Ellis A. P. J., "System Breakdown: The Role of Mental Models and Transactive Memory in the Relationship between Acute Stress and Team Performance", *Academy of Management Journal*, Vol. 49, No. 3, 2006.

Enberg C., "Enabling Knowledge Integration in Coopetitive R&D Projects-The Management of Conflicting Logics", *International Journal of Project Management*, Vol. 30, No. 7, 2012.

Eric D., Terri R., "An Investigation of Partner Similarity Dimensions on Knowledge Transfer", *Organizational Behavior and Human Decision Processes*, Vol. 82, No. 1, 2000.

Eslami M. H., Lakemond N., Brusoni S., "The Dynamics of Knowledge Integration in Collaborative Product Development: Evidence from the Capital Goods Industry", *Industrial Marketing Management*, Vol. 75, 2018.

Espinosa J. A., Slaughter S. A., Herbsleb K. J. D., "Team Knowledge and Coordination in Geographically Distributed Software Development", *Journal of Management Information Systems*, Vol. 24, No. 1, 2007.

Faems D., Visser M. D., Andries P., Van Looy B., "Technology

Alliance Portfolios and Financial Performance: Value-Enhancing and Cost-Increasing Effects of Open Innovation", *Journal of Product Innovation Management*, Vol. 27, No. 6, 2010.

Fan H. L., Chang P. F., Albanese D., Wu J. J., Chuang H. J., "Multilevel Influences of Transactive Memory Systems on Individual Innovative Behavior and Team Innovation", *Thinking Skills and Creativity*, Vol. 19, No. 1, 2016.

Farh J. L., Lee C., Farh C. I. C., "Task Conflict and Team Creativity: A Question of How Much and When", *Journal of Applied Psychology*, Vol. 95, No. 6, 2010.

Feng L., Zhao Z., Wang J., Zhang K., "The Impact of Knowledge Management Capabilities on Innovation Performance from Dynamic Capabilities Perspective: Moderating the Role of Environmental Dynamism", *Sustainability*, Vol. 14, No. 8, 2022.

Fennell M. L., Alexander J. A. A., "Organizational Boundary Spanning in Institutional Environments", *Academy of Management Journal*, Vol. 30, No. 3, 1987.

Fogel G., "An Analysis of Entrepreneurial Environment and Enterprise Development in Hungary", *Journal of Small Business Management*, Vol. 39, No. 1, 2001.

Forliano C., Ferraris A., Bivona E., Couturier J., "Pouring New Wine into Old Bottles: A Dynamic Perspective of the Interplay among Environmental Dynamism, Capabilities Development, and Performance", *Journal of Business Research*, Vol. 142, 2022.

Fornell C., Larcker D. F., "Evaluating Structural Equation Models with Unobservable Variables and Measurement Error", *Journal of Marketing Research*, Vol. 18, No. 1, 1981.

Fraidin S. N., "When is One Head Better than Two? Interdependent Information in Group Decision Making", *Organizational Behavior and*

Human Decision Processes, Vol. 93, No. 2, 2004.

Gardner H. K., Gino F., Staats B. R., "Dynamically Integrating Knowledge in Teams: Transforming Resources into Performance", *Academy of Management Journal*, Vol. 55, No. 4, 2012.

Garrett Jr. R. P., Holland D. V., "Environmental Effects on the Cognitions of Corporate and Independent Entrepreneurs", *Small Business Economics*, Vol. 45, No. 2, 2015.

Gartner W. B., "A Conceptual Framework for Describing the Phenomenon of New Venture Creation", *Academy of Management Review*, Vol. 10, No. 4, 1985.

Gartner W. B., Shane S. A., "Measuring Entrepreneurship over Time", *Journal of Business Venturing*, Vol. 10, No. 4, 1995.

Gavetti G., Rivkin L., "Strategy Making in Novel and Complex Worlds: The Power of Analogy", *Strategic Management Journal*, Vol. 26, No. 8, 2005.

George J. M., Bettenhausen K., "Understanding Prosaic Behavior, Sales Performance, and Turnover: A Group Level Analysis in a Service Context", *Journal of Applied Psychology*, Vol. 75, No. 6, 1990.

Gersick C. J. G., "Time and Transition in Work Teams: Toward a New Model of Group Development", *Academy of Management Journal*, Vol. 31, No. 1, 1988.

Gilbert B. A, Audretsch D. B., Mcdougall P. P., "The Emergence of Entrepreneurship Policy", *Small Business Economics*, Vol. 22, No. 3 - 4, 2004.

Gilbert B. A., Mcdougall P. P., Audretsch D. B., "Clusters, Knowledge Spillovers and New Venture Performance: An Empirical Examination", *Journal of Business Venturing*, Vol. 23, No. 4, 2008.

Gino F., Argote L., Miron-Spektor E., Todorova G., "First, Get Your Feet Wet: The Effects of Learning from Direct and Indirect Experience on Team Creativity", *Organizational Behavior and Human Decision Processes*, Vol. 111, No. 2, 2010.

Göbel M., Weber C., Vogel R., "Life-Worlds of Corporate Venturing: A Multiple Case Study on Interorganisational Knowledge Transfer Across Socio-Cultural Barriers", *International Journal of Knowledge Management Studies*, Vol. 6, No. 3, 2015.

Goncalo J. A., Staw B. M., "Individualism-Collectivism and Group Creativity", *Organizational Behavior and Human Decision Processes*, Vol. 100, No. 1, 2006.

Gong Y., Kim T. Y., Lee D. R., Zhu J., "A Multilevel Model of Team Goal Orientation, Information Exchange, and Creativity", *Academy of Management Journal*, Vol. 56, No. 3, 2013.

Graebner M. E., "Caveat Venditor: Trust Asymmetries in Acquisitions of Entrepreneurial Firms", *Academy of Management Journal*, Vol. 52, No. 3, 2009.

Grant R. M., "Strategic Planning in a Turbulent Environment: Evidence from the Oil Majors", *Strategic Management Journal*, Vol. 24, No. 6, 2003.

Grant R. M., "Toward a Knowledge-Based Theory of the Firm", *Strategic Management Journal*, Vol. 17, No. S2, 1996.

Grawitch M. J., Munz D. C., Kramer T. J., "Effects of Member Mood States on Creative Performance in Temporary Workgroups", *Group Dynamics Theory Research and Practice*, Vol. 7, No. 1, 2003.

Grégoire D. A., Shepherd D. A., "Technology-Market Combinations and the Identification of Entrepreneurial Opportunities: An Investigation of the Opportunity-Individual Nexus", *Academy of Management Journal*, Vol. 55, No. 4, 2012.

Gregori P., Holzmann P., "Digital Sustainable Entrepreneurship: A Business Model Perspective on Embedding Digital Technologies for Social and Environmental Value Creation", *Journal of Cleaner Production*, Vol. 272, 2020.

Gruber M., Macmillan I. C., Thompson J. D., *Escaping the Prior Knowledge Corridor: What Shapes the Number and Variety of Market Opportunities Identified Before Market Entry of Technology Start-Ups?*, Informs, 2013.

Gu J., Chen Z., Huang Q., Liu H., Huang S., "A Multilevel Analysis of the Relationship between Shared Leadership and Creativity in Inter-Organizational Teams", *Journal of Creative Behavior*, Vol. 52, No. 2, 2016.

Guo W., Wang D., Wu C., "Membership Change and Team Creativity: The Mediating Role of TMS and Team Creative Efficacy", Academy of Management 73th Annual Meeting, AOM, Orlando, August 9 – 13, 2013.

Gupta N., Hollingshead A. B., "Differentiated Versus Integrated Transactive Memory Effectiveness: It Depends on the Task", *Group Dynamics: Theory, Research, and Practice*, Vol. 14, No. 4, 2010.

Guth W. D., Ginsberg A., "Guest Editors' Introduction: Corporate Entrepreneurship", *Strategic Management Journal*, Vol. 11, No. 5, 1990.

Hammedi W., Riel A. C. R. V., Sasovova Z., "Improving Screening Decision Making through Transactive Memory Systems: A Field Study", *Journal of Product Innovation Management*, Vol. 30, No. 2, 2013.

Han J., Han J., Brass D. J., "Human Capital Diversity in the Creation of Social Capital for Team Creativity", *Journal of Organizational Behavior*, Vol. 35, No. 1, 2014.

Hauser J. R., Tellis G. J., Griffin A., "Research on Innovation: A Review and Agenda for Marketing Science", *Marketing Science*, Vol. 25,

No. 6, 2006.

Hawkins M., Rezazade M., "Knowledge Boundary Spanning Prcess: Synthesizing Four Spanning Mechanisms", *Post-Print*, Vol. 50, No. 10, 2012.

Hayes A. F., Preacher K. J., "Quantifying and Testing Indirect Effects in Simple Mediation Models When the Constituent Paths are Nonlinear", *Multivariate Behavioral Research*, Vol. 45, No. 4, 2010.

Hayton J. C., Kelley D. J., "A Competency-Based Framework for Promoting Corporate Entrepreneurship", *Human Resource Management*, Vol. 45, No. 3, 2006.

He H., Hu Y., "The Dynamic Impacts of Shared Leadership and the Transactive Memory System on Team Performance: A Longitudinal Study", *Journal of Business Research*, Vol. 130, No. 1, 2021.

Heavey C., Simsek Z., "Distributed Cognition in Top Management Teams and Organizational Ambidexterity: The Influence of Transactive Memory Systems", *Journal of Management*, Vol. 43, No. 3, 2017.

Herstad S. J., Sandven T., Ebersberger B., "Recruitment, Knowledge Integration and Modes of Innovation", *Research Policy*, Vol. 44, No. 1, 2015.

Heyden M. L. M., Van Doorn S., Reimer M., Van Den Bosch F. A. J., Volberda H. W., "Perceived Environmental Dynamism, Relative Competitive Performance, and Top Management Team Heterogeneity: Examining Correlates of Upper Echelons' Advice-Seeking", *Organization Studies*, Vol. 34, No. 9, 2013.

Hinings B., Gegenhuber T., Greenwood R., "Digital Innovation and Transformation: An Institutional Perspective", *Information and Organization*, Vol. 28, No. 1, 2018.

Hippel E. V., "Successful and Failing Internal Corporate Ventures: An Empirical Analysis", *Industrial Marketing Management*, Vol. 6,

No. 3, 1977.

Hoang H., Antoncic B., "Network-Based Research in Entrepreneurship: A Critical Review", *Journal of Business Venturing*, Vol. 18, No. 2, 2003.

Hoarau H., Kline C., "Science and Industry: Sharing Knowledge for Innovation", *Annals of Tourism Research*, Vol. 46, No. 65, 2014.

Hollingshead A. B., Fraidin S. N., "Gender Stereotypes and Assumptions about Expertise in Transactive Memory", *Journal of Experimental Social Psychology*, Vol. 39, No. 4, 2003.

Hong D., Zhang L., "Does Transactive Memory Systems Promote Knowledge Integration Directly?", *Procedia Computer Science*, Vol. 112, 2017.

Hood A. C., Bachrach D. G., Lewis K., "Transactive Memory Systems, Conflict, Size and Performance in Teams", *Journal of Leadership Accountability and Ethics*, Vol. 11, No. 3, 2014.

Hood A. C., Bachrach D. G., Zivnuska S., Bendoly E., "Mediating Effects of Psychological Safety in the Relationship between Team Affectivity and Transactive Memory Systems", *Journal of Organizational Behavior*, Vol. 37, No. 3, 2016.

Hsu M. H., Chang C. M., "Examining Interpersonal Trust as a Facilitator and Uncertainty as an Inhibitor of Intra-Organisational Knowledge Sharing", *Information Systems Journal*, Vol. 24, No. 2, 2014.

Hsu M. H., Ju T. L., Yen C. H., Chang C. M., "Knowledge Sharing Behavior in Virtual Communities: The Relationship between Trust, Self-Efficacy, and Outcome Expectations", *International Journal of Human-Computer Studies*, Vol. 65, No. 2, 2007.

Hsu S. C., Shih S. P., Chiang J. C., Liu Y. C., "The Impact of Transactive Memory Systems on is Development Teams' Coordination, Communication, and Performance", *International Journal of Project*

Management, Vol. 30, No. 3, 2012.

Hu M. L. M., Horng J. S., Sun Y. H. C., "Hospitality Teams: Knowledge Sharing and Service Innovation Performance", *Tourism Management*, Vol. 30, No. 1, 2009.

Hu R., Ye Y., "Do Entrepreneurial Alertness and Self-Efficacy Predict Chinese Sports Major Students' Entrepreneurial Intention?", *Social Behavior and Personality an International Journal*, Vol. 45, No. 7, 2017.

Huang C. C., "Knowledge Sharing and Group Cohesiveness on Performance: An Empirical Study of Technology R&D Teams in Taiwan", *Technovation*, Vol. 29, No. 11, 2009.

Huang C. C., Chen P. K., "Exploring the Antecedents and Consequences of the Transactive Memory System: An Empirical Analysis", *Journal of Knowledge Management*, Vol. 22, No. 1, 2018.

Huang C. C., Hsieh P. N., "Inspiring Creativity in Teams: Perspectives of Transactive Memory Systems", *Journal of Pacific Rim Psychology*, Vol. 11, No. E6, 2017.

Huang Q., Liu H., Zhong X., "The Impact of Transactive Memory Systems on Team Performance", *Information Technology and People*, Vol. 26, No. 2, 2013.

Huang X., Hsieh P. A., He W., "Expertise Dissimilarity and Creativity: The Contingent Roles of Tacit and Explicit Knowledge Sharing", *Journal of Applied Psychology*, Vol. 99, No. 5, 2014.

Huang Y., Luo Y., Liu Y., Yang Q., "An Investigation of Interpersonal Ties in Interorganizational Exchanges in Emerging Markets: A Boundary-Spanning Perspective", *Journal of Management*, Vol. 42, No. 6, 2016.

Hülsheger U., Anderson N. R., Salgado J. F., "Team-Level Predictors of Innovation at Work: A Comprehensive Meta-Analysis Spanning Three

Decades of Research", *Journal of Applied Psychology*, Vol. 94, No. 5, 2009.

Huyghe A., Knockaert M., Wright M., Piva E., "Technology Transfer Offices as Boundary Spanners in the Pre-Spin-Off Process: The Case of a Hybrid Model", *Small Business Economics*, Vol. 43, No. 2, 2014.

Hwang E. H., Singh P. V., Argote L., "Knowledge Sharing in Online Communities: Learning to Cross Geographic and Hierarchical Boundaries", *Organization Science*, Vol. 26, No. 6, 2015.

Iansiti M., Clark K. B., "Integration and Dynamic Capability: Evidence from Product Development in Automobiles and Mainframe Computers", *Industrial and Corporate Change*, Vol. 3, No. 3, 1994.

Ilgen D. R., Hollenbeck J. R., Johnson M., Jundt D., "Teams in Organizations: From Input-Process-Output Models to IMOI Models", *Annual Review of Psychology*, Vol. 56, No. 1, 2005.

Inkpen A. C., Tsang E. W. K., "Social Capital, Networks, and Knowledge Transfer", *Academy of Management Review*, Vol. 30, No. 1, 2005.

Ireland R. D., Covin J. G., Kuratko D. F., "Conceptualizing Corporate Entrepreneurship Strategy", *Entrepreneurship Theory and Practice*, Vol. 33, No. 1, 2009.

Ireland R. D., Hitt M. A., Sirmon D. G., "A Model of Strategic Entrepreneurship: The Construct and Its Dimensions", *Journal of Management*, Vol. 29, No. 6, 2003.

Jackson S. E., Joshi A., Erhardt N. L., "Recent Research on Team and Organizational Diversity: SWOT Analysis and Implications", *Journal of Management*, Vol. 29, No. 6, 2003.

Jacobides M. G., Winter S. G., "Entrepreneurship and Firm Boundaries: The Theory of a Firm", *Journal of Management Studies*,

Vol. 44, No. 7, 2007.

Jain R., Jain C., Jain P., "Team Creativity at Work: A Conceptual Framework", *South Asian Journal of Management*, Vol. 22, 2015.

James L. R., "Aggregation Bias in Estimates of Perceptual Agreement", *Journal of Applied Psychology*, Vol. 67, No. 2, 1982.

Jansen J. J. P., Bosch F. A. J. V. D., Volberda H. W., "Managing Potential and Realized Absorptive Capacity: How Do Organizational Antecedents Matter?", *Academy of Management Journal*, Vol. 48, No. 6, 2005.

Jarvenpaa S. L., Keating E., "Hallowed Grounds: The Role of Cultural Values, Practices, and Institutions in TMS in an Offshored Complex Engineering Services Project", *IEEE Transactions on Engineering Management*, Vol. 58, No. 4, 2011.

Jaussi K. S., Dionne S. D., "Leading for Creativity: The Role of Unconventional Leader Behavior", *Leadership Quarterly*, Vol. 14, No. 4, 2003.

Jaworski B. J., Kohli A., "Market Orientation: Antecedents and Consequences", *Journal of Marketing*, Vol. 57, No. 3, 1993.

Jemison D. B., "The Importance of Boundary Spanning Roles in Strategic Decision-Making", *Journal of Management Studies*, Vol. 21, No. 2, 2010.

Jennings D. F., Lumpkin J. R., "Functioning Modeling Corporate Entrepreneurship: An Empirical Integrative Analysis", *Journal of Management*, Vol. 15, No. 3, 1989.

Jia L., Shaw J. D., Tsui A. S., Park T., "A Social-Structural Perspective on Employee-Organization Relationships and Team Creativity", *Academy of Management Journal*, Vol. 57, No. 3, 2014.

Jin B. H., Wu C. Y., Huang C. J., "Transactive Memory Systems: A Catalyst for the Cooperation of Industries, Universities and Research Institutions in Regional Innovation Systems", *International Business Research*, Vol. 8, No. 1, 2015.

Jolaee A., Nor K. M., Khani N., Yusoff R. M., "Factors Affecting Knowledge Sharing Intention among Academic Staff", *International Journal of Educational Management*, Vol. 28, No. 4, 2014.

Joo B. K., Song J. H., Lim D. H., Yoon S. W., "Team Creativity: The Effects of Perceived Learning Culture, Developmental Feedback and Team Cohesion", *International Journal of Training and Development*, Vol. 16, No. 2, 2012.

Kanawattanachai P., Yoo Y., "The Impact of Knowledge Coordination on Virtual Team Performance over Time", *MIS Quarterly*, Vol. 31, No. 4, 2007.

Katkalo V. S., Pitelis C. N., Teece D. J., "Introduction: On the Nature and Scope of Dynamic Capabilities", *Industrial and Corporate Change*, Vol. 19, No. 4, 2010.

Kessler E. H., Chakrabarti A. K., "Innovation Speed: A Conceptual Model of Context, Antecedents, and Outcomes", *Academy of Management Review*, Vol. 21, No. 4, 1996.

Kidwell D. K., "Navigating the Role of the Principal Investigator: A Comparison of Four Cases", *Journal of Technology Transfer*, Vol. 39, No. 1, 2014.

Kim K., Hann I. H., "Crowdfunding and the Democratization of Access to Capital-An Illusion? Evidence from Housing Prices", *Information Systems Research*, Vol. 30, No. 1, 2019.

Kim S. M., Kim M. J., Jo S. J., "The Relationships between Perceived Team Psychological Safety, Transactive Memory System, Team Learning Behavior and Team Performance among Individual Team Members", *Leadership and Organization Development Journal*, Vol. 42, No. 6, 2021.

Kim S. S. , "The Effect of Social Contexts and Formation of Individualism-Collectivism Orientation on Knowledge Sharing Intention: The Case of Workers in Korea", *Journal of Knowledge Management*, Vol. 24, No. 2, 2020.

King K. , "The Impact of Within-Team Variance on Transactive Memory System Development and Team Performance", *Team Performance Management*, Vol. 23, No. 3/4, 2017.

Klewitz J. , "Grazing, Exploring and Networking for Sustainability-Oriented Innovations in Learning-Action Networks: An SME Perspective", *Innovation the European Journal of Social Science Research*, Vol. 30, No. 4, 2015.

Knudsen M. P. , "The Relative Importance of Interfirm Relationships and Knowledge Transfer for New Product Development Success", *Journal of Product Innovation Management*, Vol. 24, No. 2, 2010.

Ko D. G. , Kirsch L. J. , King W. R. , "Antecedents of Knowledge Transfer from Consultants to Clients in Enterprise System Implementations", *MIS Quarterly*, Vol. 29, No. 1, 2005.

Kollmann T. , Hensellek S. , Stöckmann C. , Kendbock J. M. , Peschl A. , "How Management Teams Foster the Transactive Memory System-Entrepreneurial Orientation Link", *Strategic Entrepreneurship Journal*, Vol. 14, No. 4, 2020.

Kotlarsky J. , Bart V. D. H. , Houtman L. , "Are We on the Same Page? Knowledge Boundaries and Transactive Memory System Development in Cross-Functional Teams", *Communication Research*, Vol. 42, No. 3, 2015.

Kozlowski S. W. J. , Bell B. S. , *Work Groups and Teams in Organizations*, John Wiley and Sons Inc. , 2003.

Kozlowski S. W. J. , Ilgen D. R. , "Enhancing the Effectiveness of Work Groups and Teams", *Psychological Science in the Public Interest*, Vol.

7, No. 3, 2006.

Kraaijenbrink J., Wijnhoven F., "Managing Heterogeneous Knowledge: A Theory of External Knowledge Integration", *Knowledge Management Research and Practice*, Vol. 6, No. 4, 2008.

Kruglanski A. W., Webster D. M., "Group Members' Reactions to Opinion Deviates and Conformists at Varying Degrees of Proximity to Decision Deadline and of Environmental Noise", *Journal of Personality and Social Psychology*, Vol. 61, No. 2, 1991.

Kuratko D. F., *Corporate Entrepreneurship: An Introduction and Research Review*, Springer, 2010.

Kuratko D. F., Hornsby J. S., Mcmullen J. S., "Corporate Entrepreneurship with a Purpose: Exploring the Antecedents to Social Business", *Academy of Management Annual Meeting Proceedings*, No. 1, 2011.

Kwahk K. Y., Park D. H., "Leveraging Your Knowledge to My Performance: The Impact of Transactive Memory Capability on Job Performance in a Social Media Environment", *Computers in Human Behavior*, Vol. 80, No. 3, 2018.

Kwon K., Cho D., "How Transactive Memory Systems Relate to Organizational Innovation: The Mediating Role of Developmental Leadership", *Journal of Knowledge Management*, Vol. 20, No. 5, 2016.

Kwon S., "Interdisciplinary Knowledge Integration as a Unique Knowledge Source for Technology Development and the Role of Funding Allocation", *Technological Forecasting and Social Change*, Vol. 181, 2022.

Lee J. N., "The Impact of Knowledge Sharing, Organizational Capability and Partnership Quality on is Outsourcing Success", *Information and Management*, Vol. 38, No. 5, 2001.

Lee J. Y., Bachrach D. G., Lewis K., "Social Network Ties, Transactive Memory, and Performance in Groups", *Organization Science*, Vol. 25, No. 3, 2014.

Leibenstein H., "Organizational or Frictional Equilibria, X-Efficiency, and the Rate of Innovation", *Quarterly Journal of Economics*, Vol. 83, No. 4, 1969.

Lekhawipat W., Wei Y. H., Lin C., "How Internal Attributions Affect Knowledge Sharing Behavior", *Journal of Knowledge Management*, Vol. 22, No. 4, 2018.

Lepik K. L., Krigul M., "Challenges in Knowledge Sharing for Innovation in Cross-Border Context", *International Journal of Knowledge-Based Development*, Vol. 5, No. 4, 2014.

Leung K., Wang J., "Social Processes and Team Creativity in Multicultural Teams: A Socio-Technical Framework", *Journal of Organizational Behavior*, Vol. 36, No. 7, 2015.

Levina N., Vaast E., "The Emergence of Boundary Spanning Competence in Practice: Implications for Implementation and Use of Information Systems", *MIS Quarterly*, Vol. 29, No. 2, 2005.

Levitt B., March J. G., "Organizational Learning", *Annual Review of Sociology*, Vol. 14, No. 14, 1988.

Lewis K., "Knowledge and Performance in Knowledge-Worker Teams: A Longitudinal Study of Transactive Memory Systems", *Management Science*, Vol. 50, No. 11, 2004.

Lewis K., "Measuring Transactive Memory Systems in the Field: Scale Development and Validation", *Journal of Applied Psychology*, Vol. 88, No. 4, 2003.

Lewis K., Belliveau M., Herndon B., Keller J., "Group Cognition, Membership Change, and Performance: Investigating the Benefits and Detriments of Collective Knowledge", *Organizational Behavior and Human Decision Processes*, Vol. 103, No. 2, 2007.

Lewis K., Herndon B., "Transactive Memory Systems: Current Issues and Future Research Directions", *Organization Science*, Vol. 22, No. 5, 2011.

Lewis K., Lange D., Gillis L., "Transactive Memory Systems, Learning, and Learning Transfer", *Organization Science*, Vol. 16, No. 6, 2005.

Li Y. H., Huang J. W., "Exploitative and Exploratory Learning in Transactive Memory Systems and Project Performance", *Information and Management*, Vol. 50, No. 6, 2013.

Liao J., Jimmieson N. L., O'brien A. T., Restubog S. L. D., "Developing Transactive Memory Systems: Theoretical Contributions from a Social Identity Perspective", *Group and Organization Management*, Vol. 37, No. 2, 2012.

Liao J., O'brien A. T., Jimmieson N. L., Restubog S. L. D., "Predicting Transactive Memory System in Multidisciplinary Teams: The Interplay between Team and Professional Identities", *Journal of Business Research*, Vol. 68, No. 5, 2015.

Lin H. C., Chang C. M., "What Motivates Health Information Exchange in Social Media? The Roles of the Social Cognitive Theory and Perceived Interactivity", *Information and Management*, Vol. 55, No. 6, 2018.

Lin H. F., "Effects of Extrinsic and Intrinsic Motivation on Employee Knowledge Sharing Intentions", *Journal of Information Science*, Vol. 33, No. 2, 2007.

Lorenzen M., Frederiksen L., "The Management of Projects and Product Experimentation: Examples from the Music Industry", *European Management Review*, Vol. 2, No. 3, 2005.

Lumpkin G. T., Dess G. G., "Linking Two Dimensions of Entrepreneurial Orientation to Firm Performance: The Moderating Role of Environment and Industry Life Cycle", *Journal of Business Venturing*, Vol.

16, No. 5, 2001.

Luo J., Men C., "Translating External Knowledge to Team Creativity in Turbulent Environments", *Academy of Management Annual Meeting Proceedings*, No. 1, 2017.

Luttmer E. G. J., "Selection, Growth, and the Size Distribution of Firms", *Quarterly Journal of Economics*, Vol. 122, No. 3, 2007.

Lyndon S., Pandey A., Navare A., "Emergence and Outcomes of Shared Leadership: Unraveling the Role of Transactive Memory System and Team Mindfulness Using Mixed-Methods Approach", *Leadership and Organization Development Journal*, Vol. 43, No. 2, 2022.

Lyu C., Zhang F., Ji J., Teo T. S. H., Wang T., Liu Z., "Competitive Intensity and New Product Development Outcomes: The Roles of Knowledge Integration and Organizational Unlearning", *Journal of Business Research*, Vol. 139, 2022.

Mackinnon D. P., Lockwood C. M., Hoffman J. M., West S. G., Sheets V., "A Comparison of Methods to Test Mediation and other Intervening Variable Effects", *Psychological Methods*, Vol. 7, No. 1, 2002.

Mäenpää S., Suominen A. H., Breite R., "Boundary Objects as Part of Knowledge Integration for Networked Innovation", *Technology Innovation Management Review*, Vol. 6, No. 10, 2016.

Mainela T., Puhakka V., Servais P., "Boundary Crossing for International Opportunities", *Journal of International Entrepreneurship*, Vol. 13, No. 3, 2015.

Majchrzak A., More P. H. B., Faraj S., "Transcending Knowledge Differences in Cross-Functional Teams", *Organization Science*, Vol. 23, No. 4, 2011.

Majchrzak J. A., "Knowledge Collaboration among Professionals Protecting National Security: Role of Transactive Memories in Ego-Centered

Knowledge Networks", *Organization Science*, Vol. 19, No. 2, 2014.

Malik T. H., "National Institutional Differences and Cross-Border University-Industry Knowledge Transfer", *Research Policy*, Vol. 42, No. 3, 2013.

Markovic S., Bagherzadeh M., Dubiel A., Cheng J., Vanhaverbeke W., "Do Not Miss the Boat to Outside-in Open Innovation: Enable Your Employees", *Industrial Marketing Management*, Vol. 91, No. 2, 2020.

Markovic S., Jovanovic M., Bagherzadeh M., Sancha C., Sarafinovska M., Qiu Y., "Priorities When Selecting Business Partners for Service Innovation: The Contingency Role of Product Innovation", *Industrial Marketing Management*, Vol. 88, 2020.

Martin J. A., Bachrach D. G., "A Relational Perspective of the Microfoundations of Dynamic Managerial Capabilities and Transactive Memory Systems", *Industrial Marketing Management*, Vol. 74, 2018.

Matsuo M., Aihara M., "Effect of a Community of Practice on Knowledge Sharing Across Boundaries: The Mediating Role of Learning Goals", *Journal of Knowledge Management*, Vol. 26, No. 1, 2022.

Matusik S. F., "The Utilization of Contingent Work, Knowledge Creation, and Competitive Advantage", *Academy of Management Review*, Vol. 23, No. 4, 1998.

Mcelroy M. W., *The New Knowledge Management: Complexity, Learning, and Sustainable Innovation*, Butterworth-Heinemann, 2002.

Mcpherson M., Smith-Lovin L., Cook J. M., "Birds of a Feather: Homophily in Social Networks", *Annual Review of Sociology*, Vol. 27, 2001.

Mehta A., Mehta N., "Knowledge Integration and Team Effectiveness: A Team Goal Orientation Approach", *Decision Sciences*, Vol. 49, No. 3, 2018.

Mehta N. , Bharadwaj A. , "Knowledge Integration in Outsourced Software Development: The Role of Sentry and Guard Processes", *Journal of Management Information Systems*, Vol. 32, No. 1, 2015.

Mell J. N. , Van Knippenberg D. , Van Ginkel W. P. , "The Catalyst Effect: The Impact of Transactive Memory System Structure on Team Performance", *Academy of Management Journal*, Vol. 57, No. 4, 2014.

Men C. , Fong P. S. W. , Luo J. , Zhong J. , Huo W. , "When and How Knowledge Sharing Benefits Team Creativity: The Importance of Cognitive Team Diversity", *Journal of Management and Organization*, Vol. 25, No. 6, 2017.

Michailova S. , Husted K. , "Knowledge Sharing in Russian Companies with Western Participation", *Management International*, Vol. 6, No. 2, 2003.

Michailova S. , Minbaeva D. B. , "Organizational Values and Knowledge Sharing in Multinational Corporations: The Danisco Case", *International Business Review*, Vol. 21, No. 1, 2012.

Michinov E. , Olivierchiron E. , Rusch E. , Chiron B. , "Influence of Transactive Memory on Perceived Performance, Job Satisfaction and Identification in Anaesthesia Teams", *British Journal of Anaesthesia*, Vol. 100, No. 3, 2008.

Miguel-Ángel G. , Méndez M. T. , "Entrepreneurship, Economic Growth, and Innovation: Are Feedback Effects at Work?", *Journal of Business Research*, Vol. 67, No. 5, 2014.

Miles M. B. , Huberman A. M. , *Qualitative Data Analysis*, Sage, 1994.

Miles M. P. , "Exploring the Practice of Corporate Venturing: Some Common Forms and Their Organizational Implications", *Entrepreneurship Theory and Practice*, Vol. 26, No. 3, 2002.

Miller D. , "The Correlates of Entrepreneurship in Three Types of Firms", *Management Science*, Vol. 29, No. 7, 1983.

Miller D. , "The Structural and Environmental Correlates of Business Strategy", *Strategic Management Journal*, Vol. 8, No. 1, 1987.

Miller D. , Friesen P. H. , "Innovation in Conservative and Entrepreneurial Firms: Two Models of Strategic Momentum", *Strategic Management Journal*, Vol. 3, No. 1, 1982.

Mintzberg H. , "Strategy Making in Three Modes", *California Management Review*, Vol. 16, No. 2, 1973.

Miron-Spektor E. , Erez M. , Naveh E. , "The Effect of Conformist and Attentive-to-Detail Members on Team Innovation: Reconciling the Innovation Paradox", *Academy of Management Journal*, Vol. 54, No. 4, 2011.

Miron-Spektor E. , Erez M. , Naveh E. , "To Drive Creativity, Add Some Conformity", *Harvard Business Review*, Vol. 90, No. 3, 2012.

Mitchell R. K. , Busenitz L. , Lant T. , Mcdougall P. P. , Smith J. B. , "Toward a Theory of Entrepreneurial Cognition: Rethinking the People Side of Entrepreneurship Research", *Entrepreneurship Theory and Practice*, Vol. 27, No. 2, 2003.

Mitchell V. L. , "Knowledge Integration and Information Technology Project Performance", *MIS Quarterly*, Vol. 30, No. 4, 2006.

Molina L. M. , Llorens-Montes J. , Ruiz-Moreno A. , "Relationship between Quality Management Practices and Knowledge Transfer", *Journal of Operations Management*, Vol. 25, No. 3, 2007.

Montag T. , Maertz C. P. , Baer M. , "A Critical Analysis of the Workplace Creativity Criterion Space", *Journal of Management Official Journal of the Southern Management Association*, Vol. 38, No. 4, 2012.

Moreland R. L. , Myaskovsky L. , "Exploring the Performance Benefits of Group Training: Transactive Memory or Improved Communication?",

Organizational Behavior and Human Decision Processes, Vol. 82, No. 1, 2000.

Mostert N. M., "Diversity of the Mind as the Key to Successful Creativity at Unilever", *Creativity and Innovation Management*, Vol. 16, No. 1, 2007.

Munafò M. R., Smith G. D., "Robust Research Needs Many Lines of Evidence", *Nature*, Vol. 553, No. 7689, 2018.

Muskat B., Anand A., Contessotto C., Tan A. H. T., Park G., "Team Familiarity-Boon for Routines, Bane for Innovation? A Review and Future Research Agenda", *Human Resource Management Review*, Vol. 32, No. 4, 2022.

Mustika H., Eliyana A., Agustina T. S., Anwar A., "Testing the Determining Factors of Knowledge Sharing Behavior", *Sage Open*, Vol. 12, No. 1, 2022.

Nahapiet J., Ghoshal S., "Social Capital, Intellectual Capital, and the Organizational Advantage", *Knowledge and Social Capital*, Vol. 23, No. 2, 1998.

Nambisan S., Baron R. A., "Entrepreneurship in Innovation Ecosystems: Entrepreneurs' Self-Regulatory Processes and Their Implications for New Venture Success", *Entrepreneurship Theory and Practice*, Vol. 37, No. 5, 2013.

Newbert S. L., "Empirical Research on the Resource-Based View of the Firm: An Assessment and Suggestions for Future Research", *Strategic Management Journal*, Vol. 28, No. 2, 2010.

Nguyen T. M., Siri N. S., Malik A., "Multilevel Influences on Individual Knowledge Sharing Behaviours: The Moderating Effects of Knowledge Sharing Opportunity and Collectivism", *Journal of Knowledge Management*, Vol. 26, No. 1, 2022.

Nielsen C., Cappelen K., "Exploring the Mechanisms of Knowledge

Transfer in University-Industry Collaborations: A Study of Companies, Students and Researchers", *Higher Education Quarterly*, Vol. 68, No. 4, 2014.

Nonaka I., "A Dynamic Theory of Organizational Knowledge Creation", *Organization Science*, Vol. 5, No. 1, 1994.

Nunnally J. C., *Psychometric Theory*, Mcgraw-Hill, 1978.

Nwachukwu O. C., Tsalikis J., "Environmental Heterogeneity, Strategy-Making, Structure and Small Business Performance: A Path Analytic Model", *Journal of Applied Business Research*, Vol. 7, No. 2, 1991.

Obayi R., Koh S. C., Oglethorpe D., Ebrahimi S. M., "Improving Retail Supply Flexibility Using Buyer-Supplier Relational Capabilities", *International Journal of Operations and Production Management*, Vol. 37, No. 3, 2017.

OECD, *The Knowledge-Based Economy*, General Distribution OCDE/GD, 1996.

Oh S. Y., Kim S., "Effects of Inter-and Intra-Organizational Learning Activities on SME Innovation: The Moderating Role of Environmental Dynamism", *Journal of Knowledge Management*, Vol. 26, No. 5, 2022.

Okhuysen G. A., Eisenhardt K. M., "Integrating Knowledge in Groups: How Formal Interventions Enable Flexibility", *Organization Science*, Vol. 13, No. 4, 2002.

Oshri I., Fenema P. V., Kotlarsky J., "Knowledge Transfer in Globally Distributed Teams: The Role of Transactive Memory", *Information Systems Journal*, Vol. 18, No. 6, 2010.

Oshri I., Kotlarsky J., Willcocks L. P., "Global Software Development: Exploring Socialization and Face-to-Face Meetings in Distributed Strategic Projects", *Journal of Strategic Information Systems*, Vol. 16,

No. 1, 2007.

Osiyevskyy O., Dewald J., "Explorative Versus Exploitative Business Model Change: The Cognitive Antecedents of Firm-Level Responses to Disruptive Innovation", *Strategic Entrepreneurship Journal*, Vol. 9, No. 1, 2015.

Parente R., Murray J. Y., Zhao Y., Kotabe M., Dias R., "Relational Resources, Tacit Knowledge Integration Capability, and Business Performance", *Journal of Knowledge Management*, Vol. 26, No. 4, 2022.

Patnayakuni R., Ruppel C. P., "Managing the Complementarity of Knowledge Integration and Process Formalization for Systems Development Performance", *Journal of the Association for Information Systems*, Vol. 7, No. 8, 2006.

Peltokorpi V., "Transactive Memory System Coordination Mechanisms in Organizations: An Exploratory Case Study", *Group and Organization Management*, Vol. 39, No. 4, 2014.

Peltokorpi V., Hasu M., "Transactive Memory Systems and Team Innovation: A Curvilinear Approach", *Team Performance Management*, Vol. 20, No. 5/6, 2014.

Peltokorpi V., Hasu M., "Transactive Memory Systems in Research Team Innovation: A Moderated Mediation Analysis", *Journal of Engineering and Technology Management*, Vol. 39, 2016.

Peltokorpi V., Hood A. C., "Communication in Theory and Research on Transactive Memory Systems: A Literature Review", *Topics in Cognitive Science*, Vol. 11, No. 4, 2019.

Peltokorpi V., Manka M. L., "Antecedents and the Performance Outcome of Transactive Memory in Daycare Work Groups", *European Psychologist*, Vol. 13, No. 2, 2008.

Perotti F. A., Ferraris A., Candelo E., Busso D., "The Dark Side of

Knowledge Sharing: Exploring 'Knowledge Sabotage' and Its Antecedents", *Journal of Business Research*, Vol. 141, 2022.

Perry-Smith J. E., Shalley C. E., "A Social Composition View of Team Creativity: The Role of Member Nationality-Heterogeneous Ties Outside of the Team", *Organization Science*, Vol. 25, No. 5, 2014.

Perry-Smith J. E., Shalley C. E., "The Social Side of Creativity: A Static and Dynamic Social Network Perspective", *Academy of Management Review*, Vol. 28, No. 1, 2003.

Pershina R., Soppe B., Thune T. M., "Bridging Analog and Digital Expertise: Cross-Domain Collaboration and Boundary-Spanning Tools in the Creation of Digital Innovation", *Research Policy*, Vol. 48, No. 9, 2019.

Pirola-Merlo A., Mann L., "The Relationship between Individual Creativity and Team Creativity: Aggregating Across People and Time", *Journal of Organizational Behavior*, Vol. 25, No. 2, 2004.

Podsakoff P. M., Mackenzie S. B., Lee J. Y., Podsakoff N. P., "Common Method Biases in Behavioral Research: A Critical Review of the Literature and Recommended Remedies", *Journal of Applied Psychology*, Vol. 88, No. 5, 2003.

Polanyi M., *The Tacit Dimension*, Anchor Day Books, 1967.

Preacher K. J., Hayes A. F., "Asymptotic and Resampling Strategies for Assessing and Comparing Indirect Effects in Multiple Mediator Models", *Behavior Research Methods*, Vol. 40, No. 3, 2008.

Presutti M., Boari C., Majocchi A., "The Importance of Proximity for the Start-Ups' Knowledge Acquisition and Exploitation", *Journal of Small Business Management*, Vol. 49, No. 3, 2011.

Pulles D. C., Montes F. J. L., Gutierrez-Gutierrrez L., "Network Ties and Transactive Memory Systems: Leadership as an Enabler", *Leadership and Organization Development Journal*, Vol. 38, No. 1, 2017.

Ragab M. A. F., Arisha A., "Knowledge Management and Measurement: A Critical Review", *Journal of Knowledge Management*, Vol. 17, No. 6, 2013.

Ramayah T., Yeap J. A., Ignatius J., "Assessing Knowledge Sharing among Academics: A Validation of the Knowledge Sharing Behavior Scale (KSBS)", *Evaluation Review*, Vol. 38, No. 2, 2014.

Raphael A., Xu H., "Value Creation through Novel Resource Configurations in a Digitally Enabled World", *Strategic Entrepreneurship Journal*, Vol. 11, No. 3, 2017.

Rau D., "The Influence of Relationship Conflict and Trust on the Transactive Memory: Performance Relation in Top Management Teams", *Small Group Research*, Vol. 36, No. 6, 2005.

Razmerita L., Kirchner K., Nielsen P., "What Factors Influence Knowledge Sharing in Organizations? A Social Dilemma Perspective of Social Media Communication", *Journal of Knowledge Management*, Vol. 20, No. 6, 2016.

Reagans R., Miron-Spektor E., Argote L., "Knowledge Utilization, Coordination, and Team Performance", *Organization Science*, Vol. 27, No. 5, 2016.

Reinholt M., Pedersen T., Foss N. J., "Why a Central Network Position Isn't Enough: The Role of Motivation and Ability for Knowledge Sharing in Employee Networks", *Academy of Management Journal*, Vol. 54, No. 6, 2011.

Ren Y., Argote L., "Transactive Memory Systems 1985–2010: An Integrative Framework of Key Dimensions, Antecedents, and Consequences", *Academy of Management Annals*, Vol. 5, No. 1, 2011.

Ren Y., Carley K. M., Argote L., "The Contingent Effects of Transactive Memory: When Is It More Beneficial to Know What Others Know?", *Management Science*, Vol. 52, No. 5, 2006.

Rico R., Sánchez-Manzanares M., Gil F., Gibson C., "Team Implicit Coordination Processes: A Team Knowledge-Based Approach", *Academy of Management Review*, Vol. 33, No. 1, 2008.

Riege A., "Three-Dozen Knowledge-Sharing Barriers Managers Must Consider", *Journal of Knowledge Management*, Vol. 9, No. 3, 2005.

Robert L. P., Dennis A. R., Ahuja M. K., "Social Capital and Knowledge Integration in Digitally Enabled Teams", *Information Systems Research*, Vol. 19, No. 3, 2008.

Robertson R., Gockel C., Brauner E., "Trust Your Teammates or Bosses? Differential Effects of Trust on Transactive Memory, Job Satisfaction, and Performance", *Employee Relations*, Vol. 35, No. 2, 2013.

Rosenkopf L., Nerkar A., "Beyond Local Search: Boundary-Spanning, Exploration, and Impact in the Optical Disk Industry", *Strategic Management Journal*, Vol. 22, No. 4, 2001.

Santos F. M., Eisenhardt K. M., "Constructing Markets and Shaping Boundaries: Entrepreneurial Power in Nascent Fields", *Academy of Management Journal*, Vol. 52, No. 4, 2009.

Sathe V., "Fostering Entrepreneurship in the Large, Diversified Firm", *Organizational Dynamics*, Vol. 18, No. 1, 1989.

Seba I., Rowley J., Delbridge R., "Knowledge Sharing in the Dubai Police Force", *Journal of Knowledge Management*, Vol. 16, No. 1, 2012.

Senge P. M., *The Fifth Discipline: The Art and Practice of Learning Organization*, Currency/Doubledaly, 1990.

Senge P., "Sharing Knowledge: The Leader's Role is Key to a Learning Culture", *Executive Excellence*, Vol. 4, No. 11, 1997.

Shalley C. E., Jing Z., Oldham G. R., "The Effects of Personal and Contextual Characteristics on Creativity: Where Should We Go from Here?", *Journal of Management*, Vol. 30, No. 6, 2004.

Shane S., Venkataraman S., *The Promise of Entrepreneurship as a Field of Research*, Springer, 2007.

Sharma P., Chrisman S. J. J., "Toward a Reconciliation of the Definitional Issues in the Field of Corporate Entrepreneurship", *Entrepreneurship Theory and Practice*, Vol. 24, 1999.

Shaver K. G., Scott L. R., "Person, Process, Choice: The Psychology of New Venture Creation", *Entrepreneurship and Regional Development*, Vol. 27, No. 2, 1991.

Shen K. N., Lindsay V., Xu Y. C., "Digital Entrepreneurship", *Information Systems Journal*, Vol. 28, No. 6, 2018.

Shi W., Weber M. S., "Rethinking the Complexity of Virtual Work and Knowledge Sharing", *Journal of the American Society for Information Science and Technology*, Vol. 69, No. 11, 2018.

Shin M., Holden T., Schmidt R. A., *From Knowledge Theory to Management Practice: Towards an Integrated Approach*, Pergamon Press, Inc., 2001.

Shin S. J., Kim T. Y., Lee J. Y., Bian L., "Cognitive Team Diversity and Individual Team Member Creativity: A Cross-Level Interaction", *Academy of Management Journal*, Vol. 55, No. 1, 2012.

Shin S. J., Zhou J., "When is Educational Specialization Heterogeneity Related to Creativity in Research and Development Teams? Transformational Leadership as a Moderator", *Journal of Applied Psychology*, Vol. 92, No. 6, 2007.

Siddique C. M., "Knowledge Management Initiatives in the United Arab Emirates: A Baseline Study", *Journal of Knowledge Management*, Vol. 16, No. 16, 2012.

Siggelkow N., "Persuasion with Case Studies", *Academy of Management Journal*, Vol. 50, No. 1, 2007.

Simeonova B., "Transactive Memory Systems and Web 2.0 in Knowledge

Sharing: A Conceptual Model Based on Activity Theory and Critical Realism", *Information Systems Journal*, Vol. 28, No. 4, 2017.

Simsek Z., "CEO Tenure and Organizational Performance: An Intervening Model", *Strategic Management Journal*, Vol. 28, No. 6, 2010.

Skilton P. F., Dooley K. J., "The Effects of Repeat Collaboration on Creative Abrasion", *Academy of Management Review*, Vol. 35, No. 1, 2010.

Smith K. G., Collins C. J., Clark K. D., "Existing Knowledge, Knowledge Creation Capability, and the Rate of New Product Introduction in High-Technology Firms", *Academy of Management Journal*, Vol. 48, No. 2, 2005.

Smith K. G., Hitt M. A., *Great Minds in Management: The Process of Theory Development*, Oxford University Press, 2005.

Smith M., Busi M., Ball P., Meer R. V. D., "Factors Influencing an Organisation's Ability to Manage Innovation: A Structured Literature Review and Conceptual Model", *International Journal of Innovation Management*, Vol. 12, No. 4, 2008.

Somech A., Drachzahavy A., "Translating Team Creativity to Innovation Implementation: The Role of Team Composition and Climate for Innovation", *Journal of Management*, Vol. 39, No. 3, 2011.

Sparrow B., Liu J., Wegner D. M., "Google Effects on Memory: Cognitive Consequences of Having Information at Our Fingertips", *Science*, Vol. 333, No. 6043, 2011.

Spraggon M., Bodolica V., "Collective Tacit Knowledge Generation through Play", *Management Decision*, Vol. 55, No. 1, 2017.

Stam W., Elfring T., "Entrepreneurial Orientation and New Venture Performance: The Moderating Role of Intra-and Extraindustry Social Capital", *Academy of Management Journal*, Vol. 51, No. 1, 2008.

Staw B. M., Sandelands L. E., Dutton J. E., "Threat Rigidity Effects in Organizational Behavior: A Multilevel Analysis", *Administrative Science Quarterly*, Vol. 26, No. 4, 1981.

Steiger J. H., "Structure Model Evaluztion and Modification: An Interval Estimation Approach", *Multivariate Behavioral Research*, Vol. 25, 1990.

Stolzenberg R. M., "The Measurement and Decomposition of Causal Effects in Nonlinear and Nonadditive Models", *Sociological Methodology*, Vol. 11, 1980.

Suddaby R., Bruton G. D., Si S. X., "Entrepreneurship through a Qualitative Lens: Insights on the Construction and/or Discovery of Entrepreneurial Opportunity", *Journal of Business Venturing*, Vol. 30, No. 1, 2015.

Sue T., "Learning from the Alien: Knowledge Relationships with Temporary Workers in Network Contexts", *International Journal of Human Resource Management*, Vol. 20, No. 4, 2009.

Sun J., Yao M., Zhang W., Chen Y., Liu Y., "Entrepreneurial Environment, Market-Oriented Strategy, and Entrepreneurial Performance: A Study of Chinese Automobile Firms", *Internet Research*, Vol. 26, No. 2, 2016.

Sung S. Y., Choi J. N., "Effects of Team Knowledge Management on the Creativity and Financial Performance of Organizational Teams", *Organizational Behavior and Human Decision Processes*, Vol. 118, No. 1, 2012.

Sussan F., Acs Z. J., "The Digital Entrepreneurial Ecosystem", *Small Business Economics*, Vol. 49, No. 1, 2017.

Szulanski G., *Sticky Knowledge: Barriers to Knowing in the Firm*, Sage, 2002.

Taggar S., "Individual Creativity and Group Ability to Utilize Individual Creative Resources: A Multilevel Model", *Academy of Management*

Journal, Vol. 45, No. 2, 2002.

Tandon A. , "Investigating Learning in Social Enterprises: A Boundary Perspective", *Social Enterprise Journal*, Vol. 10, No. 2, 2014.

Tang C. , "Accessed External Knowledge, Centrality of Intra-Team Knowledge Networks, and R&D Employee Creativity", *R&D Management*, Vol. 46, No. S3, 2016.

Tang J. , "Environmental Munificence for Entrepreneurs: Entrepreneurial Alertness and Commitment", *International Journal of Entrepreneurial Behaviour and Research*, Vol. 14, No. 3, 2013.

Teng B. S. , "Corporate Entrepreneurship Activities through Strategic Alliances: A Resource-Based Approach Toward Competitive Advantage", *Journal of Management Studies*, Vol. 44, No. 1, 2007.

Thompson J. D. , "Organizations and Output Transactions", *American Journal of Sociology*, Vol. 68, No. 3, 1962.

Tiberius V. , Schwarzer H. , Roig-Dobón S. , "Radical Innovations: Between Established Knowledge and Future Research Opportunities", Journal of Innovation and Knowledge, Vol. 6, No. 3, 2021.

Tiwana A. , Mclean E. R. , "Expertise Integration and Creativity in Information Systems Development", *Journal of Management Information Systems*, Vol. 22, No. 1, 2005.

Todorova G. , Durisin B. , "Absorptive Capacity: Valuing a Reconceptualization", *Academy of Management Review*, Vol. 32, No. 3, 2007.

Tortoriello M. , Krackhardt D. , "Activating Cross-Boundary Knowledge: The Role of Simmelian Ties in the Generation of Innovations", *Academy of Management Journal*, Vol. 53, No. 1, 2010.

Tsai W. C. , Chi N. W. , Grandey A. A. , Fung S. C. , "Positive Group Affective Tone and Team Creativity: Negative Group Affective Tone and Team Trust as Boundary Conditions", *Journal of Organizational Behavior*, Vol. 33, No. 5, 2012.

Tsai Y. H. , Joe S. W. , Chen M. L. , Lin C. P. , "Assessing Team Performance: Moderating Roles of Transactive Memory, Hypercompetition, and Emotional Regulation", *Human Performance*, Vol. 29, No. 2, 2016.

Tushman M. L. , "Special Boundary Roles in the Innovation Process", *Administrative Science Quarterly*, Vol. 22, No. 4, 1977.

Tushman M. L. , Scanlan T. J. , "Boundary Spanning Individuals: Their Role in Information Transfer and Their Antecedents", *Academy of Management Journal*, Vol. 24, No. 2, 1981.

Tywoniak S. , "Knowledge in Four Deformation Dimensions", *Organization*, Vol. 14, No. 1, 2007.

Van Knippenberg D. , De Dreu C. K. , Homan A. C. , "Work Group Diversity and Group Performance: An Integrative Model and Research Agenda: Theoretical Models and Conceptual Analyses", *Journal of Applied Psychology*, Vol. 89, No. 6, 2004.

Von Hippel C. , Mangum S. L. , Greenberger D. B. , Heneman R. L. , "Temporary Employment: Can Organizations and Employees Both Win?", *Academy of Management Executive*, Vol. 11, No. 1, 1997.

Wang P. , Zhu F. W. , Song H. Y. , Hou J. H. , Zhang J. L. , "Visualizing the Academic Discipline of Knowledge Management", *Sustainability*, Vol. 10, No. 3, 2018.

Wang S. , Noe R. A. , "Knowledge Sharing: A Review and Directions for Future Research", *Human Resource Management Review*, Vol. 20, No. 2, 2010.

Wang W. T. , "Examining the Influence of the Social Cognitive Factors and Relative Autonomous Motivations on Employees' Knowledge Sharing Behaviors", *Decision Sciences*, Vol. 47, No. 3, 2016.

Wang Y. , Huang Q. , Davison R. M. , Yang F. , "Effect of Transactive Memory Systems on Team Performance Mediated by Knowledge Transfer", *International Journal of Information Management*, Vol. 41, 2018.

Wegner D. M., "A Computer Network Model of Human Transactive Memory", *Social Cognition*, Vol. 13, No. 3, 1995.

Wegner D. M., Erber R., Raymond P., "Transactive Memory in Close Relationships", *Journal of Personality and Social Psychology*, Vol. 61, No. 6, 1991.

Wegner D. M., Giuliano T., Hertel P. T., *Cognitive Interdependence in Close Relationships*, Springer, 1985.

Wegner D. M., *Transactive Memory: A Contemporary Analysis of the Group Mind*, Springer, 1986.

Wehrle M., Lechler S., Gracht H. A. V. D., Hartmann E., "Digitalization and Its Impact on the Future Role of SCM Executives in Talent Management-An International Cross-Industry Delphi Study", *Journal of Business Logistics*, Vol. 41, No. 4, 2020.

Wei-Skillern J., Austin J. E., Leonard H., Stevenson H., "Entrepreneurship in the Social Sector", *Social Science Electronic Publishing*, 2007.

Wennekers S., Thurik R., "Linking Entrepreneurship and Economic Growth", *Small Business Economics*, Vol. 13, No. 1, 1999.

West J., Bogers M., "Leveraging External Sources of Innovation: A Review of Research on Open Innovation", *Social Science Electronic Publishing*, Vol. 31, No. 4, 2014.

Whelan E., Teigland R., "Transactive Memory Systems as a Collective Filter for Mitigating Information Overload in Digitally Enabled Organizational Groups", *Information and Organization*, Vol. 23, No. 3, 2013.

Wiklund J., Shepherd D., "Entrepreneurial Orientation and Small Business Performance: A Configurational Approach", *Journal of Business*

Venturing, Vol. 20, No. 1, 2005.

Wittenbaum G. M., Hubbell A. P., Zuckermnan C., "Mutual Enhancement: Toward an Understanding of the Collective Preference for Shared Information", *Journal of Personality and Social Psychology*, Vol. 77, No. 5, 1999.

Wolff K., *The Sociology of Georg Simmel*, Free Press, 1950.

Woodman R. W., Sawyer J. E., Griffin R. W., "Toward a Theory of Organizational Creativity", *Academy of Management Review*, Vol. 18, No. 2, 1993.

Wu H., Deng Z., "Knowledge Collaboration among Physicians in Online Health Communities: A Transactive Memory Perspective", *International Journal of Information Management*, Vol. 49, 2019.

Wu W. L., Lin C. H., Hsu B. F., Yeh R. S., "Interpersonal Trust and Knowledge Sharing: Moderating Effects of Individual Altruism and a Social Interaction Environment", *Social Behavior and Personality an International Journal*, Vol. 37, No. 1, 2009.

Wuebker R., Hampl N., Wüstenhagen R., "The Strength of Strong Ties in an Emerging Industry: Experimental Evidence of the Effects of Status Hierarchies and Personal Ties in Venture Capitalist Decision Making", *Strategic Entrepreneurship Journal*, Vol. 9, No. 2, 2015.

Yan B., Hollingshead A. B., Alexander K. S., Cruz I., Shaikh S. J., "Communication in Transactive Memory Systems: A Review and Multidimensional Network Perspective", *Small Group Research*, Vol. 52, No. 1, 2020.

Yi G., "Cross-Border Collaboration Strategies in Academic Entrepreneurs Hip of New R&D Institutions: Insights from Explorative Case Studies in China", *Science, Technology and Society*, Vol. 24, No. 2, 2019.

Yi J., "A Measure of Knowledge Sharing Behavior: Scale Development and Validation", *Knowledge Management Research and Practice*,

Vol. 7, No. 1, 2009.

Yin R. K., *Case Study Research: Design and Methods*, Sage, 2014.

Yiu D. W., Lau C. M., "Corporate Entrepreneurship as Resource Capital Configuration in Emerging Market Firms", *Entrepreneurship Theory and Practice*, Vol. 32, No. 1, 2008.

Yoo Y., "The Impact of Information Technology and Transactive Memory Systems on Knowledge Sharing, Application, and Team Performance: A Field Study", *MIS Quarterly*, Vol. 34, No. 4, 2010.

Yu C., Yu T. F., Yu C. C., "Knowledge Sharing, Organizational Climate, and Innovative Behavior: A Cross-Level Analysis of Effects", *Social Behavior and Personality an International Journal*, Vol. 41, No. 1, 2013.

Yu Y., Hao J. X., Dong X. Y., Khalifa M., "A Multilevel Model for Effects of Social Capital and Knowledge Sharing in Knowledge-Intensive Work Teams", *International Journal of Information Management*, Vol. 33, No. 5, 2013.

Yuan Y. C., Fulk J., Monge P. R., Contractor N., "Expertise Directory Development, Shared Task Interdependence, and Strength of Communication Network Ties as Multilevel Predictors of Expertise Exchange in Transactive Memory Work Groups", *Communication Research*, Vol. 37, No. 1, 2010.

Zahra S. A., "A Conceptual Model of Entrepreneurship as Firm Behavior: A Critique and Extension", *Entrepreneurship Theory and Practice*, Vol. 17, No. 4, 1993.

Zahra S. A., "Goverance, Ownership, and Corporate Entrepreneurship", *Academy of Management Journal*, Vol. 39, No. 6, 1996.

Zahra S. A., "International Entrepreneurship in the Post Covid World", *Journal of World Business*, Vol. 56, No. 1, 2020.

Zahra S. A., "Predictors and Financial Outcomes of Corporate Entrepreneurship: An Exploratory Study", *Journal of Business Venturing*, Vol. 6, No. 4, 1991.

Zahra S. A., Nielsen A. P., Bogner W. C., "Corporate Entrepreneurship, Knowledge, and Competence Development", *International Journal of Manpower*, Vol. 26, No. 6, 1999.

Zahra S. A., Pearce J. A., "Corporate Entrepreneurship in Smaller Firms: The Role of Environment, Strategy and Organization", *Entrepreneurship, Innovation and Change*, Vol. 3, No. 1, 1994.

Zander I., "Do You See What I Mean? An Entrepreneurship Perspective on the Nature and Boundaries of the Firm", *Journal of Management Studies*, Vol. 44, No. 7, 2007.

Zhang A. Y., Tsui A. S., Wang D. X., "Leadership Behaviors and Group Creativity in Chinese Organizations: The Role of Group Processes", *Leadership Quarterly*, Vol. 22, No. 5, 2011.

Zhang L., Cheng J., "Effect of Knowledge Leadership on Knowledge Sharing in Engineering Project Design Teams: The Role of Social Capital", *Project Management Journal*, Vol. 46, No. 5, 2015.

Zhang L., Guo H., "Enabling Knowledge Diversity to Benefit Cross-Functional Project Teams: Joint Roles of Knowledge Leadership and Transactive Memory System", *Information and Management*, Vol. 56, No. 8, 2019.

Zhang R., Wang J., Hao J. X., "How Does Knowledge Heterogeneity Affect Transactive Memory System in Innovation? Evidence from a Field Study", *Journal of Knowledge Management*, Vol. 24, No. 8, 2020.

Zhang X., Bartol K. M., "Linking Empowering Leadership and Employee Creativity: The Influence of Psychological Empowerment, Intrinsic Motivation, and Creative Process Engagement", *Academy of Management Journal*, Vol. 53, No. 1, 2010.

Zhang Z. X., Hempel P. S., Han Y. L., Tjosvold D., "Transactive

Memory System Links Work Team Characteristics and Performance", *Journal of Applied Psychology*, Vol. 92, No. 6, 2007.

Zhao H., Seibert S. E., Hills G. E., "The Mediating Role of Self-Efficacy in the Development of Entrepreneurial Intentions", *Journal of Applied Psychology*, Vol. 90, No. 6, 2005.

Zhao J., Anand J., "Beyond Boundary Spanners: The 'Collective Bridge' as an Efficient Interunit Structure for Transferring Collective Knowledge", *Strategic Management Journal*, Vol. 34, No. 13, 2013.

Zhao X., Lynch J. G., Chen Q., "Reconsidering Baron and Kenny: Myths and Truths about Mediation Analysis", *Journal of Consumer Research*, Vol. 37, No. 2, 2010.

Zhao Y., Lu Y., Wang X., "Organizational Unlearning and Organizational Relearning: A Dynamic Process of Knowledge Management", *Journal of Knowledge Management*, Vol. 17, No. 6, 2013.

Zheng Y., "Unlocking Founding Team Prior Shared Experience: A Transactive Memory System Perspective", *Journal of Business Venturing*, Vol. 27, No. 5, 2012.

Zhong X., Huang Q., Davison R. M., Xuan Y., Chen H., "Empowering Teams through Social Network Ties", *International Journal of Information Management*, Vol. 32, No. 3, 2012.

Zhu J., Utilizing Expertise in Work Teams: The Role of Transactive Memory Systems, PhD. University of Minnesota, 2009.

Zhu X., Wholey D. R., "Expertise Redundancy, Transactive Memory, and Team Performance in Interdisciplinary Care Teams", *Health Services Research*, Vol. 53, No. 5, 2018.

Zollo M., Winter S. G., "Deliberate Learning and the Evolution of Dynamic Capabilities", *Organization Science*, Vol. 13, No. 3, 2002.

索　引

C

创新　1，3—6，8，9，12，13，17，23—26，39，41—45，47—52，54，63，65，66，68，70，71，73，74，78，81，89，90，92，103，105，108，114，117，121—124，128，131，135—137，140，141，143，144，148，159，160，202，206，209—212，216，219，223，224，226—231

创新氛围　23

创新能力　23，25，41，74，136，137，227

创业　2—20，22—29，38—46，48—55，70，71，75，78—92，94—100，104—109，111，112，114—118，120—122，124—126，129—131，133—139，141，143，146—154，157—160，165，166，168—170，178，180—182，190，192—194，196—235

创业过程　24，27，42，79，82，109，115，153，158，210，211，223，228，234

创业环境　15，18，78—82，97，107—109，115，146，157，158，213，220，221，228，232

创业活动　15—17，24，26，41，42，45，49，50，52，54，55，79，82，83，87，100，105，107，131，153，159，168，206，215，216，219，221—224，229，231，234

创业机会　39，42，49，81，222

创业精神　23，25

创业企业　15，22，43，49，

51，52，80，82，87，88，115，153，154，157—160，166，168，213，216，219，221，223，224，227，229，230，232—234

创业团队　7，8，11，13—15，23，84，85，87—92，94，96，99，111，114—117，122，135，139，153，157，158，160，165，215，216，219，221，223，225，232

创业行为　15，23，24，26，27，38，81，82，136，232

创业者　2，3，8，24，38，39，49，51，52，79，80，135

创造力　3，12—20，22，45，63，65，66，68，73—78，82，84—86，94，97，98，102，103，106，107，112—114，117—126，131，135—143，149，151—153，157，159，162—164，169，171，173，177—181，183—186，188—190，196—202，208—212，217—221，230—234

F

分工　4，11，15，16，18，55—58，60，62，63，99，100，121，124，127，128，130，131，139，145，199，200，204—208，215，216，220，223，225，226，232

G

个体　4，7，10，11，13，14，16，23，25，30，31，35—40，43，51，53，55—58，60，62，66—68，70—73，75—78，81，100，103，104，106，107，109，121—148，156，166—169，199，201，203—206，208，211，212，214，217，223，225，226

公司创业　4，7，13

公司创业理论　13，19，20，23，24，26，29，82，219

H

环境动态性　13，15，18，81，97，103，107，108，114—120，143，146—149，151，152，157，158，162，164，169，173，177，190—198，212—218，220，221，231—233

行业领域　3，15，16，47，49，85，100，109—111，153，

154，199—203，205—208，210，211，216，222，223，225，231，232

J

交互记忆系统　11—20，22，40，55—65，74，82—86，94，95，98—101，109，111—133，135，137，139—149，151—155，159，164，171，177—183，185，190—213，215—221，223—227，230—234

竞争力　11，12，23，33，35，47，66，90，105，106，144

竞争优势　2，3，9，10，24—26，29，32，33，54，65，66，74，76，81，85，103，105，108，115，126，135，136，144，212，222

K

跨界　3—20，22，40—55，70，71，75，82—88，92，94—96，98，100，104—109，111，112，114—118，120，121，123—126，129—131，133—138，141，143，146—154，158—160，165，166，168—170，178，180—182，190，192—194，196—235

跨界创业　3，5—20，40—43，45，46，48—50，53—55，70，71，75，82—88，92，94—96，98，100，104—109，111，112，114—118，120，121，124—126，129—131，133—138，141，143，146—154，158—160，165，166，168—170，178，180—182，190，192—194，196—235

跨界创业企业　15，22，43，49，87，153，154，159，160，166，168，213，216，219，221，223，224，227，229，230，233，234

跨界创业团队　7，8，11，13—15

Q

企业绩效　24，81

R

认知　3，9—11，13，15，16，18—20，30，35—40，44，51，53—60，64，74，77，78，82，99，100，105，121，123—128，130—134，

139—146，159，189，199—203，206，208，209，211，213，219—221，225—228，232

认知劳动　11，15，16，18，56—58，99，124，126，139，140，144，145，199，200，206，220

S

社会认知理论　36，38，39

T

团队　4，7—11，13—20，22，23，25，34，35，40，50，51，53—66，68—70，73—78，82—92，94，96—160，162，164—171，173，177—186，188—194，196—221，223—228，230—235

团队成员　11，40，55—61，63—65，68，69，73，76，77，84，85，88，92，99，104，107，109—111，113—115，117，121—126，128—131，133，137，139，140，145，147，153—157，159，166，168，169，198—217，220，224—228

团队创造力　13，15—20，22，63，65，73，75—78，82，84—86，94，97，98，102，103，106，107，112，114，117—120，122，125，126，135—139，141—143，149，151，152，157，162，164，169，171，173，177—181，183—186，188—190，196—202，208—210，212，217—221，231—234

团队绩效　55，59，61，62，64，65，74

X

显性知识　31，33，51，67，71，72，104

协调度　58，59，97，100，101，126，130，131，133—135，141—143，146，147，149，154，155，162，163，169，171，173，177—183，185，186，188—194，196—199，201—203，205，207—210，212—217，220

信任度　58，59，97，100，101，125，126，129，131，135，140—143，146，147，149，154，155，162，163，169，171，173，177—183，

185，186，188，190—195，197—201，203—205，207，209—211，213，214，216，217，220

信息　3—5，12，30—36，39—41，44，46，50，51，55—58，60，61，63，65—67，69，71，72，74，87，88，92，94，99，100，102—106，108，113，115，117，120—123，126，127，129—131，135—140，142—145，148，151—153，155—157，165，200，201，203，204，207，209，210，212—215，224，227

Y

隐性知识　11，31，33，51，71，72，105，133，210

Z

知识　3，4，7—20，22，27—36，38—45，47—75，78，82—86，92，94，95，97—100，102—149，151—157，159，160，162—164，169，171，173，177，180—186，188—228，230—234

知识创造　9，27，31，35，42，68，123，142，147，211

知识共享　3，13，14，16—20，22，33，39—41，43，53，55，65—70，82，84，86，97，102—104，109，111，112，114，116—120，126—132，135—141，144—147，149，151，152，155，156，162，164，169，171，173，177，180，181，183—186，188—192，196，197，202—205，208—210，213—215，217—221，223，225，231，233，234

知识管理　4，7，9—15，17—20，29，31—36，38—40，49，53，57，66，74，82，85，86，94，95，103，104，108，115，126，127，131，139，144，147，149，153，159，160，202，203，208，209，212，215，216，219，221—224，226，230—232

知识管理理论　10，13，19，20，29，32，35，36，219

知识结构　39，53，54，86，109，121，127，128，130，141，142，209，226

知识利用　3，16，33

知识整合　3，13，14，17—20，22，31，33，61，70—75，82，84，86，97，102，104—106，109，111，112，114，116—119，131—135，138，141—143，147—149，151，152，156，157，162，164，169，171，173，177，181—186，188—190，193—198，202，203，205—213，216—220，231，233

专长度　58，97，100，101，123，124，126，130，133，135，140—143，146—148，154，155，162，163，171，173，177—186，188—195，197—200，203—207，209—213，216，217，220

资源　3—5，9—11，25，32，34，37—39，41—45，47—52，54，66，69，73，74，76，78—82，87，89，97，99，100，103，104，109，121，124，128，131—135，147，159，160，199，210—212，216，222—226，228，230

后　　记

　　时光荏苒，岁月如梭。不知不觉已经开始学术生活近十年了，回忆从硕士到博士在母校吉林大学的五年学习生活和在哈尔滨工程大学的几年工作经历，各种往事不断在脑海中闪现，忘不了在逸夫楼里聆听老师们的谆谆教诲，忘不了办公室里钻研学术的收获累累，忘不了图书馆里读书阅文的充实自我，忘不了报告厅中聆听专家讲座的醍醐灌顶。在我的人生中，这两所学校已经打下了深深的烙印。这一路走来，感觉自己十分幸运，在硕士和博士研究生阶段，得到了许多无私的帮助，顺利度过了学术的起步阶段；在工作后也得到学校、学院领导的大力支持，让我在学术之路上更进一步。在本书完成之际，希望能够借此机会向学业生涯中帮助过自己的人们致以最诚挚的谢意。

　　首先，我要感谢我的导师葛宝山老师。当我还是本科在读时，就对葛老师十分仰慕；从硕士阶段入学以来我有幸能够跟随葛老师学习专业知识和学习如何做学术研究，老师的博学和深厚的学术底蕴让我感到深深的敬仰和佩服。攻读硕士学位第二年，当学校开始接受硕博连读申请时，我第一时间提交了申请希望能够继续跟随葛老师学习，也感谢葛老师愿意继续教导我。读博期间，葛老师严谨的治学态度、兼容并包的学术理念和诲人不倦的学术精神深深地影响着我，使我受益良多。找不到研究方向时，葛老师从百忙之中挤出时间为我答疑解惑，给我讲述他近期的收获和感触，并鼓励我多读新的、高质量的文献，多跟学院的老师们请教和交流；写论文遇到困难时，葛老师建议我除了要关注理论进展，还要脚踏实地，从实践中发现、提炼和总结，理论联系实际；迷茫时，葛老师利用他丰富的人生经历为我指点迷津；痛苦时，葛老师总是开导劝慰我，让我走出低迷状态。葛老师耐心和细致的指导和劝诫，让我每次都能重整旗鼓继续前行。感谢葛老师的悉心栽培，能够遇到这样的良师，我深感幸运，感激之情无以言表。

科研之路充满荆棘，我能顺利通过这一阶段，有赖于很多老师的帮助。同门师兄、吉林大学管理学院博士生导师马鸿佳教授是一位良师益友，他一直耐心地解答我们这些师弟师妹们的疑惑，跟他沟通交流，我受益匪浅。对我而言，马老师给予的不仅仅是论文写作方面的指导，还有做学问和做人的态度和道理。在本书的写作过程中，也蕴含着马老师无私的指导和帮助。作为一名年轻的教授和博士生导师，马老师深厚的理论知识、严谨的治学态度和高涨的工作热情都值得我学习。在此，感谢马老师给予我的帮助和指导！感谢培养我的学校和学院的老师们对我的指导。感谢苗青老师在我研究生涯启蒙阶段对我论文写作和修改的指导和建议，感谢董保宝老师组织的研究方法讲座，使我受益匪浅，感谢杨红老师对我提出的问题的悉心解答。感谢学校和学院为我们提供了研究交流的平台，使我学到了很多。正是学校和老师们的无私帮助和指导，使我能够不断提升自己的学术能力，获得更大的进步。感谢我的师兄、师姐、师弟和师妹们，感谢我的室友们和同学们，感谢我们这一路一起同甘共苦的时光，感谢你们对我的无私帮助。正是你们，让我这一阶段的学习生涯变得丰富多彩，我们一起相互勉励、相互扶持，给我前行的动力。感谢这一路能与你们同行，无论我们未来在哪，这份友谊都将我们牢牢地联系在一起。感谢论文匿名评审阶段和答辩阶段专家们给予的宝贵意见和建议，使我的论文能够更加完善，你们辛苦了！

还要感谢本书完成过程中受到的来自各方面的帮助和支持，不论是国家社科基金博士论文出版项目对本书的大力支持，还是工作单位哈尔滨工程大学和母校吉林大学的默默支持，以及中国社会科学出版社各位编辑老师的倾力协助，都是本书能够最终完成的不可或缺的力量。

最后要感谢我的父母，从小到大，你们一直默默地在背后支持我、为我付出，正是你们的理解、尊重、支持与关怀让我能够不断前行！当同龄人已经成家立业、结婚生子，父母虽然羡慕，也没有抱怨和催促我，而是支持我走自己选择的道路。感谢父母陪伴我走过这一段充满了辛苦与快乐的日子！你们为我撑起了一片天，让我能够自由快乐地成长，接下来，是我为你们撑起这片天的时候了。现在，我最大的心愿就是希望你们健康快乐，希望在未来的日子里有更多时间陪伴父母，世界这么大，我想带你们去好好看看和转转！

感谢一切的过往经历，正是这些经历成就了今天的我，庆幸自己在遇到困难、面对压力时能够勇敢面对、不懈努力，而不是选择逃避，不经一番寒彻骨，哪得梅花扑鼻香，感谢我这一路的坚持。一路走来，我收获的不仅是论文和项目，更多的是这一份毅力和坚持，这会是我人生的宝贵财富！在未来，我将始终怀着一颗感恩的心砥砺前行。值本书完成之际，再次向老师、家人、朋友、领导、同事和同学们致以最诚挚的感谢和最真诚的祝福，愿大家平安喜乐，幸福常伴！

生帆
2022 年 8 月